いまMTBを取り巻く環境と普及活動の関係性を知る

マウンテンバイカーズ白書

～持続的な生涯スポーツとしてのMTB～

監修：平野悠一郎（森林総合研究所関西支所 主任研究員）

photo by Suzuki Hideyuki (edgefotos)

辰巳出版

はじめに

（巻頭言）

1980年代以降、世界各地へと普及したマウンテンバイク（MTB）は、数十年を経た今日、既に欧米やオセアニアでは主要なアウトドア・スポーツとなった。発祥地とされるアメリカでは、数百万人単位の愛好者が存在し、年間のべ数千万人が森林や山道、或いは公園緑地を訪れ、MTBを楽しんでいる。関連の製品生産やフィールド整備・経営を含めた一大産業が形成され、地域にも大きな経済効果が生まれている。ヨーロッパでも愛好者は数多く、中国等のアジア各地でも大々的に普及が進んでいる。近年ではE-BIKE（電動アシストマウンテンバイク）の登場によって、高齢者の手軽な運動や自然を楽しむ手段としても、MTBが位置づけられつつある。また、地球温暖化対策としての二酸化炭素排出抑制や、車内・屋内での「三密」を避ける新型コロナウイルス対策といった観点からも、自転車利用や野外活動が奨励される傾向にある。このため、今後、MTBへの社会からの期待は、益々、高まることが予想される。

対して、日本では同時期を通じて、MTBの普及は進んだものの、その規模自体は相当に限られてきた。現状、野外でのMTBを楽しんでいる愛好者は、多く見積もっても数万人程度ではないかと言われている。こうした世界と日本のMTBをめぐる現状と違いを、この白書を構成するマウンテンバイカー（MTB愛好者）の有志達は明確に認識してきた。そして、日本でのMTBの普及発展が制約されてきた根本的な理由についても、「気兼ねなく野外でMTBに乗れる場所が少ないためである」との共通認識があった。

この白書は、そうした共通認識を持つマウンテンバイカーの有志達が、日本で楽しく走れる場所を持続的に確保するために、何が必要かを真剣に考えた結果、その答えを「地域との連携」に求めた事実から生まれている。彼らは、森林、山道、公園緑地等をこれまで維持管理してきた、地域に暮らす人々や自治体への貢献を通じて、地域活性化とMTBのフィールド確保を両立させていこう、という活動を始めるようになった。

そうしたマウンテンバイカーの活動は、今日に至るまで、驚くほどのバリエーションを伴って発展してきている。MTBに関心のある方、マウンテンバイカーとして気兼ねなく楽しめるフィールドを求めている方、そして、地域活性化の担い手不足や集落の維持再生に悩まれている地域・行政の方々は、ぜひ本書を手に取って頂きたい。そして、各章・各項目で紹介される豊富な先例・内容に刮目して頂きたい。

敢えて地域での活動形態を分けるとすれば、地域貢献を目指してマウンテンバイカーが集った「友の会」や「愛好会」等の活動団体、地域活性化事業として展開されるMTBのガイドツアー、そして、地域の人々や自治体と連携したMTBの公共フィールド（パーク・公園内コース等）の管理運営に大別できる。これらの

写真は2019年2月23日、山梨県森林総合研究所にて開催された『マウンテンバイクシンポジウム2019』でのひとこま。会場には各地から駆けつけた愛好家団体のメンバーの姿も多く見られた。

フィールド整備では、持続性・安全性を担保しつつ、魅力的なコースやトレイルを作る知識・技術を持った専門の事業者も活躍している。また、それらのフィールドでのレース（大会）やスクール（体験会・講習会）の開催を通じて、MTBを地域の人々や次世代に普及させていこうとの取り組みも行われている。一方、各種の協会や企業等を通じて、これらの地域連携活動やMTBの普及をサポートしようとする動きも見られてきた。

地域連携の活動内容に至っては、とても簡単には整理しきれない。多くの活動に見られるのは、土地所有者や地域への賃料や事業収益の還元に加えて、ボランティアによる地域の清掃美化活動、各種の森林整備、登山道・生活道の再生、祭礼や区役などの集落行事のサポート、防犯・獣害対策のパトロール、公園・緑地の管理、地域イベントや生涯スポーツとしてのMTB体験機会の提供等である。すなわち、単に直接的な経済効果をもたらすのみならず、集落の維持再生、地域の人手不足の解消、住民の活力向上、アウトドア・スポーツによる健康増進等、様々な角度から「地域の役に立つための活動」が、マウンテンバイカー達によって進められている。これらの活動を展開するマウンテンバイカー達は、大都市から活動地域に移住・定住し、地域活性化を主導する立場となることも珍しくない。これらの活動を白書として整理・紹介することには、地方創生、新たな地域づくり、都市・農村交流の促進、森林の有効活用、スポーツ振興を通じた医療介護負担の軽減など、いずれの観点においても大きな意義がある。

今回、本書の刊行にあたっては、日本マウンテンバイカーズ協会編集委員会として、鈴木英之(edgefotos)、村瀬達矢(TRUET／MTB日和)、平野悠一郎(森林総合研究所関西支所)が企画編集を担当した。編者として、日本各地で日々、地域への貢献とMTBの普及に努めているマウンテンバイカーの有志の方々、彼らと共に持続的な地域発展に力を尽くされている地域の方々に、最大限の敬意を表したい。また、本書の出版を快くお引き受け頂いた横木純子氏、若餅哲矢氏をはじめとした辰巳出版株式会社、および数々のサポートとご支援を頂いた関係企業・団体の方々、そして本書各項目の執筆者の方々に、深く感謝申し上げる。

いまや各地で、MTBをベースとした、自立した地域づくり、新しい森林活用への萌芽が数多く見られている。本書を構成する活動は、あくまでもそれらの中で、既に地域に根を張ったものの一部である。この白書を通じて、志を同じくする地域・行政の方々が、こうしたスポーツや楽しみの場を求めている若い力に結びつくことを願ってやまない。その結果として、MTBを通じた新しい社会発展の未来が描けることを、出版の最終的な狙いとするものである。

2021年7月
編者を代表して　平野悠一郎（国立研究開発法人 森林研究・整備機構 森林総合研究所 関西支所 主任研究員）

目次 CONTENTS

第1章
MTBの野外フィールド確保を目指す地域連携活動

(1)地域貢献を軸にフィールド確保を目指すマウンテンバイカーの活動団体

個々の地域に対して繋がりと愛着を持つマウンテンバイカー達が集い、地域の「役に立つ」活動の展開を通じて、地域の人々と一体となったフィールド確保を目指している団体。

(2)地域活性化を通じたフィールド確保を志すガイドツアー事業

自らがフィールドの持続的な整備を担い、地域の人々との共存を前提とした仕組みを整え、地域における経済効果や交流・関係人口の増加を目指しガイドツアーを営む事業者たち。

(3)地域に根差したMTB公共フィールドの維持・管理

地域の土地所有者や管理者のメリットに結びつく形を探り、その信頼・協力の下にMTBの公共フィールドを開拓し、その持続的な管理運営に力を尽くしている事例。

MTB FIELD LIST

MTB FIELD / LOCAL COMMUNITY 01

地域貢献を軸にフィールド確保を目指すマウンテンバイカーの活動団体

福島県マウンテンバイク協会

執筆：鈴木　裕

Data

活動場所：福島県及び近隣エリア
代表者：鈴木　裕
年会費：なし
問い合わせ：hirosixtd6@gmail.com
FACEBOOKページ
（福島県マウンテンバイク協会）

福島の自然を味わいながら地域復興の一端を担う活動

私は、90年代の空前のブームの最中にMTBと出会い、その楽しさと懐の深さに魅了され、仲間とともに週末には野山を駆け巡っていました。その中で多くの良い出会いがあり、現在の活動の礎となるものが造られていきました。

2005年に所属競技チームの解散をきっかけに、MTBの楽しさを伝えること、MTBへの恩返しを目的に、日本マウンテンバイク協会公認インストラクター他、関連の各ライセンスを取得しました。協会福島支部として、本部運営のフォローや、インストラクターの育成、国内公認大会の競技役員、各種イベントの運営補助など、様々な経験を積む中で、さらなる繋がりを得ることとなり、活動の幅が広がっていきました。

MTBで福島に元気を、福島から世界にGOOD NEWSを！

そんな中、2011年3月に東日本大震災が発生し、福島県は震災によるダメージに加え、原子力発電所事故による多大な被害をうけることとなりました。地震による直接的な被害や風評による被害、目に見えない放射線の恐怖などから、今までのように恵まれた自然環境の中でMTBを楽しむことが長く困難となりました。大人はもちろんのこと、子供たちも自由に外で遊ぶことができなくなり、我々もネガティブな雰囲気に包まれる中、少しずつ様々な制限が緩和され、さらには多くの人々の応援により地域が復興へと向かい始めました。このころから、我々「福島県マウンテンバイク協会」として出来ること、やれること、やらなければいけないことが具現化し、MTBを通じた地域復興と福島のさらなる活性化のきっかけを創ることを目的とした活動へシフトして行きました。

その後は、東北各地で同様の活動をしていた団体や地域コミュニティで創られていた東北MTBネットワークへの参加、県レクリエーション協会への入会、海外MTBブランドとのコラボ、行政・県内各企業主催の復興イベントへの協力等を通じて、以下に紹介する活動を続けていました。

近年では、その実績を評価され、県内市町村のスポーツツーリズム事業などへの参画を通じて、恒久的な観光・地域資源の形成や、域外交流振興のモデル造りに力を注いでいます。

活動履歴
History

2006年4月	福島県マウンテンバイク協会発足
2007年3月	JMA公認インストラクター兼福島支部として活動を始める
2011年3月	東日本大震災による被災
2012年4月	復興の手助けとしての活動始める
2012年4月	福島県レクリエーション協会正規会員となる
2012年4月	県内各地で開催されるスポーツ系復興イベントの協力を始める
2013年4月	東北ＭＴＢネットワークへ参画し東北各地でレースイベント開催する
2014年4月	海外バイクブランドとのコラボによる活動を始める
2018年4月	サイクルエイドジャパンMTB RIDE磐梯山に携わる
2020年4月	県内市町村のスポーツツーリズム事業への参画を始める

主な活動内容

#01 県内各地での MTB 体験教室

地域NPO法人、県レクリエーション協会、県内各企業等と協力し、地域復興イベント等において、初心者や子供を対象としたMTB体験会やビギナースクール、ミニツーリング等を定期的に開催しています。

#02 スキー場のグリーンシーズン活用

福島県会津地方に点在するスキー場で、MTBコースの整備を通じた夏場グリーンシーズンの営業協力をしています。現地インストラクターの育成、レースイベントの企画運営、常設コースの整備・管理協力などの活動が含まれます。その一つの奥会津の「会津高原たかつえスキー場」では、我々の夏場協力から派生して冬のスキーシーズンにもスノーダウンヒル競技が開催され、大変好評となっています。

#03 海外 MTB ブランドとのコラボによる復興への協力並びに人材育成

東日本大震災の際、多大な支援を頂いた海外ブランドとのコラボにより、東北各地で活動するMTBの団体や愛好家・競技選手等の支援・育成協力を進めてきました。サポートをしてきた選手達は、現在も各方面で活躍しています。

#04 サイクルエイドジャパン MTB RIDE 磐梯山のプロデュース

東日本大震災被災地の復興支援を目的として、一般社団法人日本自転車協会が中心となり、2012年より続くサイクルイベント：サイクルエイドジャパンが、2018年より福島県猪苗代町のスキー場を主な会場として開催されています。我々は、そのオフロード版イベント（魅力発見ツーリング、初心者スクール、耐久レース他）であるMTB RIDE磐梯山の企画、準備、運営を担当しています。イベントを重ねる度に、多くのマウンテンバイカーが福島へ訪れてくれています。

MTB FIELD / LOCAL COMMUNITY 02

地域貢献を軸にフィールド確保を目指すマウンテンバイカーの活動団体

奥武蔵マウンテンバイク友の会

執筆：奥武蔵マウンテンバイク友の会世話人一同

Data

活動場所：埼玉県南西部
代表者：三上和志
年会費：2500円（新規入会時は4000円）
問い合わせ：
okumusashi.mtb@gmail.com
https://okumusashimtb.wixsite.com/omcweb

Support Shop

サイクルハウス ミカミ

埼玉県飯能市柳町3-11
☎042-974-4490
営業時間：12:00〜20:00
定休日：第1・3火曜日、毎週水曜日
http://www.mikami.cc
奥武蔵マウンテンバイク友の会代表（三上和志）が経営するショップ。

じてんしゃ屋 佳

埼玉県坂戸市泉町14-23
☎049-284-3760
営業時間：平日10:00〜19:00、
土日祝日13:00〜19:00
定休日：毎週水曜日
https://ameblo.jp/hasukysm570r
奥武蔵マウンテンバイク友の会世話人（竹田佳行）が経営するショップ。

健全なフィールドの維持と里山保全の知識や技術の継承

遊ぶフィールドを守るべく地域に根ざした里山保全を

奥武蔵マウンテンバイク友の会は、埼玉県奥武蔵地域のボランティア団体と協働して、里山道の清掃や整備と、安全かつ里山環境に配慮したMTB走行の啓蒙を行う、マウンテンバイカーのコミュニティです。奥武蔵地域は関東平野の辺縁部、つまり里から山に繋がる部位に位置しており、親しみやすい里山がたくさんあります。この地域の里山には多くのマウンテンバイカーが訪れ、MTB走行とともに、里山の豊かな自然とのふれあいも楽しんでいます。

近年は、ゲリラ豪雨などの様々な要因により、里山の荒廃が進んでいます。水はけの悪い箇所では雨水が流れて表土を深くえぐり、里山道を遮る倒木などを見かけることも多くなりました。また、里山の保全を行うボランティア団体はこの奥武蔵地域にも多数設立されていますが、その多くはマンパワーが十分ではなく、里山の荒廃に整備が追いつかない現状にあります。

そこで、私たちマウンテンバイカーも、地域のボランティア団体が行っている里山の保全活動に参加し、里山保全の知識や技術を教わりながら、倒木の除去や傷んだ里山道の補修といった作業を率先して行うことで、健全な里山環境を末長く維持していく。この目的に照らして、奥武蔵マウンテンバイク友の会は発足し、活動を発展させてきました。

里山の保全活動以外に、2017年5月には飯能市が公募する市民活動支援事業「名栗ふれあい公園の有効活用案」に、「子どもと楽しむじてんしゃ広場」と題してパンプトラックの開設を提言。市関係部署による書類審査と市

活動履歴

History

2014年6月	設立総会を行い、当会が発足
2014年9月	子どもマウンテンバイク体験教室を開催
2015年5月	子どもマウンテンバイク体験教室を開催
2015年8月	はんなーら・サマーフェスタに出展
2015年10月	子どもマウンテンバイク体験教室を開催
2016年5月	子どもマウンテンバイク体験教室を開催
2016年8月	飯能市青年会議所主催OPEN HOUSE in 飯能にて写真出展
2016年10月	子どもマウンテンバイク体験教室を開催
2016年11月	東京都マウンテンバイク利用推進連絡協議会報告会に参加
2016年12月	トレイル利用者のアンケートを実施
2017年2月	第2回はとやま里山シンポジウム参加
2017年3月	森林総研一般公開シンポジウム参加
2017年5月	飯能市市民活動支援事業に応募
2017年5月	子どもマウンテンバイク体験教室を開催
2017年8月	夏休み子ども自然体験教室の補助
2017年9月	名栗ブラさんぽにてじてんしゃ広場体験会を開催
2017年11月	名栗ブラさんぽにてじてんしゃ広場体験会を開催
2018年3月	子どもマウンテンバイク体験教室を開催
2018年4月	飯能市道路美化活動団体に登録
2018年4月	名栗ブラさんぽにてじてんしゃ広場体験会を開催
2018年10月	子どもマウンテンバイク体験教室を開催
2018年10月	飯能日本青年会議所のイベントおよび名栗ふるさと祭りに出展
2019年11月	子どもマウンテンバイク体験教室を開催
2020年2月	三浦半島マウンテンバイククラブと体験交流会を実施
2020年11月	日高市道路美化団体に登録

主な活動内容

#01 里山道の清掃および整備

MTBで里山道を走行しながら、道周辺の清掃活動を行っています。その際に草刈りや倒木処理、さらには痛んだ路面やぬかるみなど、整備が必要な箇所の特定も行います。その後、各作業場所の地元ボランティア団体に報告し、整備計画を協議したのち、作業を行っています。また、それらの団体からの作業依頼を受け、整備を行うこともあります。

#02 子どもマウンテンバイク教室

MTBの社会的周知と自然環境への影響を抑えた安全な走行の啓蒙、さらにはMTBを通じて子どもたちに里山への親しみを持ってもらうことを目的として、主に小学生を対象としたMTB体験教室を、年に2回開催しています。名栗ふれあい公園内のじてんしゃ広場にあるパンプトラックを使い、市内外から集まった約20名程度の小学生に、MTBの安全な乗り方の基礎を指導しています。

#03 名栗じてんしゃ広場の整備

飯能市の市民活動支援事業で採択されたパンプトラックは、誰でも利用できる公園に設置されていることから、利用者の安全を確保できるよう、偶数月の第一日曜日に整備活動を行っています。周辺の草刈りやゴミ拾いはもちろん、路面からの石の除去、細かな凹凸を減らすための路面補修、コブの路肩の補強、レイアウトの見直しが主な活動内容です。また、削れて流出するという土路面の性質上、年に1度、業者から土を購入して補修に用いています。

民代表に対するプレゼンテーションをクリアし、当会の提言が無事採択されました。翌年に造成が完了してから、偶数月の第一日曜日に整備活動を行い、幅広い年代の愛好者や地元の子どもたちに楽しんでもらえるような走行環境を維持しています。このパンプトラックは公園内にあるため、年中無休かつ無料でどなたでもご利用いただけます。走行の際はヘルメットを着用するなど、パンプトラック入口の看板に記載されたルールを守った上でお楽しみください。

MTB FIELD / LOCAL COMMUNITY 03

地域貢献を軸にフィールド確保を目指すマウンテンバイカーの活動団体

房総森輪会

執筆:岡部正史

里山に隠された宝箱を開くマウンテンバイカーの試み

房総半島はトレイルの宝庫 楽しむためには保全活動を

私は、1980年代から日本のMTBの変化を眺めてきました。近年、MTBのフィールドは減少し、残されているのは有料のコースや夏季のスキー場などがほとんどです。そこまでの交通費や利用料金に加えて、往復の時間もかかります。もっと身近なフィールドが全国各地になければ、本来のMTBの楽しさは体験しづらくなります。その結果、多くの人達が、MTBを買ったものの走るところを見つけられず、いわゆる「街乗りライダー」になっていきました。街中であればロードバイクのほうが走りやすいに決まっています。そうして、MTBからロードバイクに転向するライダーも増えてきました。

しかし、本当に身近なMTBフィールドが無いかと言うと、そうではありません。私達の住む房総半島には、里山というフィールドがたくさんあります。里山には古道や里道、人工林の林内作業道、未舗装の林道などが縦横無尽に走っています。しかし、その道のほとんどが、山里の過疎・高齢化が進んだ今では廃道化し、地元の人でも見つけられなくなってしまいました。マウンテンバイカーにとって、里山は隠されたトレイルの宝庫なのです。

私達、房総森輪会は自らその宝箱を開こうとしています。その方法とは……自分達で道を探し出し、切り開き、整備して活用することです。そのためには里山について多くを学ぶ必要があります。房総森輪会の目的は、こうした観点から10年以上、MTBの走行エリアとしての里山の保全に努め、MTBの普及と地域の維持や活性化を促していくことです。具体的には、里山保全のボランティア活動、MTBの機動性を生かした広範囲の森林パトロ

Data

活動場所:千葉県房総半島一帯
代表者:岡部正史
年会費:3000円
問い合わせ:
https://sites.google.com/site/fangzongsenlunhui/
Facebook(房総森輪会)

活動履歴
History

2005年　市原市にて古道の再生とマウンテンバイクでの利活用を目指した活動を開始

2010年　房総森輪会として活動スタート

2012年　房総森輪会ウェブサイトを立ち上げ

2019年　千葉県内で台風17・19号による被害甚大

主な活動内容（2019年まで）

#01 里山整備協定に基づく森林整備とMTBフィールドの開拓

袖ヶ浦市内で、千葉県の里山整備協定に基づき、房総森輪会として20haの森林を整備しています。この中にはキャンプ場もあり、他の野外活動も体験しつつ、整備したトレイルでMTBを楽しめるフィールドです。

#02 地域団体と連携した里山古道の再生と利活用

君津市鹿野山にて、地元の方々による地域団体と連携する形で、江戸時代に遍路道等として盛んに使われてきた里山の古道を再生・整備しています。市原市でも同様の活動を行ってきました。再生古道では、再び地元の方々やハイカーにも利用してもらうと同時に、MTBでの森林パトロールを定期的に行ってきました。

ール、MTB初心者を対象とした里山保全を含む講習会、マウンテンバイカーとしての知識・技術の習得と普及、自然環境保護のボランティア活動に必要な知識・技術の習得と普及、各年齢層の健康増進を目的としたMTB走行を行ってきました。房総半島の里山を保全し、MTBでトレイルライドして、ときにはキャンプをして、森で楽しんでいる。そんな集いが房総森輪会です。

※近況報告:台風の被害を受けて

房総半島は、2019年の台風17号、19号により甚大な被害を受けました。悲しいことですが、房総の森林におけるトレイルはほぼ壊滅状態で、行政も林業団体も、なぎ倒された木々の撤去すら手が回っていません。このため、現状、私達の地域でのMTB活動は森林パトロールのみ、大半はトレイルの災害復旧活動となっている状況です。県内の里山保全団体も同様で、高齢化で人手も足りず、作業中の事故もかなり増えています。そこで、房総森輪会では、これまでの経験を活かして、業界・団体の枠を超えた危険木の撤去作業などの技術指導を実施しています。今は、災害復旧と安全な森作りを通じて、マウンテンバイカーとしての活動の未来に繋げていくことが中心です。当会の森林整備活動は、チェーンソー、刈り払い機を多用しますので、会員が活動に参加するにあたって、労働安全衛生特別教育等を修了し、安全装具を装着することを義務付けています。ヘルメットもMTB用は不可で、作業用のものを貸し出します。元通りになるまで何年かかるか判りませんが、再び楽しくMTBで走行ができるまで活動を続けていきたいと、数十名の全会員が願っています。森林整備活動の見学や講習等は随時行っておりますので、ご遠慮なくお問い合わせください。

MTB FIELD / LOCAL COMMUNITY 04

地域貢献を軸にフィールド確保を目指すマウンテンバイカーの活動団体

西多摩マウンテンバイク友の会

執筆:中沢　清

Data

活動場所:東京都あきる野市、瑞穂町、武蔵村山市ほか
代表者:中沢　清
年会費:2000円およびボランティア保険600円(新規入会時400円)
問い合わせ:http://nishitama-mtb.jp/
mail@nishitama-mtb.jp

Support Shop
CS ナカザワジム

東京都西多摩郡瑞穂町南平2-50-30
☎0472-570-1757
営業時間:12:00-20:00
定休日:月曜日・第3日曜日
https://nakazawagym.amebaownd.com/
西多摩マウンテンバイク友の会代表(中沢清)が経営するショップ。

MTBを通じて西多摩の自然と人との繋がりに親しむ地域活動

使命感や義務感ではない 楽しむボランティア活動を

さかのぼること10数年前。自分達が日頃から走っている道をきれいにしたい……そんな純粋な気持ちを基に雨水で崩れた道や橋の修復を始めるも、当時はその山の管理者から許可を得る術も知りませんでした。よかれと思った自分達の行動がトラブルを招く危険性を知り、次に考えたのが管理者が明確な都立公園への問い合わせです。まずは、自分達がよく親しんでいる公園内の道を修復できないか？　またMTBでなにかトラブルなどが起きているのではないのか？と考えたのです。そして実際に問い合わせてみると、さまざまな作業やイベントに人手が足りていないということと、実際にトラブルを起こしているマウンテンバイカーの話が出たのです。だったらまずは公園ボランティアとして、他の公園登録ボランティアさんたちと一緒になって活動をしてみよう――そこが正式なスタート地点となりました。

また同時期に、多くのマウンテンバイカーが親しんでいるトレイルの周辺、あきる野市菅生地区の一斉清掃に参加してみて、町内会の皆さんとの交流も始まりました。ゴミ拾いをしながら町内の方々と話をしていく中で、地域の草刈りや山林の手入れなどに人手が必要だということがわかり、そのお手伝いをさせていただきながら時間を積み重ね、より深い関係を築かせていただく中で、自分たちのやるべきことが見えてきました。

「MTBで楽しく走れる道を作る前に、マウンテンバイカーの存在を地域で知ってもらい、認めてもらう」そこからあきる野市の菅生の森づくり協議会に入り、里山再生プロジェクトにも参加。雑木林の手入れ、植木&植樹の研究、農業体験、花作りを目的としたエリアを整備しつつ、それらに参加する人たちにMTBの楽しさを知ってもらうためのコース作りも行えるようになりました。

MTBを通してその土地の歴史を知り、その里で暮らしている人たちの知恵を受け継ぎながら共存していく。MTBの問題だけ

活動履歴
History

2006年2月	ナカザワジム有志がさがみ湖リゾートプレジャーフォレスト（神奈川県相模原市）にフリフリDHコースほかを作る
2008年11月	都立野山北・六道山公園指定管理者との打ち合わせ
2008年12月	里山民家収穫祭から六道山のボランティア参加
2010年7月	西多摩マウンテンバイク友の会として六道山園路補修作業
2010年10月	瑞穂町社会福祉協議会福祉ふれあい祭りに出展
2010年11月	あきる野市一斉清掃菅生町内会のごみ拾いに参加
2011年4月	都立羽村草花丘陵自然公園大澄山定例活動開始
2011年6月	西多摩マウンテンバイク友の会役員正式決定・発足
2011年8月	瑞穂町子供たち向けプログラム「自転車でまち探検」スタート
2011年9月	瑞穂町災害ボランティアセンター設置訓練への参加がはじまる
2012年2月	あきる野市菅生の森づくり協議会に加入、緑の再生プロジェクト定例活動開始
2012年2月	狭山丘陵自転車マナーアップキャンペーンスタート
2013年3月	あきる野市民向け「親子で体験マウンテンバイク教室」スタート
2013年7月	あきる野市のサポートを受け、木こりの講座開始
2014年3月	MTB業界交流レース「タナトレタイムアタック」スタート
2014年11月	都立狭山公園「サヤマヒルズデイ」へのブース出展がはじまる
2015年3月	都立野山北・六道山公園レンジャーとMTBエコサイクリング開催
2015年3月	林野庁／森林・山村多面的機能発揮対策交付金報告会
2015年11月	都庁にて開催 東京メトロポリタンマウンテンミーティングに出展
2016年3月	瑞穂町協働フォーラムに参加
2016年10月	国営昭和記念公園アウトドアフェスティバル出展開始
2017年3月	森林総合研究所公開シンポジウム登壇
2017年8月	東京都多摩・島しょ地域交通サービス事業関係者モニターツアー
2019年12月	狭山丘陵六自治体観光連携事業サヤマヒルズライド開催

主な活動内容

#01 あきる野市菅生地区活動

産学公の試み「菅生の森づくり協議会」において友の会が主に担当しているのが「緑の再生プロジェクト」と「木こりの講座」で、里山の再生活動と散策路づくりをしています。活動を積み重ねてきた結果、町内会の後押しもあり「ボランティアMTB体験コース」をつくることができ、市民向けに「親子体験MTB教室」を定期開催しています。また、町内会の皆さんと一緒になって、町内の南北尾根道の整備活動を必要に応じて行っています。

#02 狭山丘陵での活動

都立公園を中心とした様々な活動をしています。春・秋のお祭り、収穫祭での会場案内と駐輪場係に広報活動。外来種植物の駆除活動や園路の補修協力。そして自転車マナーアップキャンペーンやマナー冊子の配布。公園指定管理者と連携してMTBを使ったエコツアーも開催し、2019年には狭山丘陵6つの自治体の観光連携事業の実施イベントとしてMTBツアーの「サヤマヒルズライド」を取り仕切りました（2021年6月現在はコロナ禍のため休止中）。

#03 瑞穂町での活動

協働のまちづくりのモデル事業として、町に残された平地林を整備。あらたな里地の循環型社会構築のための活動を続ける。ボランティアセンター瑞穂と協力して、町内の小学生を中心とした町内の魅力ある場所を繋いだサイクリングツアー「自転車でまち探検」を定期開催、瑞穂町きらめき回廊のルートを含めたサイクリングツアー開催にも協力。瑞穂町社会福祉協議会の災害ボランティアセンター設置訓練に参加するとともに、MTB隊を結成して町内の要援護者の安否確認とニーズの聞き取りを行っています。

#04 MTBの広報活動

国営昭和記念公園アウトドアフェスティバルへの出展。毎年秋に行われる防災とアウトドアを結び付けたイベントに子供を中心としたMTB試乗体験と友の会の活動紹介ブースを展開し、毎回2日間で500名以上の子供たちにMTBを楽しんでもらっています。都立狭山公園で開催されるサヤマヒルズデイでは、公園に関わっている各ボランティア団体がブース出展。友の会は自転車マナーアップキャンペーンとMTB試乗体験ブースを展開しています。体験ブースでは毎回200名ほどの子供たちが試乗。MTBの楽しさを知ってもらうためのサポートを行っています。

でなく、その地域における課題を一緒になって考え、行動を共にしてきたことで、様々な地域や公園にも関われるようになりました。当初は、山を走りたくて仕方がないマウンテンバイカーが友の会の会員の中に多く見られましたが、今では家族で友の会の活動に参加する人が増えています。西多摩の里地里山にいつまでも生息しつづけられるマウンテンバイカーを目指して、これからも活動を続けていきます。

MTB FIELD / LOCAL COMMUNITY 05

地域貢献を軸にフィールド確保を目指すマウンテンバイカーの活動団体

里山MTBみうら

執筆:桐山　大

Data

活動場所:神奈川県三浦半島地域(横浜市南部、鎌倉市、逗子市、葉山町、横須賀市、三浦市)
代表者:桐山　大
年会費:初年度3000円。前年度の活動参加実績により次年度から変動。ボランティア保険費用は別途自己負担(団体経由で加入できるボランティア保険制度あり)。
問い合わせ:
satoyamamtb+miura@gmail.com
https://www.facebook.com/satoyamamtbmiura

継続的に整備活動に協力しているソッカ山頂にて。

地域との連携や共存と里山の自然を大切に、持続的にマウンテンバイクが楽しめる環境を

今後もMTBが楽しめる自然環境と社会環境の両立

「里山MTBみうら」は三浦半島地域の「みうらの里山」をMTBで楽しむ有志が集まり、持続的なMTBのフィールド・環境構築を目指した活動をおこなっているグループです。

三浦半島の里山は、街中や海の近くにあります。鎌倉時代からの古道がそのまま山道（トレイル）として残るところも多く、自然や歴史を楽しめる素晴らしい場所です。そんな豊かさを持つフィールドを、MTB以外にもハイキングやトレイルランニング、自然観察や野外保育など、多くの人たちがさまざまな形で楽しみ利用しています。また、東京など大都市部からのアクセスも良く、地元や近隣以外からの人たちも多く訪れているのも特徴のひとつです。そして、三浦半島の里山の多くは私有地など「誰かの土地」であり、公的な管理がされている場所は少なく、行政に管理され紹介されているハイキングコースであっても、途中から特に目印も無くシームレスに私有地を通る山道に繋がっていたりします。

そんな魅力と特徴を持つ三浦半島の里山ですが、何の配慮も必要とせずにMTBを思いきり楽しめる場所は、まったく無いといっても過言ではありません。そんな状況の三浦半島では、これまでにもMTB（自転車）をめぐる里山でのトラブルが何度か起き、そのたびに地権者や管理者による「自転車乗り入れ禁止」などの看板が建てられ、MTBが楽しめなくなった里山や山道が少しずつ増えてきた歴史と経緯があります。2021年に入って新たに看板が建てられた場所も残念ながら複数あります。こうした中で、今後も三浦半島でMTBを楽しんでいける環境を維持していくには、マウンテンバイカーとして単に声をあげるだけではなく、その声を裏付けるための責任ある行動を伴った具体的な活動が必要です。そこで私達は、まず、自分たちが楽しんでいる里山の整備活動に実際に関わることで、行政や地域の皆さん、そして他の里山利用者との良い関係をつくった上で、何か問題が起き

活動履歴
History

2013年　代表：桐山が個人として逗子葉山の里山保全団体「二子山山系自然保護協議会」に参加。

2015年7月　桐山が発起人・初代代表となり、二子山山系自然保護協議会の協力を得て「二子山山系マウンテンバイク・プロジェクト」を創設。

2016年6月　「二子山山系マウンテンバイク・プロジェクト」から「三浦半島マウンテンバイク・プロジェクト」と改称。継続して初代代表を務める。

2016年12月　鎌倉市内の里山（A）にて、里山保全団体（A）の里山整備活動に桐山が一個人として参加をはじめる。その後2017年度からは他の会員も徐々に参加をはじめる。

2019年5月　今後の活動方針などにおいて他のメンバーとの間に相違が生まれ、桐山が「三浦半島マウンテンバイク・プロジェクト」初代代表を退任。

2019年7月　桐山が「三浦半島マウンテンバイク・プロジェクト」を退会。同月に、これまでの方針と活動を継続するための「里山MTBみうら」を立ち上げる。

2019年11月　鎌倉市内の里山（B）にて、新たに里山保全団体（B）への協力連携をはじめる。

2019年12月　鎌倉市内の里山（C）にて、地権者等との調整の上で2019年秋の台風15号/19号被害復旧整備をはじめる。

2019年12月　鎌倉市市民活動センターに団体登録。

2020年3月　鎌倉市市民活動センター広報誌「鎌倉パートナーズ」（第94号 令和2年3月発行）にて紹介される。 http://npo-kama.sakura.ne.jp/ce/partners/94.pdf

2020年12月　鎌倉市内の里山（B）にて、行政等との調整のうえで2019年秋の台風15号/19号被害復旧整備をはじめる。

主な活動内容

#01 二子山山系自然保護協議会での ソッカ山頂プロジェクト

地域の里山保全団体である二子山山系自然保護協議会にて、代表：桐山がリーダーを務めるソッカ山頂プロジェクトを通じ、葉山町のハイキングコースに隣接する里山の整備活動を行っています。協議会の他にも行政や地権者との話し合いを重ねながら、月1回の定例整備と、適宜臨時の整備を実施し、一年を通じて良好な里山自然を維持する活動を心がけています。

2019年秋の台風被害の復旧整備の事前（左）と事後（右）。

#02 二子山山系自然保護協議会の他の活動への協力 （二子山山系巡視プロジェクト、上山口寺前谷戸復元プロジェクトなど）

二子山山系自然保護協議会には、上記ソッカ以外にも多くの活動がプロジェクト制で行われており、その幾つかに参加協力しています。二子山山系巡視プロジェクトでは、通例年２回の一斉巡視と、各自の都合の良い日時での巡視活動（トレイルパトロール）があり、それぞれでの巡視報告をおこなっています。上山口寺前谷戸復元プロジェクトは、三浦半島に多い谷戸地形の里山での整備活動で、二子山山系自然保護協議会の基幹プロジェクトのひとつです。こちらも2013年から継続して参加協力しています。また代表：桐山は同協議会の理事も務めており、協議会の運営の立場でも参加協力しています。

#03 その他のエリアでの 複数の里山保全団体との 協力連携

二子山山系以外のエリアでも、三浦半島には住宅街や幹線道路で分断された里山がいくつもあり、それぞれ別の里山保全団体が活動しています。それらの団体が実施する里山整備活動のいくつかに参加し、連携協力と情報共有の範囲を広げています。

#04 里山 MTB みうら独自の 里山整備活動など

里山MTBみうら独自でも、行政や地権者、そして地域の皆さんとの調整や話し合いに基づいて、里山整備活動を適宜実施しています。また、最近再び三浦半島で増え始めているMTB（自転車）での里山や山道の利用への規制等に対応するため、行政や地域の皆さんとの話し合いも始めています。

ればお互いに話し合い、協力して解決にあたれるようにすること。また、そうした他者との関係を踏まえたマウンテンバイカーとしての配慮と節度ある里山とのつきあいかたを提唱・実践・奨励していくことが、とても大切だと考えて活動しています。

私達は、マウンテンバイカー有志として、三浦半島の里山保全団体：二子山山系自然保護協議会に参加するかたちで２０１３年から活動を始めていました。２０１９年に「里山ＭＴＢみうら」を立ち上げ、これまで８年をかけて積み重ねた活動のノウハウや、地域の皆さんとの良好な関係を強みに、「自助と互助」を基本方針に、里山の自然環境を維持するための整備と、ＭＴＢが認められる社会的な環境づくりとその維持、そして私達マウンテンバイカーの配慮・節度の基準づくりとその意識共有・啓蒙が、今日まで活動の三つの柱となっています。この「自助と互助」を土台に、最終的には「共助や公助」までを網羅し、「誰もがＭＴＢで三浦半島の里山を楽しめる持続的な環境」を構築することを目指しています。このためには、三浦半島の里山を楽しむ私達マウンテンバイカー一人一人の心がけと行動が大切です。三浦半島のＭＴＢをめぐる厳しい現状を認識して頂き、ぜひ私達の活動への協力と参加をお願いします。

MTB FIELD / LOCAL COMMUNITY 06

地域貢献を軸にフィールド確保を目指すマウンテンバイカーの活動団体

三浦半島マウンテンバイククラブ

執筆:山崎信哉

Data

活動場所:神奈川県逗子市・葉山町・鎌倉市・横須賀市・横浜市
代表者:山崎信哉
年会費:2000円(ボランティア保険料込み)
問い合わせ:miuramtbclub@gmail.com
https://miuramtb.wixsite.com/bicycle

地域活動に参加する MTBの楽しさを広める

私達は、MTBを楽しんでいるユーザーの団体で、月に1回の整備活動参加と、会員向けのライドイベントを行っています。ほぼ毎週、メンバーの誰かが活動地域の山道を走っており、中には90年代から走り続けている人もいて、そんな人たちが繋がって仲間が増えていきました。しかし、団体としての発足は最近で、2016年から葉山の「二子山自然保護協議会」の1プロジェクトとして活動を開始し、2019年にクラブを立ち上げました。MTBが楽しめる環境を守っていく必然性が生じたことが大きな要因です。

ライドで繋がるMiura Style

三浦半島は、200m程度の低山が多く街からも近いので、気軽に山に立ち入れる地域です。そのため、ハイカー、近隣住民、トレイルランナーなど山を利用する人と対面することが多く、常に「山道の共用」に身を置いていることが特徴と言えます。また、一つの山道が短くすぐ終わってしまうので、街に降りることが頻繁にあり、一般の方の目に触れられる機会も多いです。

これらは肯定的に捉えると、多様な人と知り合いやすい環境とも言えます。一緒に活動させてもらっている「逗子トレイルランニング協会」や、交通安全や自転車によるまちづくりを推進する「逗子 歩行者と自転車のまちを考える会」、BMXパークの管理団体など、他のアクティビティや自転車関連団体と一緒に取り組む機会に恵まれており、イベントなどを通してMTBの目線で楽し

Support Shop

シコーバイシクルサービス
神奈川県横浜市南区井土ケ谷下町28-13
☎045-315-3558
営業時間:12:00〜19:00
定休日:木曜日
https://sico-bicycle-service.jimdosite.com/
sbs45maintenance@gmail.com

影山輪業　横須賀上町店
神奈川県横須賀市上町3-8
☎046-822-0234
営業時間:10:00〜19:30
定休日:水曜日
https://kageyamabike.wixsite.com/kagebikes
kagebikes@yahoo.co.jp
駐車場2台あり

TRIP CYCLE(トリップサイクル)
神奈川県横須賀市三春町1-26-2
☎046-854-9118
営業時間:11:00〜19:30
定休日:水曜日(祝日は営業)、イベント開催日は休業
https://tripcycle.jp/
info@tripcycle.jp
駐車場 6台あり

活動履歴
History

2016年4月 『三浦半島マウンテンバイプロジェクト』活動開始
2016年5月 自主制作したトレイルライド自主ルールブックの配布
2017年5月 「葉山まちづくり展」にて自転車体験会を実施（以降2018年まで実施）
2017年8月 南アルプスマウンテンバイク愛好会に訪問・交流
2018年3月 逗子トモイクフェスティバル「トモイク自転車」に協力（以降継続参加）
2018年9月 横須賀市立山崎小学校PTA主催自転車安全教室を開催（以降2019年まで実施）
2019年5月 「ツール・ド・逗子」スタンプラリーに協力
2019年11月『三浦半島マウンテンバイククラブ』に名称変更
2019年12月 秦野ホイールクラブに訪問・交流
2020年2月 奥武蔵マウンテンバイク友の会に訪問・交流
2020年5月 まちさが里山サイクリングの会に訪問・交流
2020年12月「逗子トレイルシンポジウム2020」を逗子トレイルランニング協会と共同開催

主な活動内容

#01 地域活動

地権者や行政、自然環境の保全活動をしている団体と連携して、山道整備などの地域活動に参加しています。1．二子山山系自然保護協議会と連携し逗子・葉山の里山を保全・整備しています。2．逗子市久木大池公園のやまなみルートにて、老朽化し歩きにくくなった既存ルートの迂回路として、歩行者とMTBが共に通れる山道を造成中です。3．NPO法人北鎌倉台峯トラスト主催の同地区の里山整備活動に参加しています。

#02 山道利用時のルール・マナー醸成、リスクマネジメント、およびそれらの共有

当会が活動する三浦半島エリアはハイキング、トレイルランニング、地元の散歩の方の利用が多く、その方達と共存する必要があります。そのために山道利用時の注意点をまとめた「三浦半島トレイルライド自主ルール」（当会のＨＰから自由にダウンロード可能）を作成・発行しました。また、実際にトレイルを走りながら歩行者の視点に立ったリスクの検出や対処方法の検討、ルールやマナーの伝達・共有を定期的に実施しています。

#03 MTBの楽しさを伝える

安全に自転車に乗ることを基礎として、MTBの楽しみ方を伝えていきます。逗子市、葉山町の地域イベントや横須賀市の小学校において、自転車を安全に運転するための技術を知ってもらうための講習や、木製のパンプトラックなどを走ってもらいMTBを操る楽しさを体験してもらう会を開催するなどしています。MTBの認知度を高め、普及するための活動にも繋がっています。

#04 ネットワークを広げる

ほかの地域で活動している団体や、MTB以外のアクティビティとも交流し、活動に生かしています。団体それぞれの成り立ちの経緯を伺い、地域ごとの特性を肌で感じ、実際に活動に参加することにより、交流を深め相互の連携を強めることができています。またその経験は、当会のロビイングや山道整備のスキルアップ、自転車安全講習やMTB体験会の内容や手法などのブラッシュアップに活用しています。

み方やマインドを伝えていくことができています。
ＭＴＢを取り巻く環境は複雑で、地域ごとに事情が違いますが、中高年男性が多く若者や女性が少ない点は共通しているように思います。当クラブも平均年齢は40代後半です。多様で継続性のあるコミュニティになっていくためには、老若男女誰もが安全でわかりやすく楽しさを享受できる状況が必要です。自転車に乗る楽しさに加え、自然の中で走ることによってマナーを学んだり、環境が形成された経緯を知ってもらえるよう、またそれらが共有できる場を生み出すべく活動を続けていきたいと思います。

MTB FIELD / LOCAL COMMUNITY 07

地域貢献を軸にフィールド確保を目指すマウンテンバイカーの活動団体

新潟県央トレイルクラブ

執筆：竹石　剛

Data

活動場所：新潟県三条市周辺
代表者：竹石　剛
年会費：無料
問い合わせ：
takeishi-saganten@cpost.plala.or.jp
管理している公共フィールド：
三条市グリーンスポーツセンター　GSCトレイル
☎0256-38-9368
https://www.osakiyama.com/

Support Shop

スポーツサイクルサカモト

新潟県三条市島田1- 2-14
☎0256-32-5348
https://sportscycle-sakamoto.co.jp

誰もが気兼ねなく楽しめる持続可能な環境づくりを

日常と地域に溶け込む 里山とMTBの親和性

私達が新潟県の県央地域の里山周辺をMTBで走らせてもらうようになってから、もう30年余りになります。常に綺麗に草が刈られ、整備されている山道（トレイル）があり、そこを走りながら、「なぜこのように綺麗に整備されているのか？」「誰が整備しているのか？」と思っていました。そして、私達は、この綺麗にされている山道を走らせてもらっていることに、ずっと後ろめたさを感じてもいました。……歩いている方に聞いてみたところ、この山道は、地元の集落の自治会が定期的に草刈りをしているとのことでした。そこで、私達は、自治会のお手伝いをすることで、この素晴らしい山道を「後ろめたさを感じないで走らせてもらいたい」と純粋に思うようになり、自治会にお願いして整備作業に参加させてもらうことができました。これが、私達の地域活動の始まりです。

また、同時に走っていた林道の周辺に、不法投棄ゴミが捨てられているのを見て、「このゴミをなんとかできないか」「このフィールドを綺麗にできないか」と思い、定期的なゴミ拾いを始めました。このような活動を通じて、自治会との交流も回を重ねるごと深くなり、良好な関係を築いてきました。

こうして整備してきた山道は、春にはカタクリの花が地面いっぱいに咲き、夏にはヤマユリが良い香りを放ち、秋には燃えるような紅葉を楽しめる素晴らしいフィールドです。この素晴らしいフィールドを、沢山のマウンテンバイカーの方に楽しんでもらいたいと考えるようにもなりました。そのためには、地域の人々に配慮し、山道を走らせてもらうためのしっかりした心構えとマナー、怪我をしないためのMTBのライディングスキルが必要でした。そして、こうした山道でのマナーやライディングスキルを新しい仲間に伝え、身に着けてもらうためには、誰もが気軽にMTBを楽しめるコースがあればという考えに至ります。

そしてこの観点から、私達は、三条市大崎山公園・グリーンスポーツセンターを指定管理する「さ

活動履歴

History

2012年4月	ライドを楽しんでいた山道周辺のゴミ拾いを開始(県央トレイルクラブ活動開始)
2013年5月	地元5地区の自治会の山道普請活動に参加開始
2017年5月	三条市大崎山公園に「GSCトレイル」を作り始める
2017年9月	三条市大崎山公園に「GSCトレイル」オープン
2018年3月	大崎山公園トイレ改修工事開始
2018年4月	三条市「まち美化ボランティア」に団体として登録
2018年9月	「GSCトレイル」周年祭（タイムトライアル、バーベキュー大会）開催
2019年6月	「GSCトレイル」パンプトラック、初級者コース増設
2020年4月	三条市が予算化して「GSCトレイル」の拡張工事が決定

主な活動内容

#01 地域の山道普請活動への参加

地元の５地区の自治会の山道普請活動に参加して、地域の皆さんとマウンテンバイカーが一緒に作業することで交流が生まれ、良い関係性が築ければと思っています。各自治会は、例外なく少子高齢化による人手不足に悩まれており、私達の山道普請への協力を快く受けいれていただいています。また、私達がいつも山道に入るまえに眺望を楽しんでいる自治会管理の公園の植樹作業、ベンチ、テーブルの設置などもさせてもらっています。

#02 地域での清掃活動

私達が走らせてもらっている林道の周辺では、不法投棄がくりかえされていました。そこで、「いつも楽しませてもらっているこのフィールドに、感謝の気持ちをもって何かできないか」と、2012年から毎年4月29日にはMTB仲間と他団体にも声掛けして、不法投棄ゴミの回収を行っています。2018年からは三条市の「まち美化ボランティア」に団体として登録して活動しています。

#03 MTB公共フィールドの維持管理

老若男女を問わず、MTBの楽しさを知ってもらおうと私達が整備してきたのが「GSCトレイル」です。大崎山公園・グリーンスポーツセンターを指定管理する「さんじょう自然学校」と共同し、三条市の許可を得て2017年から初心者向けコースとしてオープンしています。常に、新潟県央トレイルクラブの会員がコースの清掃、草刈りなどをして管理しています。

#04 MTB普及活動

私達の管理している三条市大崎山公園内の「GSCトレイル」にて、6月、10月の年2回、MTB初心者講習会を開催しています。レンタルバイクも用意し、保険料程度の料金で、誰もが気兼ねなく参加しやすいようにしています。また、年1回、「GSCトレイル」にてタイムトライアル、バーベキュー大会をおこない、子供から大人まで幅広くMTBを楽しめるイベントを開催しています。

んじょう自然学校」と共同し、三条市の許可を得て、「GSC（グリーンスポーツセンター）トレイル」を作り、誰もが楽しめるコースを作ることができました。この「GSCトレイル」で年2回のMTB体験会（初心者講習）や、皆さんが楽しめるイベントを行って、MTBを身近に感じてもらい、山道でのトレイルライドへの入り口になればと思って活動しています。2021年春には、三条市が予算化した新コースも開設しました。

　こうした私たちの活動や理念を、より多くの方に知ってもらい、地域活動に参加して頂く方が増えることで、MTBが地域にとって「必要とされる存在」になればと思っています。

MTB FIELD / LOCAL COMMUNITY 08

地域貢献を軸にフィールド確保を目指すマウンテンバイカーの活動団体

上越バイシクル協会・上越マウンテンバイク友の会

（名称変更予定）

執筆：白倉寛司

Data

活動場所：上越市周辺の山林、金谷山BMX場
代表者：白倉寛司
年会費：2000円および保険料1850円（新規入会時+1000円）
問い合わせ：info@jbabmx.com
https://www.jbabmx.org/

管理公共フィールド：金谷山BMX場
月曜日〜木曜日
☎025-526-5111（施設経営管理室）
金曜日〜日曜日、祝日
☎090-2545-1667（BMX場携帯電話）
https://joetsukankonavi.jp/spot.php?id=82

新潟県上越市を中心にオフロードサイクルスポーツを普及

BMXレースの主催からトレイルの維持・管理まで

上越バイシクル協会は、1998年に上越市誕生100周年を記念して「スキー発祥の地」である金谷山スキー場に作られた金谷山BMX場の管理と、オフロードサイクルスポーツの普及を目的に創設された民間団体です。発足当初はBMX場でのBMX普及に尽力し、1998年と2007年には国際大会を開催するまでになりました。2008年には会員数約100名として、地方では比較的大きなスポーツ団体でしたが、その後の不況や少子化の影響から徐々に会員数が減り、2015年頃には1／4になってしまいます。このままBMXレースだけ続けても、会員数の減少に歯止めが掛からないと思い、会員規約の目的でもある「オフロードサイクルスポーツの普及」という原点に立ち返り、MTB、BMXレース、トレイルジャンプ等のオフロードサイクルスポーツの有志に声掛けし、近年、様々な試みを展開してきました。

この新たな展開と時を同じくして、近隣の里山で「MTBを楽しめる山道が無いか？」と探し回っていると、山中で偶然にも地元の町内会の会長さんと出会いました。話しかけてみると、その山道は、地元住民の「狼煙を上げる会」が毎年整備しているけれども、高齢化で中々整備も難しくなっているということでした。そこで、我々が整備をお手伝いするので、トレイルをMTBで走らせてほしいとお願いすると、会の方々にお話しいただき、快諾してもらうことができました。この偶然（必然？）の出会いが、その後、私達が近隣5町内で同様の活動を展開するベース「金谷北地区農村元気会」へと繋がり、山々に張り

活動履歴
History

1998年	発足 以降4月～10月まで毎年金谷山BMX場にてBMX定期戦を開催
2000年5月	以降10年続く日本発のBMX賞金レース「チェレンジカップ」主催
2000年8月	UCI 環太平洋BMX選手権を主幹
2007年8月	UCI 環太平洋BMX選手権を主幹
2013年6月	トヤ峰砦保存会と協力し、トヤ峰砦古道の整備を開始
2015年6月	春日山周辺の町内会からなる金谷北地区農村元気会と協力し、周辺古道の整備を開始
2017年7月	７年ぶりに金谷山BMX場にてチェレンジカップを開催
2018年5月	上越市の理解を得て、金谷山公園内に初心者向けマウンテンバイクコースを整備
2019年7月	土砂崩れで通行できなかった瀧寺砦ー宇津尾集落間の古道を再整備
2020年7月	自転車協会補助金を受けて、NHK大河ドラマ天地人にも登場した桑取道の枝道を整備

主な活動内容

#01 金谷山BMX場でのBMX定期戦

消雪の4月～10月まで、毎月一回のBMX定期戦を開催しています。金谷山BMX場の利用促進と、オフロードサイクルスポーツの普及を目的とした入門者向けBMXレースを定期的に開催し、若年層からのオフロードサイクルスポーツ普及を目指しています。

#02 金谷山BMX場での月一回の初心者スクール

BMXコース完走を目的に月一回の初心者スクールを開催しています。BMXおよびMTBでの参加が可能で、ルールや安全な走り方をレクチャーしています。4月～9月の定期戦後の午後に開催しています。

#03 金谷山BMX場のコース維持管理

上越市からの委託を受けて、金谷山BMX場の維持管理のため、毎月２回コース整備を実施しています。

#04 春日山周辺の古道整備

春日山周辺の町内会および古道整備団体と協力し、400年以上前から伝わる桑取道を中心とした古道（旧軍道）を整備し、MTBで走れるトレイルを維持しながら、他の利用者ともシェアできる環境を整えています。不定期で、その時都合のつくメンバーで古道のライドやパトロールもしています。

#05 春日野トレイルの維持管理

春日山城の麓、春日野にある市の公園（通称：春日野トレイル）の維持管理をしています。協会が上越市から借り受けて整備しているジャンプトレイルです。BMXやMTBを使って、住宅街でジャンプできるめずらしいジャンプトレイルです。

巡らされた春日山城を中心とする室町時代から続く旧軍道のトレイル整備へと発展していきました。その中で、MTB好きが少しずつ集まり、協会とは別に、トレイル整備とライドをする仲間で形成する「上越マウンテンバイク友の会」という連絡会を立ち上げました。この友の会は、２０２０年より周辺でトレイルランニングをしている会と、トレイルのあり方について意気投合したため、マウンテンバイカーおよびトレイルランナーが協力し合ってトレイルを整備し、シェアする団体へと昇華しました。これを受け、２０２１年現在、より相応しい名称に変更予定です。

私達の住む新潟県上越市は広大な面積を誇りますが、人口密度の少ない田舎町です。

こういった地方でも、持続可能な自然・トレイル利用を目指す他の利用者や団体との連携と共有によって、今後の人口減少に対応したフィールドの確保が可能になっています。今後も、志を同じくする仲間と一緒に古道を維持整備し、楽しんでいければと考えています。

MTB FIELD / LOCAL COMMUNITY 09

地域貢献を軸にフィールド確保を目指すマウンテンバイカーの活動団体

金澤 Trail-bike Organization（KTO）

執筆:西村　聡

Data

活動場所:石川県金沢市及び近郊地域
代表者:西村　聡
年会費:無料
問い合わせ:trailbike.Kanazawa@gmail.com

Support Shop

じてんしゃ にのじ

石川県金沢市窪３丁目139-3
☎076-207-4924
営業時間:13:00〜19:00
定休日:火曜日、水曜日
KTO代表（西村 聡）が経営するショップ。

サイクルショップカガ

石川県金沢市額乙丸町イ29-1（本店）
☎076-298-3302
営業時間:11:00〜19:00（平日・土日祝）
定休日:水曜日・木曜日
石川県金沢市戸板5-27（金沢北店/スペシャライズドコンセプトストア）
☎076-256-0086
営業時間:11:00〜19:00（平日・土日祝）
定休日:火曜日・水曜日
KTOメンバーが勤務するショップ。

楽しく継続的な活動を目指す大人の部活

ルールやマナーの啓発
里山の保全維持への貢献

　私たち金澤 Trail-bike Organization（以下KTO）は、数人のマウンテンバイカーコミュニティから発足した団体です。この団体の活動目的はおおきく3つあります。地域情報の共有、地権者や自治体との交渉の円滑化など、マウンテンバイカー同士がつながるメリットを得ること、里山でのルールやマナーを啓発することでトレイルを含むマウンテンバイクフィールドの継続的な利用に貢献すること、またMTBを通じた活動で里山の保全・維持・管理の役に立つことです。
　現在、KTOの会員数は40名を超えています。会員になるには、私達が策定した最低限の里山利用ルールへの同意と入会届の提出が必要です。情報発信やイベントの連絡にはSNSを活用しており、希望する人だけが参加し、発言をするという気楽な団体になっています。会費等もありません。KTOはもともと自由に活動していたマウンテンバイカー達それぞれの思いを尊重

活動履歴

History

2014年ごろ	後のKTOにつながる活動が始まる
2019年3月	金澤 Trail-bike Organization 発足
2019年3月	石川県へ近郊にあるフィールドの利用申請提出、KTOの説明とルールの確認
2019年3月	フィールド利用ルール策定
2019年6月	フィールドでのゴミ拾いイベント開始
2019年8月	他地域のトレイル活用を見学するため参加者を募りツアー 乗鞍、白馬等
2020年3月	フィールドの利用申請更新、これまで１年の活動を報告　年度の利用回数は２５回を超す
2020年5月	フィールド利用ルール一部改定
2021年3月	フィールドの利用申請更新、活動報告

主な活動内容

#01 里山での人のつながりを作る

石川県のマウンテンバイカーは、個人で活動していることも多いのですが、コミュニティでつながりながら活動することで、簡単になったり、実現しやすくなることがあります。それは、地域に暮らす人々との関係づくりであったり、自治体への申請、自分達の意見表明および地元や他の利用者との交渉、情報の共有、ルールの啓発等です。また、MTBに乗る人と乗らない人、さらにマウンテンバイカーや外部の人と地域社会との橋渡し役としても、お役に立てればと考えています。

#02 里山利用のルール、マナーの啓発

知らないルールは守れません。最初はみんな知りません。山林・里山へ入る場合、山ならではのルールやマナーを守ることにより、他の利用者や地域コミュニティとのトラブルを避けたり、フィールドを傷めないように行動することができます。これは今後も継続的に里山を利用しようと思う場合にとても大切なことです。人のためだけではなく、自分たちのためにもルールやマナーを正しく啓発していきます。

#03 里山フィールドの清掃・維持活動

回数を重ねている活動となっているのが、県から利用許可を受けているフィールドの清掃・維持活動です。具体的には、ゴミ拾いや草刈りを月に一回程度行っています。SNSで告知して、自由参加のイベントとして開催し、毎回たくさんの方に参加していただいています。活動のあとは、もちろんきれいになったフィールドにてMTBで遊びます。この活動は、自分たちが利用しやすいようにとの意図もありますが、人の手が入ることによる里山というフィールドの維持にも役立ちます。

#04 フィールド利用検討のお手伝い

ありがたいことに、メンバー内外からMTBでの利用にどうかと、地域の里山や山道をご紹介いただくことが何度かありました。直接、現地を見せていただき、地権者もしくは管理者の方とお話しをして、ＫＴＯが役に立てることがあるか協議しています。ここまでは、運営メンバーを中心に行いますが、うまく話が進んで利用者を増やしたいとなった場合はメンバーにアナウンスします。令和3年4月現在、２つのプロジェクトが進行中です。

#05 MTBの普及啓発活動

MTBというスポーツは、適したフィールドがないと楽しめません。はじめようにもどこで遊んでいいのかわからない……。そんな声を聞くことがよくあります。そのためか、今はあまり一般的なスポーツであるとは言えません。ＫＴＯは気軽なコミュニティを通じて、このマウンテンバイカーの悩み解決の役に立ちたいと考えます。ひいては、それが里山に良い影響を及ぼし、里山とMTBシーン両方に活気があふれることを望んでいます。

し、言ってみれば〝ゆるい〟つながりで、無理なく継続した活動をしていきたいと思っています。

　主な活動地は石川県内の里山です。特に、金沢市近郊の県有キャンプ場跡地のフィールドは大切にしており、清掃活動を含めてかなりの頻度で通っています。ここでは、私たち「マウンテンバイカーが継続的に里山へ入ることで、何が起きるのか、どんな可能性に繋がるのか」を実体験しています。私たちが関わることで、ほぼ放置されていた山林の活用につながり、ゴミの不法投棄の監視・発見や災害の早期発見にもつながりました。このフィールドは、石川県の管理部門への利用申請に基づく許可を受けており、自分達で維持整備をしつつ、今後も活動の場としていきたいと思っています。また、イベントとして他県のトレイルガイドツアーやＭＴＢパークへ遊びに行くこともあります。これらを通じて他地域の状況や活動を知るにつれ、里山の現状と課題、マウンテンバイカーが活動をすることで地域の獣害対策や環境保全の役に立てるということがさらに分かり、これも私たちの大きな目的となってきました。

　今後もつながる会員数を増やし、活動フィールドを広げるとともに講習会やライドイベントなども開催していきたいと思っています。

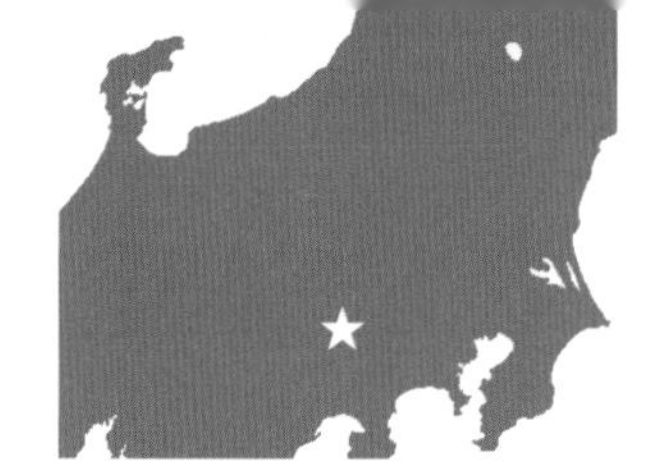

MTB FIELD / LOCAL COMMUNITY 10

地域貢献を軸にフィールド確保を目指すマウンテンバイカーの活動団体

南アルプスマウンテンバイク愛好会
(一般社団法人南アルプス山守人)

執筆:弭間　亮

Data

活動場所:山梨県全域、南アルプス市
代表者:弭間(はずま)　亮
年会費:6000円(入会年度は月割)、新入会費2000円、要保険加入、年1回以上活動参加
問い合わせ:minamialps.mtb@gmail.com
https://www.minamialpsmtb.com/

Support Shop

カルノーサインドアバイクパーク

山梨県中巨摩郡昭和町西条5047
☎055-288-1125　営業時間:10:00〜19:00
定休:水曜日、木曜日(両曜日ともに祝日の場合は営業)
https://www.carnosa.net/
建物内に、Dartbowl(インドアバイクパーク)、Frame(カフェ)、MTB専門店が併設。南アルプスマウンテンバイク愛好会の窓口も担っている。

MTBの社会環境づくりと地域活性化を同時に成し遂げる活動

MTBを活用した森林保全 愛好家による地域貢献活動

MTBの乗り方や乗る場所を教えてもらえたり、一緒に乗る仲間と出会い楽しむ、またMTBによる山林空間の活用や様々な地域貢献活動によって地域から賛同いただき、トレイル網を維持管理しつつ楽しませていただいている有料会員制コミュニティです。

トレイル網は主に南アルプス市の櫛形山に位置し、現在標高差で約1000m、総延長ではすでに10㎞以上を確保しており、さらに拡大を続けております。パンプトラックや初心者練習林間コースもあります。メンバーで全国各地へ遠征に行くなど乗ることも一生懸命ですが、自分たちのトレイル網のメンテナンス、新たなトレイルのビルドなどを行う会員活動を月に数回開催しています。そうやってコツコツとトレイルビルドとメンテナンスを繰り返してきたトレイル網は、会員さんにとってはとても大事なもので愛着があります。

会員制ということでルールが設けられ、それを厳守いただくことで地域や行政との関係を維持できトレイルも維持され、さらなるエリア拡大にも繋がります。逆にその基本的なルールさえ守るだけで楽しめます。

トレイル網は、地域との関係性を築き、行政からの協力を得て、許認可の取得ができますが、そこまでが最も時間と労力の必要な部分であり、その後ようやくトレイルビルドに着手できます。私たちにとってトレイルビルドはいわばゴールであり、そのあとのトレイルライドは天国のような世界です。MTBやトレイルビルド、地域活動だけでなく、地域の美味しい食事処や食材店、コーヒー屋さんなどを会員さんとよく利用し情報共有しています。そのような気の良い穏やかな会員さんたちに支えられているMTBをきっかけに集う楽しいコミュニティです。

具体的な活動事業としては、お祭りや清掃活動などの地域行事のお手伝い、地域コミュニティとの連携、関係人口増加や移住促進、山道の整備と山林巡視、防犯パトロール、行政と連携した

活動履歴
History

2013年8月 「南アルプスマウンテンバイク愛好会」活動開始

2014年4月 平岡区有林走行許可とトレイルビルド許可取得

2014年10月 『Trail Hunter - Japan』撮影対応(Matt Hunterなど来訪)

2016年1月 「南アルプスマウンテンバイク愛好会」正式発足(会員募集開始)

2017年3月 国立研究開発法人森林総合研究所主催シンポジウム『森林の有効活用をめぐる可能性と課題』登壇

2017年7月 『南アルプス市平岡区区有林「保全と利活用活動」協定』締結

2017年9月 大日本山林会誌『山林』に掲載

2018年9月 林業経済研究所主催・国土緑化推進機構助成シンポジウム『森林スポーツ新時代:森林利用・山村振興の新たな可能性』登壇

2019年2月 山梨県森林総合研究所にて「マウンテンバイクシンポジウム2019」を本会が主催し登壇

2019年3月 南アルプス市協働フォーラムにて基調講演

2019年9月 『山梨県自転車活用推進計画』が策定され、マウンテンバイクに関する方針や本会の事例など掲載

2019年10月 平岡パンプトラック完成

2019年11月 アジア初のDIG&RIDEイベント『Soil Searching』開催、地元向けMTBフィルム上映会、『Trail Builders' Summit』も同時開催

2019年11月 『中尾山外一字恩賜県有財産保護財産区植樹用地「巡視活動」協定』締結(標高差1000m達成)

2020年2月 「おもてなしのやまなし知事表彰」受賞

2020年2月 北海道庁上川総合振興局主催のサイクリングフォーラム登壇

2020年4月 代表弭間が南アルプス市平岡に移住

2020年6月 林野庁『森林・林業白書』にSDGs事例として掲載

2020年6月 「一般社団法人南アルプス山守人」設立

2020年8月 国土緑化推進機構『森林×企業SDGsハンドブック』に事例として掲載

主な活動内容

#01 地域貢献活動

日本において山に入らせていただくには、まずは地域を知ることから。地域への感謝の念を持って山に関わらせていただく。GIVE&TAKEではなく感謝です。年に1度、櫛形山の中腹の限界集落で催される夜祭りのお手伝い、田植え前の用水路周りの清掃活動、不法投棄撤去、その他様々な地域との交流活動、獣害対策、耕作放棄地の開墾と維持管理など地域で困っていること、人数が必要なところでお手伝いさせていただき、少しでも地域の助けになればと思い活動しています。これまで知らなかった田舎の社会を垣間見ることもでき好奇心を刺激されるとともに、自然と都市農村交流や世代間交流が生まれています。

#02 山道整備

荒廃した山道の整備や新たなトレイルビルドについて、行政や財産区等と協定を締結するなどして許可をいただき、山域によっては山林管理のための巡視路という名目で新規敷設をしているところもあります。基本的には、安全、維持管理のしやすさ、を優先しています。その整備した山道は、地域の役員、林業関係者や狩猟関係者などにも利用いただいています。また、登山道では特に台風や長雨後の倒木撤去作業なども業務として行っています。会員活動で最も多い作業がこのトレイルビルドになります。会員さん同士で山の中で楽しく会話しながらの作業は意外と楽しくそのあとのトレイルライドは温かいものになります。

#03 パトロール活動

山道の整備とセットで行っているのが山林巡視活動です。人が入らなくなった山林は不法投棄や山火事をはじめとした様々なリスクがあります。パトロールの基本は人の目です。MTBで楽しく走らせていただきながら同時にパトロールも行っています。行政と連携し登山道の点検業務や、警察署より委嘱いただき青色防犯パトロールも実施しています。

#04 MTB普及活動

行政と連携し様々な行事でMTB体験会を実施し、地域へ健全なMTBを広める活動を行い、地域住民向けにMTBフィルム上映会や活動報告会なども行っています。地元小学校では乗車技術に重きを置いた自転車教室を開催しています。平岡集落の中心部には地域住民に協力いただきゴミや藪の空き地を片付け、パンプトラックを作り地域の子供たちにも利用していただいています。

イベント開催、自転車教室、MTB体験会、登山道倒木撤去業務、狩猟関連業務、耕作放棄地対策などがあります。

この南アルプスマウンテンバイク愛好会の運営組織として、一般社団法人南アルプス山守人という法人格を有し、責任ある事業活動を展開しています。

MTB FIELD / LOCAL COMMUNITY 11

地域貢献を軸にフィールド確保を目指すマウンテンバイカーの活動団体

S-TRAIL

執筆:松下 壽

静岡の現役ライダー達が運営する刺激的なトレイル

ロードギャップ、ジャンプ多彩なセクションが満載

静岡にあった有名なMTBのダウンヒルトレイルが閉鎖され、トレイル問題に直面した私達は、「自分たちに何ができるか?」を模索していました。そんな折、山林を所有する用地オーナー(同じ地元のマウンテンバイカー)の理解と支援のもと、S-TRAILの開拓がスタートしました。

S-TRAILの名称は、静岡のS、清水のS、土地名である宍原(ししはら)のSにちなんで命名。当初は地元ライダーのボランティア協力のもと、手作業でのトレイル整備作業を進めていましたが、2年目には2台の重機を投入。当時、ダウンヒルエリートだった5名の運営メンバーの経験も活かして、トレイル作りのスピードは加速しました。

初級者・中級者向けだったコースは徐々に高速化し、S-TRAILの名物と言える、道を越えるロードギャップや、ダンプトラック4杯分の岩石を並べたハードなロックセクションなど、ワールドカップに参戦するダウンヒルライダーの声をフィードバックしながら、年々進化を重ねています。

海外のワールドカップコースでは、落差の大きいロードギャップや、巨大なテーブルトップも当たり前のようにレイアウトされており、公式練習の際に「飛ぶか? 届くのか?」迷っているようではレースになりません。ワールドカップに挑戦するライダーが、S-TRAILのセクションに慣れておけば、より練習に集中できるだろうという『応援の想い』を込

Data

活動場所:静岡県静岡市清水区宍原(詳細な場所はシークレット)
代表者:渕野厚志
会費:シーズン会員 5000円/1シーズン(トレイル維持協力金として)
1dayゲスト 2000円/1日(トレイル維持協力金として)
軽トラック使用料1日 500円/1人(燃料費の協力として)
問い合わせ:s-tarail@lovespo.com
https://s-trail.lovespo.com/

活動履歴
History

2012年12月	新清水 宍原MTBトレイル構想スタート
2014年1月	任意団体S-TRAILとして発足
2014年9月	高耐久性スマーフォフォン TORQUEのTVCM撮影協力
2014年12月	初の主催レース「S-TRAIL SPEED TRIAL」開催
2015年2月	Number SUBARU XV PR撮影協力
2016年7月	Yamaha PW-X eBikeのPR撮影協力
2017年1月	日産エクストレイルPR撮影協力
2017年3月	ニコン一眼レフカメラのカタログ撮影協力
2019年2月	THE BLACK SENSEの撮影協力
2019年7月	Yamaha PW-X eBikeの撮影協力
2020年3月	ENS Lites“S-TRAIL”開催
2021年1月	五輪クロスカントリー強化合宿協力
2021年3月	ENS Lites“S-TRAIL”開催

主な活動内容

#01 MTBトレイル造成作業

MTB専用の本格的なトレイル造成を、会員メンバーと共に行っています。Dig & Ride を楽しむべく、荒れたコースを自分たちの手で補修して、より走りやすいセクションにリニューアルしたり、ジャンプセクションを新設したりと、山中での作業を行っています。トレイル造成には、２台の重機をはじめ、クローラーダンプや草刈り機、エンジンブロワーなどを導入して作業効率をアップ。箱庭のように見渡せるフィールド内で、さしずめ『大人の秘密基地遊び』を楽しんでいます。

#02 レースイベントの開催

S-TRAIL主催によるタイムトライアル・ダウンヒルレースを開催。レースイベントでは、国内有力選手も参加していただき、ギャラリーはレベルの高い走りを間近に楽しむことができます。また、イベント時にはメーカー・代理店による試乗会等も開催し、幅広い層のお客さまに楽しんでいただいています。また近年はENS Litesの開催地としてもS-TRAILを選定いただき、人気のエンデューロレースも行われています。

#03 世界に挑戦するライダーの支援

S-TRAILはワールドカップへと参戦する日本のライダーを応援すべく、スキルアップフィールドとしての機能も強化しています。ダウンヒルライダー向けはもちろん、近年コースの難度が急速にアップしているクロスカントリー競技のコース攻略のために、ジャンプやドロップオフセクションを新設するなど、ライダーの声に応えて進化を続けています。
世界で活躍するライダーが増え、それに憧れて競技を目指す若者を増やすことも、MTBの普及啓発の一助になると信じています。

めて、私達はあえて難度の高いセクション作りにも励んでいます。もちろん、難度の高いジャンプなどには、全て迂回のラインも用意していますので、初級者はもちろん中級者、上級者のライダーにも楽しんでいただけるトレイルを目指しています。

また、S-TRAILではMTBコースのみならず、付近の林道を日常的に維持管理することで、地元の山林所有者さん達のアクセスも保っています。こうした地域との繋がりを前提に、楽しくMTBのフィールド維持を続けています。

幸いS-TRAILは、新東名高速道路の新清水I・Cすぐそばというロケーションもあり、地元の静岡県内はもちろん、関東や東海からも多くのライダーに足を運んでいただける場所に成長しました。運営スタイルは「自分たちが楽しむトレイルは、自分たちで創る」をコンセプトに、当初からトレイルメンテ・ディグをするメンバーを募る会員制としていますが、お試しで走りたい方に向けての1Day走行も受け付けています。

MTB FIELD / LOCAL COMMUNITY 12

地域貢献を軸にフィールド確保を目指すマウンテンバイカーの活動団体

つくでMTB

執筆：鎌苅ゆうみ・黒田武儀

MTBを通じた農山村の持続可能なライフスタイルを

MTBで目指す地域活性化 スクールを通じて愛着を

私達が家族で作手村（現：新城市作手）にやってきたのは25年前、1997年のことでした。移住してすぐに、当時の村長はじめ地元の方々の賛同を得て、MTBでの地域おこしに取りかかり、当時、競技選手だった私（鎌苅）が地元の子供たちを誘い、自前で調達してきた23台のMTBを貸す形でスクールをはじめました。子供たちは通学が自転車だったこともあり、メキメキと上達し、チーム「つくでMTB」として全国小中学生大会の上位を独占するようになりました。そうして有名になったスクールでは、子供たちがオリンピックを目指して熱心に練習するにとどまらず、周りの大人達も多く参加するようになり、地元から近隣へとMTB文化が広がっていく基点ともなりました。地域でMTBが普及すると、自転車ショップが求められるようになります。「サローネ・デル・モンテ」は、そうした愛好者のニーズに対応する形で生まれました。まさに、MTBを軸に、農山村での新しい目標、生きがい、楽しみ、仕事が形成され、地域活性化が促されることになったのです。

しかし、その過程では多くの困

Data

活動場所：愛知県新城市作手周辺
代表者：鎌苅ゆうみ
年会費：なし
つくでMTBスクール　参加費：1回 2000円（1人／1家族）、保険料：子供 900円、大人 1900円（一年有効・前払い）
問い合わせ：☎0536-37-5151（つくでMTB事務局／サローネ・デル・モンテ 内）
https://tsukude.jimdo.com/

Support Shop

サローネ・デル・モンテ

愛知県新城市作手高里字郷ノ根17
☎0536-37-5151
通常営業時間：土日祝（12:00〜18:00）※平日にご来店される方は 必ず事前にご予約ください。
http://salonedelmonte.com

活動履歴

History

1997年4月	作手村で「マウンテンバイクがやって来た」というイベントを開催 「つくでMTB」スクールがスタート
1997年11月	サローネ・デル・モンテが創業
1997年~	鬼久保ふれあい広場内にMTB特設コース作りをスタート
1998年~	チームつくでMTBの子供たちが全国大会で活躍
2005年12月	第1回「つくでMTBカップ」開催(以後、毎年開催)
2008年6月	地域振興の助成金を活用した「めざせ、ツールド新城」を開催
2016年7月	鬼久保ふれあい広場のMTB特設コースにパンプトラックを増設

主な活動内容

#01 つくでMTBスクールの運営

4月から11月まで、毎月1回のペースで、MTBの実走レッスンや、トレイルを走る際のルール・マナー説明を含めたスクールを開催しています。初心者から競技を目指す方まで、多くの方にMTBの魅力と可能性を体感してもらうことを目的としています。家族割引もありますので、お気軽にご参加下さい。

#02 鬼久保ふれあい広場内の特設コース整備

新城市の管理する公園である鬼久保ふれあい広場内で、市から特別な許可を頂いて、スクール等に使用するMTB用の特設コースを整備しています。私達「つくでMTB」で一生懸命作り上げ、今も変わらず維持整備を任せられている24年の歴史あるコースです。コースはその都度、市の教育委員会の許可を取った上で使用しています。つくでMTBの行事や、つくでMTBが設定した公開日以外は走ることはできませんのでご了承ください。但し、私達のコース整備に際しては、走ってもいいことになっています。つくでMTB有志としてのご参加も、随時、歓迎しています。

#03 自転車ショップ:サローネ・デル・モンテの経営

フィールドのある作手にて、つくでMTBの拠点としての自転車ショップ:サローネ・デル・モンテを経営しています。こちらでスクール等のイベントへのお申込みもできます。もちろん、MTBの購入や修理などもお申しつけください。

難にも直面しました。現在、「鬼久保ふれあい広場」内で整備したコースでのスクールが、つくでMTBの基本的な活動になっていますが、それ以外にも、作手村の里山に広がる里道や森林作業道や、隣の岡崎市へと至る山道にまで、MTBトレイルを拡げる試みも行ってきました。地元の方々は協力的でしたが、地域特有の事情もあり、中々、実現できないでいます。そうこうしている内に、私達の活動と同時並行で深刻化してきた過疎・高齢化は、山を活用して地域おこしをしようという地元の方々の気力をも奪いつつあります。この流れを断ち切るためには、個々の地域での活動に加えて、もっと広範囲での人間生活の転換と、それを促す政策や仕組みづくりが必要になると思います。そうなれば、山里の暮らしに有用なMTBが、生活に必要不可欠なアイテムとして大いに活躍するでしょう。

「つくでMTB」は、スクールに参加してきた地元の子供たちが決めた名前です。会員制でもなく、会費も取っていませんが、このスクールを基点に集まってきた有志のボランティアと寄付で運営されています。普段であれば10~15人、大掛かりなイベントの際は20~25人ほどの有志が、コース整備に集まってきます。当初、スクールに参加していた子供たちは、今はすっかり大人になり地域の外にも出ていますが、忘れられない思い出として、地元に帰ってきてはイベントの運営やコース整備を手伝い、走行を楽しんでいます。現在も、スクールは毎月、40~50人の規模で運営され、多い時は近隣から70~80人もの人が参加しています。

MTB FIELD / LOCAL COMMUNITY 13

地域貢献を軸にフィールド確保を目指すマウンテンバイカーの活動団体

箕面マウンテンバイク友の会

執筆：中川弘佳

10年後も山を楽しめる環境&地域コミュニティ作り

多様な山の愛好家、活動家、地域住民と共に環境維持を

私達は、大阪府の国定公園である箕面公園とその周辺地域で、自然と関わる多様な愛好家、活動家、地域住民、行政機関と共に、MTBを楽しむ環境を維持する活動を続けています。箕面の山麓は、東の高尾山と並び称されるほど、都市近郊ながら自然が豊かで、多くの人々がレジャーやスポーツに訪れる場所です。

今、MTBを楽しんでいるこの里山で、10年後も同じ様にMTBを楽しむことができるのだろうか。2010年代に入り、ハイカーさんも多くなり、いいのか悪いのか、利用者が増える事で縛りが増え、同時にマウンテンバイカーも増え、「いつか絶対大きな事故があるかも」「クレームがきたらその時点でMTBが利用禁止になるかも」など、幾つもの危機感を感じつつ、里山でMTBを楽しんでいた時期に、当時の箕面市長とお会いする機会がありました。そこで、MTBの楽しさや、その楽しさがメンタルヘルスにいい事を切々と語りつつ、率直にこの心の中にある危機感を市長にお話をさせて頂きました。

その時、市長の「団体を作って山で活動できればいいのでは」との鶴の一声。その場で、箕面の山の環境を維持する活動団体のまとめ役的なNPO「みのお山麓保全委員会」の事務局長さんを紹介して下さいました。そこからは事務局長さんのアドバイスでトントンと話が進み、まずはマウンテンバイカーのモラル向上のために、「マナーブック」を作成し、訪れる人達に配布していくことにしました。そして、MTBを地域の方に知ってほしい、そして認知してほしいという気持ちから、私達の地域貢献活動がスタート

Data

活動場所：大阪府箕面市山麓部及び新稲の森
代表：中川弘佳
年会費：2000円（ボランティア保険含む）
問い合わせ：
mtbminoh@gmail.com
http://minoh.lovespo.com

活動履歴
History

2012年10月	箕面マウンテンバイク友の会設立。マナーブック配布開始
2012年12月	第9回箕面の山大掃除大作戦参加（以後、毎年参加）
2013年9月	台風後の清掃活動と整備活動開始
2013年11月	「みどり生き生きみのお生き生き体験フェア」にてMTB体験会
2014年2月	古道復活プロジェクト始動
2014年4月	「新稲の森」での活動開始
2014年6月	「はじめてのMTB in新稲の森」開催
2014年12月	Y’s Roadさん主催「SPORTS BIKE DEMO」出展
2014年12月	第1回「新稲の森開放日」開催
2015年2月	「新稲の森」定期整備活動開始
2015年3月	「新稲の森」で初めてのレースイベント「MMC24」開催
2015年5月	箕面の山にてマナーアップ推進活動（以後、毎年実施）
2015年10月	「箕面市民スポーツカーニバル」MTB教室開催（以後、毎年開催）
2015年11月	箕面の山麓部トレイル保全活動始動
2017年4月	箕面公園管理事務所の依頼で新観光スポット巨樹「象の足」周辺整備開始
2018年9月	台風21号が関西地方を直撃。被害を受けたハイキング道の再生活動開始
2019年12月	素戔嗚尊神社と周辺清掃開始
2020年12月	箕面山麓保全委員会の依頼で山林整備活動開始

主な活動内容

#01 山での地域貢献活動

スタートとなったクリーンハイキングは、箕面の山で深刻化していた不法投棄を、他の活動団体の皆さんと力を合わせて撤去する等の山の清掃・整備活動で、定期的に行っています。初めはその都度、許可を得て、自主的にV溝の補修や倒木の処理をしていましたが、大きな台風が大阪を直撃し、箕面の山のハイキング道のほとんどが通行不可となるほどの打撃を受けたことをきっかけに風向きが変わりました。その直後から、友の会は、その山道がMTBで通れても通れなくても、片っ端から倒木処理と整備を行い、ハイキング道を再開させていきました。その貢献が他の団体や管理部門にも評価され、正式に里山「整備」の依頼を頂くようになり、正面から地域貢献活動ができるようになりました。現在に至るまで、地域自治会や他の団体からのご依頼を受けて、山の清掃や整備のお手伝いをしています。

#02 「新稲の森」のMTB利用と維持保全活動

友の会の設立当初、この場所は友の会と関係ありませんでしたが、私達の山の清掃・整備活動が地域社会から認められ、ご褒美的に利用可能になったのが「新稲の森」です。「新稲の森」では、MTBが率先して走る事ができ、大阪の中心部から車で30分ほどのMTBが楽しめるとても素敵な場所です。コースの造成、維持はかなりの労力が必要ですが、大人も子供も一緒になって皆で整備をしています。また、「新稲の森」周辺の清掃活動も定期的に実施して、周辺地域の方々とコミュニケーションがとれる機会にもなっています。「新稲の森」は、箕面市の所有地なので、誰でも利用ができるようにしたいのが本音なのですが、現状は難しい部分があります。現在は、２カ月に一度「開放日」を設けており、その時に誰でも安心してご利用頂けるよう、友の会メンバーがコース受付、コースガイド、安全管理をしています。

#03 地域イベントの参加

箕面市が主催となって行われる「スポーツカーニバル」において“マウンテンバイク教室”と“ランニングバイク広場”をこの何年か担当させて頂いております。技術も大切ですがまずは安全に楽しんでもらえる環境を整えて行っています。そして公道における自転車のルールについての講習を自動車教習所の講師を招いて行っています。また麓の自治会から要請を受けて秋祭りのための神社境内やその周辺の清掃また年末大掃除に参加しています。

していきました。

箕面マウンテンバイク友の会のマナーブックの表紙には、「鈴」の絵が描かれています。実はこの「鈴」、ハイカーさんの団体さんから「鈴の音がしたらMTBが来るってわかるからいいのでは」とのアドバイスを受けて、即採用させて頂きました。有難いことに今では、箕面の山々ではMTBに乗る時に「鈴」をつける事が浸透してきています。

箕面マウンテンバイク友の会の設立に前後して、本格的に箕面の山の環境維持活動にも参加させて頂きました。箕面の山の清掃活動をしながら山を楽しまれている活動団体「箕面の山パトロール隊」が実施しているクリーンハイキング（毎月定期コース清掃活動）です。当初は、メンバーの方々から、私達マウンテンバイカーにとってなかなか厳しいご意見を頂きました。覚悟はしていましたが、私達の想像以上に、ハイカーさん側のマウンテンバイカーへの印象はネガティヴでした。そこからほぼ毎週、時間の許す限りクリーンハイキングに参加して、ハイカーの皆さんと様々なお話をさせて頂き、アドバイスを頂き、友の会のメンバーにもシェアしていきました。その結果、他の皆さんからの印象は、次第に好転するようになってきました。友の会のメンバーも、最初は3名ほどだったのが1人、2人、3人と増えていきました。そうした活動が、今日の箕面マウンテンバイク友の会の原点となっています。

MTB FIELD / LOCAL COMMUNITY 14

地域貢献を軸にフィールド確保を目指すマウンテンバイカーの活動団体

矢田丘陵MTB共生の会

執筆：小野聡士

Data

活動場所：矢田丘陵（奈良県大和郡山市矢田町～生駒郡斑鳩町）、矢田山遊びの森
代表者：小野聡士
会費：無料
問い合わせ：☎0743-53-5819（矢田山遊びの森 子ども交流館／森の情報館）

地域との交流を深めつつ里山と共に生きるMTB

矢田丘陵は、奈良県北西部に南北に広がる丘陵地帯で、南下すると法隆寺に至る比較的緩やかな山道が続くフィールドです。大阪からも近く、走りやすい道なので、MTB初心者でも手軽に楽しめる場所となっています。ここでは、2005年に矢田丘陵MTB共生の会が、日本マウンテンバイク協会（JMA）の了承を得て、「矢田山遊びの森」県立矢田自然公園エリア内の6カ所の休憩所に、MTB利用のルールを定めたMTBフィールドコードを看板として設置し、決められたルールのもとで愛好者達が利用してきました。当時、近隣の山道でMTBが走行禁止となるなか、看板に記されたルールやマナーを守ることで、公園エリア内を走る事を許可されてきた経緯があります。まさに標語の通りの〝たのしいやまみち〟が、今も続くフィールドです。

マウンテンバイカーが始めた多様性のある里山共生活動

私は、15年前からここでMTBとトレイルランニングを始め、森の中を駆け抜けるスピードやテクニックに魅力を感じて走り回っていました。しかし、長年走り続けていると、少しずつ道が荒れ、集落の過疎・高齢化によって放置された田畑が増え、今まで通れていた場所にも草が生え、走る事が困難になってきたと感じるようになりました。また、近年ではナラ枯れの影響で、巨大な樹木が倒れて道を塞いだり、イノシシが道を荒らしていたりと、走る環境は年々悪化する一方でした。当時、自然公園内では、県職員や高齢化していたNPO法人（森づくり奈良クラブ）による森林ボランティアが中心となって整備を担当していました。そこで、まずは森林ボランティア活動に参加し、彼らとの協働を通じ

MTB Field Code

～楽しく安全に乗ろう、マウンテンバイク・ルール～

た いせつなこと、全て自分の責任で行動しよう
の やまにゴミは似合いません
し ぜんや動物をいたわろう
い つでも歩行者優先、狭い道では降りて譲ろう
や ってはいけないトレールからのはみ出し走行
ま さかのためにヘルメット、グローブは必需品
み うちにツーリング計画を伝えてからスタート
ち ょっとまて、そのスピードだいじょうぶ？

私たちは矢田丘陵を愛する仲間として
矢田丘陵とMTB（マウンテンバイク）の共生
を考えます。

奈良県立 矢田自然公園矢田山遊びの森
矢田丘陵MTB共生の会

MTBフィールドコードを自然公園エリア内の６カ所の休憩所に設置。

活動履歴
History

2005年10月	矢田山共生の会発足、マウンテンバイクフィールドコード看板を設置
2016年10月	白石畑集落付近の整備活動を11名で開始
2017年２月	トレイルの水路補修を実施９名
2017年11月	台風による土砂崩れの緊急整備５名
2018年２月	整備後、地元白石畑自治会長による芋煮会に参加20名
2018年６月	地元奈良テレビにて森林ボランティア紹介
2018年７月	大雨による崩壊箇所の緊急整備４名
2019年２月	地元白石畑自治会長による芋煮会に参加20名
2019年３月	松尾湿原コースのハイキング道の整備
2019年９月	奈良女子大学での産学官民連携のプレゼンテーション発表
2020年３月	白石畑集落付近の整備活動
2020年11月	白石畑集落付近の整備活動

主な活動内容

#01 自然公園エリア外でのトレイル整備活動

奈良県生駒群平群町および斑鳩町にある白石畑の集落地おいて、放置された山道に対して、地元自治会の協力を得て整備活動を実施しています。また、走る道のほか、水路補修などの整備も行い、地域に貢献しつつ、県立矢田自然公園エリアからつながるトレイルを保全しています。

#02 産学官民連携活動

2019年９月に、関西ネットワークシステム（KNS）主催の産学官民連携のコミュニケーション場において、これまでの取り組み活動を発表しました。また、近畿大学等、近隣の大学とも連携した活動を行っています。

て、樹木の伐採や山道を整備するスキル等、自然と森のしくみを学び始めることにしました。その上で、自然公園エリア外で、手つかずとなっていた山道を、数人のＭＴＢ仲間と共に補修整備していきました。

現在、我々の活動は年に４～５回、参加者は数名～20名程で、主に手つかずとなった山道の整備を、地元の方々の了解を得て行っています。整備活動のあとは、地元集落で懇親会を開いていただけるようになり、我々の山道整備への貢献を通じて、地域の方々のＭＴＢへの理解も深まっています。メンバーは、マウンテンバイカーだけではなく、矢田山に訪れる様々な人に声をかけ、参加を呼びかけてきました。その結果、トレイルランナーや犬の散歩で山を訪れる方など、老若男女問わず多様性のあるメンバー構成となっています。これが、我々の会の掲げる「矢田山と共に生きる」という意味をこめた共生活動です。

ここはＭＴＢの専用コースではなく、ハイカーやランナーが共存する狭いフィールドであって、誰もが気持ち良く山を楽しみたいという気持ちが広がる出発点と考えています。様々な利用者同士、笑顔や挨拶から会話が生まれ、走ることだけを考えていては到達することのできない、大切なアナログネットワークが生まれています。これも、ここを訪れるマウンテンバイカーが、フィールド各所に設置されたフィールドコードの看板に記された「ルール」を守り、〝たのしいやまみち〟を実践してきた結果です。ルールを前提に、お互いを認め合うオープンな意識と環境・雰囲気が、ハイカー、ランナー、マウンテンバイカーといった立場を超えて、自然を楽しむ人としての交流を生み出しています。

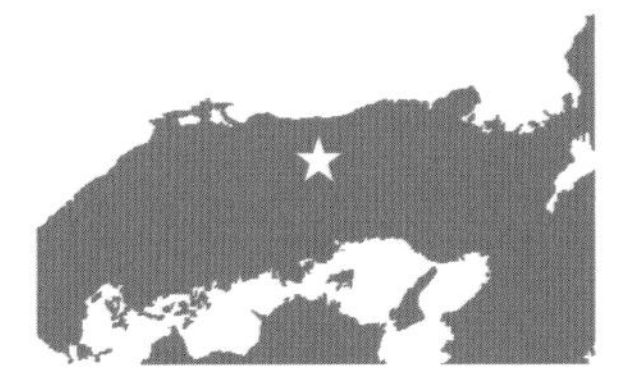

MTB FIELD / LOCAL COMMUNITY 15

地域貢献を軸にフィールド確保を目指すマウンテンバイカーの活動団体

鳥取マウンテンバイク友の会

執筆:西根祐輔

Data

活動場所:鳥取県鳥取市、八頭郡ほか
代表者:西根祐輔
年会費:無し
問い合わせ:Facebook
（鳥取マウンテンバイク友の会）

オープントレイルの環境づくりと地域活性化

持続可能な環境の整備と愛好家たちによる普及活動

私達は、MTBが好きで個々に乗っていた鳥取周辺のメンバーが集まる形で、鳥取マウンテンバイク友の会を2015年に設立しました。前身は"Share The Trail Tottori"として鳥取の山々で活動して参りましたが、より分かりやすく、親しみやすい現団体名の友の会に変更しました。

山陰地方の鳥取県は山林も多くありますが、MTBが自由に走れる場所はほとんどありません。多くの場所は厳密に規制されている訳でもなく"グレー"な状況にあります。私達は、そうしたグレーな場所を走るのではなく、"ホワイト"の場所を堂々と走りたいとの想いから活動を開始しました。

メンバー全員でそうした場所づくりを模索する中、理解のある地権者の方や関係団体にめぐり合い、私有地の山林をお借りすることができました。当初、トレイル整備の知識もない中でのスタートでしたが、見様見真似でトレイルを整備しながら経験を蓄え、ライドイベントが実施できるまでとなりました。イベントやPRを通して、県外のライダーや愛好者団体とも繋がることができ、次第に活動の幅が広がってきました。そうした活動が地域でも知られるようになり、地元でキャンプ場を運営する団体に「隣接する山でMTBコースをつくらないか?」とお声がけいただき、新たなトレイル整備のプロジェクト「Kisaichi TRAIL WORKS Tottori」を2020年4月より開始しました。これは、現在使っていない林道(約2.5㎞)や周辺山林を活用してMTBコースとして整備し、今後、オープントレイルとして運営する予定の取り組みです。コースはキャンプ施設と隣接しているため、うまく地域の活性化が図れないか、キャンプ場運営団体と連携しながらプロジェクトを進めています。山陰地方には常設コースがほとんどなく、MTB文化が育ちにくい環境にありますが、本トレイルを拠点として整備することで、既存の愛好者はもとより、キッズ世代も含めて山陰マウンテンバイカーの裾野が広がればと考えています。

現在の課題としては、メンバーがボランティで整備をしているため、活動費やマンパワーの不足などがありますが、この活動が継続していけるよう、地域の方々や関係団体、行政などと連携しながら、力を合わせて取り組んでいきたいと思います。随時メンバーを募集していますので、MTBに興味があるという方は是非ご連絡ください。

活動履歴
History

2015年以前	鳥取マウンテンバイク前身組織“Share The Trail Tottori”で活動
2015年6月	「鳥取マウンテンバイク友の会(TMT)」発足
2015年7月	八頭町船岡地区にてホームトレイルの整備を開始
2015年9月	「第8回大山マウンテンバイクカーニバル大会」へチーム参加
2015年10月	「温泉ライダーin三朝温泉」へチーム参加
2015年11月	TMTトレイル体験会「今こそ山デビュー」開催
2016年3月	MTB(子供/初心者)体験会「今こそ山デビュー:自転車で遊ぼう」開催
2016年9月	「第9回大山マウンテンバイクカーニバル大会」へチーム参加
2016年10月	八頭中央森林組合「第1回森林組合まつり」にてMTB体験会&活動PR
2017年6月	「第23回鳥取・吉岡温泉ホタル祭り」にてMTBスクール開催
2017年10月	八頭中央森林組合「第2回森林組合まつり」にてMTB体験会&活動PR
2018年10月	八頭中央森林組合「第3回森林組合まつり」にてMTB体験会&活動PR
2019年9月	「第12回大山マウンテンバイクカーニバル大会」運営へボランティア参加
2019年10月	八頭中央森林組合「第4回森林組合まつり」にて活動PR
2019年11月	アジア初のDIG&RIDEイベント「SOIL SEARCHING」へ視察研修参加
2020年4月	八頭町私都にてトレイル整備プロジェクト「Kisaichi TRAIL WORKS Tottori」開始
2020年11月	「きさいちDIG&RIDE作って!走る!」イベント2日間開催

主な活動内容

#01 トレイル整備&ライド

地元の地権者の方から2か所の山林をお借りし、MTBが走れるように整備し、友の会メンバーでのライドを楽しんでいます。現在、力を入れているトレイル整備プロジェクト「Kisaichi TRAIL WORKS Tottori」では、誰でも気軽に走っていただけるトレイルとして、2021年春のオープンを目指しています。トレイル整備は、コース設計からラダーの作製など、いかに面白いコースになるか試行錯誤しながら取り組んでいます。もちろん、整備した後は実際にライドをし、自分たちが手を入れたトレイルを楽しんでいます。

#02 地域に向けた取り組み

トレイル整備の協力をいただいている八頭中央森林組合が開催している森林組合まつりにて、1年間の活動を展示しPRすることで、地権者・地域住民・行政などの関係者に広く取り組みを理解してもらえるよう努めています。また、同会場にてMTB体験会を開催し、少しでも地元に楽しさを感じてもらえる機会となるよう普及活動を行っています。他の取り組みとしては、整備を行っているトレイルでライドイベントを開催することで、県内外問わず活動をPRできるよう取り組んでいます。

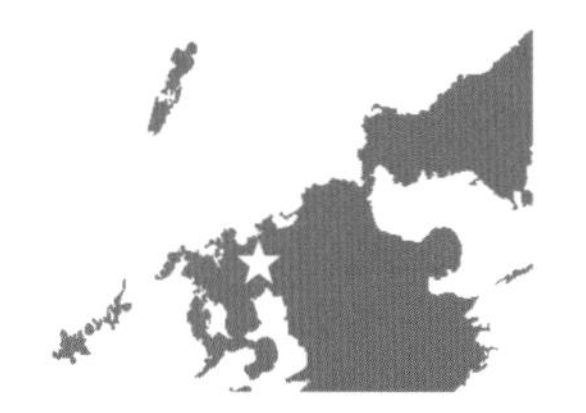

MTB FIELD / LOCAL COMMUNITY 16

地域貢献を軸にフィールド確保を目指すマウンテンバイカーの活動団体

福岡マウンテンバイク友の会

執筆：増永英一

Data

活動場所：佐賀県佐賀市富士町
代表者：増永英一
年会費：特になし
問い合わせ：fukuokamtb@gmail.com

Support Shop
CLEAT

佐賀県佐賀市富士町古湯3132-2
☎0952-58-3038
営業時間：12:00～20:00
定休日：水曜日
info@cleat-bicycle.com
福岡マウンテンバイク友の会代表（増永）が経営するショップ。

「マンパワーはあるが走れる山がない」マウンテンバイカーと「山はあるがマンパワーが不足している」限界集落を繋いでいく

とにかく無理なく楽しく活動＋ライドのＭＴＢｉｎｇ

当会は、2012年より佐賀市富士町の「苣木（ちゃのき）地区」で、主に清掃活動をはじめとした地域の維持・活性化に向けての支援を行い、その対価として地域の保有する山林をＭＴＢ走行する許可を取得してきました。その活動に賛同するマウンテンバイカー達が年々増えていき、現在の規模になりました。

苣木地区はいわゆる限界集落で、地区内の世帯数も住民も少なく、さらにそのほとんどが70歳以上。毎年春に田畑に水をひく前の必須作業である溝掃除、自治体の義務である県道・町道の草刈りなど地域の清掃活動（道普請）も、以前は集落に残っていた少数の方々に、地区を離れていった方までが加わり、数日がかりで行っていました。

当時、福岡周辺のＭＴＢを楽しめる環境は、様々な要因でほぼ壊滅状態でした。特に、福岡市内でライドできていた山が「車両の乗り入れ禁止」になってから、ＭＴＢを存分に楽しむには、週末の一日丸ごと費やして県外に行くしかなく、家庭のある人間等には中々厳しい趣味となってしまいました。そんな状況を何とかしようと、私達は、福岡市から1時間以内で行ける数多くの自治体や地域関係者に、「ＭＴＢは現在、走る場所が無くなっている。自分達にはパワーも団結力もあるので、地域の力になることで、自分達の楽しむ場所を確保したい。何かお手伝いができないだろうか」とお願いに回りました。その中で、佐賀市富士町の行政の方を紹介して頂き、苣木地区に辿り着くことができました。

はじめは「手伝わせてあげる」的なスタンスだった地域の方々も、私達の趣旨に賛同して回を重ねるごとに増えていくマウンテンバイカーに、徐々に頼って頂けるようになり、2年を過ぎた頃から清掃の日程も、レースやイベントなどＭＴＢ側のスケジュールに合わせてくれるようになりました。これで、さらに集落の活動に参加できるマウンテンバイカーが増え、最初の年には5名だったマウンテンバイカーが、現在は約40名も清掃活動に参加

活動履歴
History

2012年9月	発足
2013年4月	友の会としての区役への参加開始
2014年10月	富士町古湯温泉にパンプトラック「Ketta」を造成・オープン
2015年5月	スラロームコース作成開始
2017年8月	スラロームコース「チアーズトレイル」完成
2018年8月	第1回ちやのきエンデューロ開催
2018年9月	シンポジウム「森林スポーツ新時代:森林利用・山村振興の新たな可能性」(東京大学)にて講演し、友の会の活動内容を紹介
2019年8月	第2回ちやのきエンデューロ開催
2020年9月	「全国過疎地域自立活性化優良事例表彰」にて総務大臣賞受賞
2020年10月	コロナ禍により第3回ちやのきエンデューロは小規模のファンイベントとして開催

主な活動内容

#01 地区区役への参加

地域内の道路や側溝の清掃活動で、毎年4、6、9月に行われています。友の会を通じた参加者全員には、自治会長より地区内でMTBを楽しむ許可証が手渡しされます。

#02 ちやのきエンデューロ

地区内で普段MTBを楽しんでいる環境を活用した、MTBのエンデューロレースイベントです。上りも下りもかなりハードで、全国より我こそはという猛者が集います。地元富士町の多くの方々と友の会のライダーが協力して開催しており、ハードなレース内容と温かくアットホームな里山の雰囲気が人気です。

#03 その他ローカルイベント

MTBライディングスクール、コース作成体験イベント、コースメンテナンス&ライドイベント、ローカルレースなどを開催しています。

するようになりました。その結果、地区の70歳以上の方は、参加が免除されるまでになったのです。

また、地域との連携をはじめた当初は、地区内の古道の走行許可を得てMTBを楽しんでいましたが、3年目より、地区の山林内に専用コースを造成する許可も頂きました。そうして、地元住民とマウンテンバイカーを含む沢山の方々の力で、3年の歳月をかけてMTB・スラロームコース「チアーズトレイル」が完成しました。その翌年から、コースのお披露目を兼ねて、地域とMTBの繋がりの軌跡を広く知って頂くためのイベント「ちやのきエンデューロ」を開催しています。毎年、全国から多くのマウンテンバイカーが集まり、普段は静かな限界集落がたくさんの笑顔で賑わうようになりました。

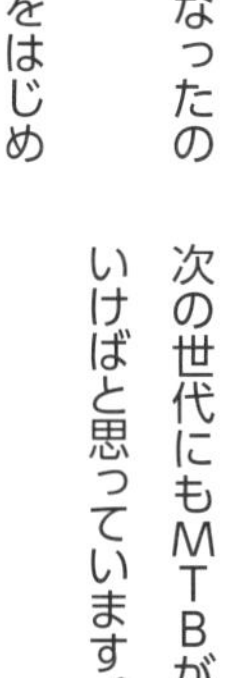

こうした地域住民とマウンテンバイカーの協働と交流が認められ、2020年、私達の活動は、「全国過疎地域自立活性化優良事例表彰」で、最高賞にあたる総務大臣賞を受賞しました。今後も地域の人々とマウンテンバイカーが助け合い、持続可能な環境を楽しく築いていくことで、次の世代にもMTBが広まっていけばと思っています。

MTB FIELD / LOCAL COMMUNITY 17

地域貢献を軸にフィールド確保を目指すマウンテンバイカーの活動団体

羊蹄 MTB クラブ

執筆：間宮邦彦

キーワードは「Niseko」、海外と広げるMTBライフ

国際的MTBリゾートを滞在したくなる場所へ

2013年、私はMTBをライフスタイルにすると決め、大海原を越え北海道に渡りました。まず、羊蹄山東南の留寿都村に掛け合い「誰もが無料で楽しめる公共のMTBコース」を作りました。そこで、北海道の皆さんにヘルプを求めたのが当MTBクラブの始まりで、本州と違い、愛好者の絶対数も少ないため、札幌など遠方からコースづくりのお手伝いに来てもらいました。最終的には、すごく立派なパンプトラックとミニダウンヒルコースが完成。留寿都村の「道の駅 230ルスツ」に隣接する「ルスツふるさと公園」の中にあります。レンタルバイクや管理人の常駐は無く、海外の公園にあるスキルパークと同じ位置づけです。ルールを守り、自己責任を理解し、ヘルメットを着用すれば無料で走れます。

羊蹄山西麓の倶知安町比羅夫にある「ギントトレイル」は、この地域でもう一つ自由に走れるフィールドです。これは地元に住むニュージーランドの元ダウンヒルチャンプが中心となって、土地所有者から許可を取り、地元の外資系企業がスポンサーになり、MTBコミュニティーのために作ったトレイル。約1㎞の周回コースで、初心者でも森の中の雰囲気を楽しめます。現在はトレイル脇にホテルを建設中で、一部しか走ることができませんが、完成した際には改めて全コース開放予定です。

ニセコには上級者が楽しめるコースも存在します。「ミンタランド」という個人所有地の庭に作られたジャンプ&ドロップ系のダウンヒルコース。距離は短いですが、これが走ればカナダ・ウィスラーのジャンプ系コースは大体走れるように私達が設計しました。2021年現在、北海道でも最高峰レベルのコースだと思います。完全に個人の庭なので一般開放はしておらず、MTBクラブとして、一緒に維持整備も含めて楽しめる人なら案内できます。

有料ですが、倶知安町のスキー場：ニセコマウンテンリゾートグラン・ヒラフにはフロートレイルとダウンヒルコース、少し足を延ばした赤井川村にはアスファルトのパンプトラックもあります。海外からやってきた愛好者たちとの化学反応も起き始め、行政とマウンテンバイカーが話す機会もかなり増えてきました。MTBを軸に、冬だけでなく夏も魅力的な国際的リゾート地に変わっていく可能性を十分に秘めています。

地域での活動で大勢の力を借りたい時に、Facebookの「羊蹄MTBクラブ」ページにて呼びかけています。北海道は雪が多いのでコースの維持が大変。コースの大規模な整備は毎春かかせません。「ルスツふるさと公園マウンテンバイクコース」、「ミンタランド」の維持整備が主です。ご興味のある方は、ぜひご連絡ください。

Data

活動場所：北海道羊蹄山麓界隈
代表者：間宮邦彦
年会費：なし
問い合わせ先：Facebookの「羊蹄MTBクラブ」ページに連絡ください。

Support Shop
Rhythm Japan

北海道虻田郡倶知安町字山田190-1
☎0136-23-0164

活動履歴
History

2013年　北海道留寿都村にて活動開始。
2015年　「道の駅 230ルスツ」併設の「ルスツふるさと公園マウンテンバイクコース」がオープン

MTB FIELD / LOCAL COMMUNITY 18

地域貢献を軸にフィールド確保を目指すマウンテンバイカーの活動団体

町田マウンテンバイク友の会

執筆:長野聡之

都市圏からも近い町田に広がる里山での活動

身近な里山環境での活動ワーク&ライドで地域貢献

様々なサイクリストが訪れる多摩丘陵エリアで活動を行っています。小山田丘陵の山林整備を通じたフィールド整備については、地元や町田市の理解を得ながら行っています。MTBを通じて里山に関わることで、地域の活性化に貢献していく活動を広めています。メンバーが自走で活動に参加して、帰りに近隣のトレイルを走って帰るなど、サイクリング環境が充実しているエリアならではの楽しみ方も当会の特色です。活動エリアは生活圏から近いので、週末のちょっと空いた時間に活動に参加しやすいという会員も多いです。月末の定例活動日を含めて、毎月2〜3回の活動を実施しています。

主な活動内容

#01 市有地や個人所有地の山林整備活動

MTBによる自然享受のありがたみを最も理解できる手段といえる山林整備を主な活動にしています。活動開始から数年が経ち、当会所有の整備道具などが充実してきたおかげで整備がはかどるようになりました。これまで継続してきた活動に対して、行政や地域住民の方から高く評価していただいており、地元からの信頼も大事にしながら活動しています。その中で、幾つかMTBを楽しむことができるフィールドも、所有者や地元の理解の下に当会として整備しています。

#02 地元団体と協働しながら地域活性化のお手伝い

地域の集いやイベントなどに招待いただくことで運営のお手伝いに参加したり、里山の営みを体験させてもらったりしています。また近隣の里山整備団体の活動にも参加しながら、周辺の里山環境や山林整備のノウハウなどについて学んでいます。

#03 MTBの普及活動

MTBの初心者にも楽しめる活動を広めています。また町田里山の魅力を紹介しながら多摩丘陵エリアのツーリングも実施しています。初心者向けで車種を選ばないトレイル環境が周辺には多いので、シクロクロスやグラベルバイクで楽しむ人もいます。

Data

活動場所:東京都町田市小山田地域周辺
代表者:守屋秋則　副代表:長野聡之
年会費:20歳以上1000円、
20歳未満500円、未就学児無料
問い合わせ: machidamtb@gmail.com
https://machidamtb.localinfo.jp/

活動履歴 History

2015年12月	活動開始
2016年	町田市および地元団体より委託を受け、市有地の山林整備開始
2020年12月	MTBコースお披露目イベントを開催

MTB FIELD / LOCAL COMMUNITY 19

地域貢献を軸にフィールド確保を目指すマウンテンバイカーの活動団体

まちさが 里山サイクリングの会

執筆：渡辺安良

都心からも気軽に出かけられる身近な里山で楽しむMTBライフ

初めてでも参加しやすい MTBライフへの入口

日頃から走らせてもらっている里山の貴重なトレイル。いつまでもこの環境を守るにはどうしたら良いか？　このまま、それぞれが好き勝手に走っていて良いのか？　自分たちにできることは何か？……そういった気持ちに対するアクションが、地元有志による「まちさが里山サイクリングの会」の設立でした。会の定例的な活動では、この地を走るライダーたちの意識やマナーの向上のために「ツーリング&マナーティップス」というプログラムを、1～2カ月に一度開催しています。これは、トレイルを利用するにあたって、同じくトレイルを利用する地元の人たち、ハイカー、トレイルランナーたちと如何に共存していくか、あるいは、この貴重なトレイルを守り、次世代に繋げて行くにはどう行動するべきか、といったことをテーマに、ちょっとしたヒント（ティップス）や課題をもとに皆で考え、トライするプログラムです。また、トレイルに優しい走り方や、安全に走るスキルを身につけるレッスン（スキルレッスン）や、自分自身を守るエマージェンシーの講習なども行い、最後は皆で気持ち良い里山トレイルでのサイクリングを楽しみます。年間で10回程度開催しており、1回につき25～30名が参加しています。

もうひとつ、我々が意識している大切なことは「地域とのつながり」です。MTBが地域に認知され、受け入れられるためには、マウンテンバイカーの活動が見える形で理解され、常に新しいユーザーが生まれるオープンなスタンスが不可欠であると考えます。そのため、積極的に地域の人々とコミュニケーションを取ることにより、我々の活動を認知してもらい、地域のイベントなどで「MTB体験会」を開催するに至っています。地域で毎年行われるお祭りや、自治会活動のコンテンツとして、地域の子供達や親子が気軽に体験できるプログラムを提供しています。こちらは年間で2回程度開催しており、1回あたり50名程度が参加しています。また、アフターライドで地元のお店をみんなで利用するなど、少しでも我々の活動が地域のプラスになるように心がけています。

この他、小学校廃校跡地を活用した「たちかわ創造舎」の自転車振興事業として、モジュラーパンプトラックを活用したMTBの体験会（グラスパンプ）を隔月で開催しています。多摩川サイクリングロードの脇というロケーションもあり、訪れる人がサイクリングの傍ら、手軽にMTBを体験できる機会となっています。年間で5回程度開催しており、1回あたり5～10名の参加があります。

「まちさが里山サイクリングの会」は、地元の愛好者たちはもとより、これからMTBを始めようと考えている人たち、MTBを買ったけど、どこをどのように走れば良いのかわからないという人たちの入り口となって、地域と共に発展して行くことを目指しています。

Data

活動場所：東京都町田市、神奈川県相模原市ほか
代表者：田中延和
副代表：小島正治
参加費、年会費：なし
問い合わせ：https://m.facebook.com/machisaga.cycling

Support Shop
Cycle Shop Rise-Ride

神奈川県相模原市中央区南橋本2-2-4-102
☎042-703-9122
営業時間：12:00～20:00
定休日：水曜日
http://www.rise-ride.net/
メンバー（鈴木祐一）が経営するプロショップ。

活動履歴 History

2015年10月	活動スタート（月一の「マナーティップス＆里山ツーリング」）
2017年4月	地元のイベント「あいはら夜祭り」にて「MTB体験会」を開催（以後、毎年開催）
2019年8月	地域自治会のイベント「富士見自治会サマーフェスティバル」にて「MTB体験会」を開催
2019年6月	「たちかわ創造舎」にてグラスパンプを開始。以後、定期的に開催。
2021年2月	「たちかわ創造舎」で「PUMP JAM」を開催

MTB FIELD / LOCAL COMMUNITY 20

地域貢献を軸にフィールド確保を目指すマウンテンバイカーの活動団体

秦野ホイールクラブ

執筆：大竹雅一

自分達の力で楽しく遊べるMTBフィールドを

Data

活動場所：神奈川県秦野市
代表者：大竹雅一
年会費：なし
問い合わせ：
Facebook（秦野ホイールクラブ）

Support Shop
マウンテンバイクショップオオタケ

神奈川県秦野市平沢765-2
☎0463-83-9144
mtbshopotake@hotmail.co.jp

活動履歴
History

2000年代	秦野ホイールクラブ設立 市の里山ボランティア団体に登録
2010年代	弘済学園敷地内にて整備活動開始

自然と遊ぶことを原点に 地域に必要とされる活動を

秦野ホイールクラブは、神奈川県秦野市において、市の募集する里地里山保全のボランティア活動に登録しているマウンテンバイカーの団体です。私達は、マウンテンバイカーが気兼ねなく楽しめるフィールドを確保するためには、地域の人々と繋がり、地域に必要とされる活動を行っていくことが大切だと認識し、2000年代から団体としての活動を始めました。

はじめは、地元の自治会や生産森林組合の敷地内のトレイルや放置竹林にて、地元の方々と一緒に草刈りや伐採などの整備を行っていました。そこでの私達の活躍が話題となり、秦野市役所からも里地里山保全のボランティア団体として期待され、多くの活動場所を紹介されるようになりました。今日、都心に近い秦野市でも、山麓地域の人手不足は進んでおり、他のボランティア団体も高齢化に悩まされているため、若くて体力のあるマウンテンバイカーは重宝されることになります。その中で、紹介された学校法人・弘済学園の敷地の整備が、現在、私達の活動の中心となっています。秦野ホイールクラブとして、弘済学園と協定を結び、敷地内の草刈りと竹林の整備をする代わりに、トレイルとパンプトラックを設置し、クラブメンバーで楽しむことが認められています。

現在、クラブのメンバーは20〜30名ぐらいで、1カ月に1回、ボランティアによる整備活動を行っています。参加費はもちろん無料で、地元のショップや農家から調達した食材と、薪ストーブで焚いたお米を使った美味しい昼食もあります。整備にひと汗かいた後は、皆で心ゆくまでMTBを楽しみましょう！

MTB FIELD / GUIDE TOUR 01

地域活性化を通じたフィールド確保を志すガイドツアー事業

Doshi Deer Trail

執筆:大野航輔

Data

活動場所:山梨県南都留郡道志村
代表者:大野航輔
半日ガイドツアー:5000円/人
1日ガイドツアー:8000円/人
(現在、フリーライド及びトレイルビルディングチームの組織化と年会費制の採用を検討中)
問い合わせ:https://tour.doshi-deertrail.com/
https://lin.ee/kYEZmpn(Line 公式アカウント)

Support Shop

ジャイアントストア大和
神奈川県大和市大和南2-13-14
☎046-204-9150
営業時間:11:00~20:00
定休日:火曜日
https://giant-store.jp/yamato/

自然と人を結び直す Re-tie for human and nature.

道志の自然を五感で楽しむ山を現代版コモンズに

横浜市の水源地である道志村は、豊かな自然に囲まれた小さな村です。日本一キャンプ場が多い、「キャンプの聖地」でもあります。しかし、特に民有林の森林整備には依然として課題が多く、山に関わる人々は減少し、高齢化が進んでいます。かつては、木炭と養蚕が村の経済を支えていました。

私自身は、2013年に東京から道志へ「地域おこし協力隊」として移住しました。森林資源を有効活用し、再生可能エネルギーとして熱や電気に変換する、バイオマスエネルギー利用のコンサルタントでした。森林整備促進を目的として、村営温浴施設「道志の湯」へ導入された薪ボイラー、村内から間伐材を収集する「木の駅」の立ち上げと運営を実施してきました。2016年、協力隊の任期終了後に株式会社リトル・トリーを起業し、バイオマスエネルギーコンサルティング、道志村移住支援センターDo-Shift! 運営、民有林における森林経営計画の策定と利用間伐の実施を行っています。

こうした中で、道志村にはキャンプ場こそ多いけれども、アウトドアアクティビティを楽しむコンテンツがなかったことから、オリジナルのシングルトラックを作り、MTBのライディングが出来る空間を整備し、ガイドツアーを行ってきました。同時に、道志の澄んだ水を体感できるリバーウォークツアーも創設し、2019年から2本立てでツアー運営を行っています。

シングルトラックについては、当初、我々がボランティアで古道を整備していた箇所(林地)がありました。それを山主さんにも応援してもらい、地元に喜んでもらえる体制を作るため、該当エリアを起点にリトル・トリーとして民有林の森林経営計画を作成するようになっています。この計画に基づいて、MTBで遊ばせてもらう代わりに、地元の山主さん達の森林整備、間伐や木材の搬出を我々自身が無料で行っています。この条件のもとで、ガイドツアー運営についても山主さんに賛同してもらうことができてい

活動履歴
History

2017年4月	森林経営計画作成準備、トレイルビルディング開始
2018年4月	Doshi Deer Trail発足、MTBライド・リバーウォーク、モニターツアー開始 利用間伐開始
2019年4月	正規ツアー開始、利用間伐継続
2020年	利用間伐継続
2021年	利用間伐継続、オープンフォレストリー開始 トレイルビルディングの定期開催化（予定）

主な活動内容

#01 15林班森林経営計画（区域計画）

2018年〜2023年の期間で、谷相、数雲塚、竹之本地区の山林37.24haを対象に森林経営計画を作成し、利用間伐等を実施しています。森林経営計画とは、森林所有者もしくは森林の経営の委託を受けた者が、自分で経営を行うまとまった森林を対象に、森林の施業及び保護について作成する公式の五ヵ年計画です。この区域には53箇所の小班があり、12人の森林所有者がいます。また、道志村や共有地の林分も混在しています。この区域で、リトル・トリーとして計画に基づく森林経営を所有者から委託され、年間5ha以上の施業と、合計50㎥以上の搬出が義務づけられています。現在、計画期間終了に向けて取り組み中です。

#02 マウンテンバイク・ガイドツアー

かつて人々の生活を支える貴重な資源であった森林は、時を経て荒廃が進んでいます。先人が切り開いた古道を整備し、MTBトレイルとして活用することで、森林の持つ価値を再発見する。そんなコンセプトから生まれたガイドツアーです。半日（約3時間）、1日（約6時間）のプランで、参加者のレベルに合わせた初級、中級、上級のコースを用意しています。上級コースではシングルトラックを、初級・中級コースでは林道の走行を楽しめます。レンタルバイクもあります。ツアーで使用するトレイル整備の際に発生した間伐材は、木製バンクとして再利用。余った材はキャンパー向け薪「Loki」として加工・販売しています。

#03 オープンフォレストリー

2021年から、間伐や搬出の技術を楽しみながら習得したい方に向けて、安全知識や技術レベルに応じて、一緒に山で作業を行う「オープンフォレストリー」を開催予定です。現在、村内にあるサブスク型キャンプ場CSD2.0と協同して、実験的な作業を開始しています。また、こうした森林整備作業の延長で、同じエリアにあるMTBのトレイルビルディングについても、オープンソース化していく予定です。

ます。搬出した木材は、キャンプ場用の薪として加工・販売を行うことで、有効利用しています。また、その一部の木材を使ってシングルトラックのコース中に木製バンクを作り、林内で材が循環する取組も行っています。

「Feel First, Learn Later.（まず感じて、あとで学ぶ）」をモットーに、ツアーの参加者に、まず林業の現場や課題、バイオマスエネルギーのことを、楽しみながら感じてもらう、学んでもらう場を作る。その先に、実際に森林整備、トレイル整備に参加してもらうことで、「山を使わせてもらう存在」から、「山をつくる存在」へ皆さんを誘導できるようなプラットフォームとして、Doshi Deer Trail を機能させることが目標です。村民の方々が歴史的に維持・管理しながら受け継いだコモンズ（共有財産）としての山を、村民以外の方の協力も得ながら現代的なコモンズへアップデートするために、ぜひ、力を貸してください。

MTB FIELD / GUIDE TOUR 02

地域活性化を通じたフィールド確保を志すガイドツアー事業

のりくら観光協会・ノーススター

執筆:山口　謙

自然豊かな乗鞍高原で体感する安全で楽しいMTBの世界

Data

活動場所:長野県松本市乗鞍高原
代表者:山口　謙(のりくら観光協会企画宣伝部長・ノーススター代表)
プログラム参加費:
マウンテンバイクファンライド(90分):3900円
ビギナーマウンテンバイク(半日):5900円
初中級者向けマウンテンバイクツアー(1日):9500～1万8000円
上級者向けマウンテンバイクツアー(1日):9500～1万8000円
(各参加費には、トレイルメンテナンス協力金が含まれます)
トレイルメンテナンス協力金:1日2000円、年間1万円を予定
問い合わせ:https://ridenorthstar.com/activities/bike/

Real Adventure Real Life
国際色豊かな乗鞍のロッジ

ノーススターは、自然豊かな乗鞍高原で、その魅力を活かした宿泊プランやアウトドアプログラムを提供している国際色豊かなロッジです。のりくら観光協会にも加盟して、地域全体の活性化や振興にも日々取り組んでいます。

乗鞍高原周辺には、スキー場や登山道の他、地元の方々が使

活動履歴
History

2001年	ノーススター設立
2006年	ノーススターがロッジとガイドツアー含むアウトドアプログラムを開始
2012年	旧イガヤスキー場が営業停止し、観光協会青年部の主導でMTBコースの造成と活用を開始
2014年	旧スキー場コースでエンデューロレース(現ENS)開催 観光協会で「トレイル研究会」組織
2018年	地権者の大野川区より観光協会がMTB利用にトレイルを借上げ

主な活動内容

#01 各種レッスン・ガイドツアープログラムの実施

素晴らしい自然と地域固有の歴史を体感できるフィールドで、初心者から経験者まで、レベルと経験に合わせた各種のレッスン・ガイドツアープログラムを用意しています。もちろん、各種のレンタルバイクも用意しており、付近の周遊にも最適です。

#02 フィールド整備活動

観光協会・ノーススターでは、旧スキー場や地元の方々が使ってきた山道を、MTBで走れるように、常時、整備活動を行っています。普段は4～5人程度で、草刈りをメインに、チェーンソーを使っての伐木処理なども実施しています。

#03 イベントの誘致

主に旧スキー場で整備したコースにて、エンデューロレース(現ENS)等のレースを誘致・開催しています。

#04 「フィールド整備分科会」への参画

乗鞍高原での持続的かつ健全なアウトドア利用の発展と調整を目的に、観光協会にて「トレイル研究会」を組織。行政や地元の方々を含めて、MTBやトレイルランニングを含めた各種の利用の調整、それに基づく高原内のハイキング道の整備や各種表示看板のあり方などを検討してきました。令和3年度からは乗鞍高原全体のあり方を検討し実働していく環境省、自治体、地元組織が一体となった協議会である「のりくら高原ミライズ」の一部門として「フィールド整備分科会」に参画しています。

ってきた古い山道が多くあります。私達は、これらを魅力的なMTBのコース・トレイルとして整備し、誰もが安全に楽しめるプログラムを提供しています。MTBをはじめてみたい方、トレイルを走ったことがない方から、経験者まで、国際的なガイド・インストラクター資格と野外救急資格を所有するガイドが、安全で楽しいMTBの世界をご案内します。マウンテンバイクファンライドは、初心者やキッズを含めたファミリーに最適なガイドツアーで、6歳以上のお子さんから参加可能です。ビギナーマウンテンバイクは、MTBに興味があるけど乗り方が分からない、まだ山での経験が少ないという方のためのレッスン・プログラムです。初中級者向けマウンテンバイクツアーは、比較的ゆっくりとしたペースで、スムーズにトレイルライディングを楽しむ経験者向けのツアーです。上級者向けマウンテンバイクツアーは、テンポの良いペースで流れのあるライディングを楽しむMTB上級者向けのツアーです。

　これらのプログラムで使用するのは、全て長い時間をかけての話し合いと協働を通じ、地元の方々の理解、管理行政部門の調整と許可を得て、MTBで走れるようになった場所です。観光協会・ノーススターとして、私達が持続的に利用できるよう、日々、整備を行っています。

　各プログラム参加費には、トレイルメンテナンス協力金として、これらの場所を維持管理するための費用が含まれています。皆さんにMTBを楽しんで頂きながら、魅力的なフィールドを維持できるような活動を、今後も拡げていきたいと考えています。

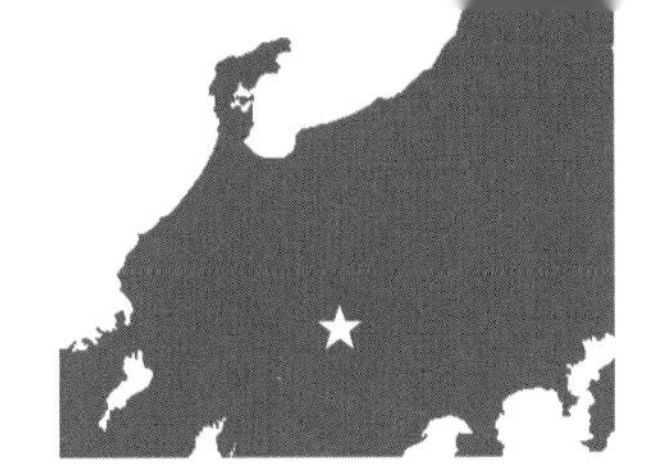

MTB FIELD / GUIDE TOUR 03

地域活性化を通じたフィールド確保を志すガイドツアー事業

TRAIL CUTTER マウンテンバイクツアー

(株式会社 TRAIL CUTTER)

執筆:名取　将

社会的に認められたMTBの環境づくりを目指して

Data
活動場所:長野県伊那市長谷
代表者:名取　将
ツアー参加費:1万1000円〜
問い合わせ:https://trail-cutter.com/

国内最大規模のフィールド 持続可能な山道の利用を

社会的に認められた形でMTBが楽しめる環境を作る、そんな思いから始まったのがTRAIL CUTTERの活動でした。長野県伊那市南アルプス山麓、山中に残る山道は、古来より地域の人々によって炭焼きや山の作業、山放牧のために使用されてきました。私達は、これを12年かけて整備再生し、2021年時点で管理運営する山道は3つのエリアにまたがる総延長80㎞にも及んでいます。地元の人々からMTBでの走行の了解を得たトレイルとしては、国内最大の規模で、現在も順次拡大を続

活動履歴
History

2006年　TRAIL CUTTER設立
2009年　長野県伊那市に拠点を移し今のメインエリアでのガイドツアーを開始
2015年　奥山に分け入る冒険を味わえるバックカントリーエリアにてガイドツアー開始
2018年　登りも下りも楽しめる3rdエリアにてガイドツアー開始
2019年　C.A.B.トレイルの運営開始
2020年　活動を株式会社TRAIL CUTTERに法人化

主な活動内容

#01 ガイドツアー事業の実施

南アルプスの麓に刻まれるトレイルは、スケールが大きく距離が長い。MTB本来の走破性、機動性を存分に発揮したダイナミックな遊び方ができるのが、ここTRAIL CUTTERマウンテンバイクツアーの特徴です。車による搬送サービスを組み合わせることで、MTBによるトレイルライドの楽しさを存分に味わうことができます。トレイルの難度は少々高めで、どちらかというと玄人向けルートが多いです。しかし、常時、整備の行き届いたトレイルを用意し、希望者にはガイドによるしっかりとしたライド講習を行っているので、初心者でもこのビッグスケールのトレイルライドにチャレンジすることができます。

#02 トレイル整備活動

ガイドツアーで利用するトレイルは地域の方々がかつて生活のために利用していた山道を整備再生しています。これを常時、見回りながら維持整備を行っています。これは、周囲の地権者であり、古くからのトレイルの利用者でもある地元の方々との約束に基づくものです。私達が持続的にトレイルを整備していくことで、魅力的なMTBツアーが実現できるのはもちろん、地元の方々も林内での作業や狩猟、キノコ採り等がしやすくなります。このように、私達のトレイル整備活動は、地域とMTBガイドツアーの信頼・共存の軸になっています。私達は、これ以外にも各地で依頼があればこれまでに培ったノウハウを生かしてのトレイルビルドやフィールドづくりのアドバイスなどを行っています。これまでに自前のガイドツアーのフィールドも含め、日本各地で開設に携わったMTBコースやトレイルは総延長150㎞以上にのぼります。

#03 MTBを通じた各種の地域貢献

この他、地域の子供向けのMTB教室の開催や、お祭りへの協力、自治体や教育・研究機関の依頼を受けての講演といった活動も行っています。私達が、関係者の許可を得てMTBによる山道利用のビジネスを開始したことで、MTBが地域内で少しずつポジティブに捉えられるようになってきたと思います。観光産業の乏しい山村地域では、人を呼び込むことへの地域側のメリットが見えづらいのが実情です。そこで、MTBを通じてお金を生み出し、地域経済に還元していくこと、仕事を作っていくことが、本当の形での地域貢献につながっていくと考えています。

けています。

　こうした山中に切り開かれた山道(以降、トレイル)を、MTBが社会的に認められた形で走れるようにするためには、以下の事を行う必要があります。まず、土地や山林、地域運営の関係者に、トレイルを整備再生し、MTBで走行することへの了解を必ず取ること。私達は2008年から、地元の地権者や集落、自治体行政の関連部門に働きかけ、また、私自身も地元に移住して集落の自治会や森林組合の仕事を引き受けながら、信頼関係の構築とトレイル整備利用への同意許可取得に努めてきました。また、ガイドツアーを軸に、地元の方を雇用し、地域経済に貢献できる仕組みも整えました。次に、土の路面におけるMTB走行で必ず発生する浸食や荒廃を防ぐため維持管理を、事業者として徹底するとともに、利用するツアー参加者の方々にも、路面を痛めない利用について協力していただくこと。そして、必ずガイドが付いて走ることで、MTB利用に際しての責任の所在を明確にし、かつ安全性の向上にもつなげていくこと。このような形式のツアーによってトレイル利用をコントロールし、地域社会における信頼とメリットを担保することで、社会的・物理的に持続可能なMTBの利用環境を作ってきました。

　これまで12年をかけて、地域の理解を得ながら少しずつ拡大してきたトレイル。ここで次の世代の子供たちが、同じようMTBを楽しめるよう継続していくこと、また、MTBを通じて地域の活性化や良好な森林環境が維持される、そんな未来へと繋げていける取り組みにしていきたいと考えています。

MTB FIELD / GUIDE TOUR 04

地域活性化を通じたフィールド確保を志すガイドツアー事業

YAMABUSHI TRAIL TOUR
（株式会社 BASE TRES）

執筆：松本潤一郎

伊豆の古道を駆け、山と海を繋ぐトレイルツアー

海だけじゃない山の観光を古道を再生したトレイル

伊豆には、この数十年の車社会化や化石燃料に依存する生活への変化で、使われなくなってしまった1200年以上の歴史ある古道があります。私達は、これらを関係する全ての地元の地区や管理者の許可を得て、自分たちの手で再生する活動をはじめました。

私は、地元のお年寄りから「以前は炭焼き（木炭作り）のために山に入る道があった」という話を聞き、古道の存在を知りました。17歳の頃からヒマラヤやアンデスなど、海外のトレイルを歩く旅へ出掛けるほどの「旅好き・道好き」が高じて、2012年よりかつての西伊豆の炭焼き道・生活道を蘇らせる「西伊豆古道再生プロジェクト」をスタート。2013年よりYAMABUSHI TRAIL TOURを立ち上げ、MTBによるトレイルツアーの提供を開始。今まで海の観光がメインであった西伊豆エリアでしたが、新たな山の観光事業として地元行政やメディアなどの注目も集めるようになりました。

2021年3月の時点で再生した古道のトレイルの総延長は約40㎞。積雪の無い温暖な伊豆半島にあるため、1年を通してオープンできるトレイルフィールドとなり、春から夏は一般観光客のアクティビティ体験ツアー、積雪がある地域のMTBフィールドがクローズする秋から冬はマウンテンバイカーが日本全国から訪れるようになりました。また、日本の歴史や文化を感じられる"Ancient Trail"として海外のガイドブックやメディアに掲載されてからは、インバウンドの集客も増加してきています。

また、ツアーを提供するだけでなく、炭焼きが行われなくなったために放置された里山林の整

Data
活動場所：静岡県松崎町・西伊豆町
代表者：松本潤一郎
ツアー参加費：1万円〜
問い合わせ：https://yamabushi-trail-tour.com/

活動履歴
History

2012年4月	里山整備団体　西伊豆古道再生プロジェクト設立
2013年1月	MTBツアー　YAMABUSHI TRAIL TOUR 開始
2014年3月	静岡銀行主催　しずぎん起業家大賞 ニュービジネスプラン部門　最優秀賞受賞
2016年11月	アメリカの自転車雑誌 Mountain Flyer Magazine 特集
2017年1月	内閣総理大臣公邸「第5回 SUPER VISIONS」登壇
2017年4月	株式会社 BΛSE TRES 設立
2018年5月	静岡県サイクルスポーツ聖地創造会議の委員に就任
2018年7月	宿泊施設 LODGE MONDO -聞土- 営業開始
2018年12月	静岡森づくり大賞受賞

主な活動内容

#01 西伊豆古道再生プロジェクト

かつて炭焼きや、車道が整備される以前に生活道として使われていた古道を、地区や行政などの地権者・管理者の許可を得て、MTBのアクティビティツアーに利用するために整備を行うプロジェクト。トレイルを整備するのと同時に、森林整備事業を行う任意団体として、静岡県グリーンバンクや行政機関にも登録を行っています。

#02 MTBを活用した中学生の体験学習

地元中学生を中心に、体験学習や職業体験の受け入れ先として、教育委員会と連携したメニューを毎年実施しています。学生たちを連れて山へ入り、ツアーコースである古道のトレイル整備を行い、整備したトレイルを実際にMTBで走行するという体験学習です。

#04 松崎町ふるさと納税

ツアー事業の本拠地がある松崎町と連携し、ふるさと納税の返礼としてツアーの参加権が付与される仕組みを構築しています。ツアー参加者が松崎町へふるさと納税を行う事で、地元自治体の税収アップにもなり、ツアーへ参加するために実際に松崎町へ足を運ぶことで、地元の飲食店や宿泊事業者への波及や誘客の効果が期待できます。

#03 静岡県サイクルスポーツ聖地創造会議

静岡県の「サイクルスポーツ聖地創造会議」の委員として代表の松本が参画しています。実際に観光事業として運営しているMTBによるトレイルツアーや、自転車を楽しむフィールド造りを実施する事業者としての立場から、議論・提案を行っています。

#05 宿泊施設 LODGE MONDO - 聞土 -

自社で実施している森林整備事業で、ツアーで利用しているトレイルの周囲の山から伐採した木材を使い、館内をリノベーションした宿泊施設ロッジモンドを運営。実際にMTBで走る山から自分たちで伐り出した木材を使う事で、ツアー参加者や、一般の宿泊客にも伊豆の山を体感させる宿泊サービスを提供しています。

備事業も同時に行い、伐採した広葉樹を搬出して、薪ストーブ用や地元の伝統食材であるかつお節を燻すための薪としても販売しています。針葉樹に比べて自然の曲がりやうねりが多くある広葉樹の特徴を活かし、施設の内装デザインや装飾なども手掛け、観光や林業の要素を織り交ぜながら「山をまわす」プロジェクトを展開しています。

MTB FIELD / GUIDE TOUR 05

地域活性化を通じたフィールド確保を志すガイドツアー事業

バイクライフサポートシステム（blss）

執筆：岩瀬信彦

MTBライドを気軽に安心安全に！ 一緒に走りましょう

確かな技術と軽いノリでMTBの世界をご案内します

長瀞町は、埼玉県の北部に位置するアウトドアな町。町の中心を流れる荒川では、船下りやラフティング等が楽しめ、川沿いにはキャンプ場もあるのでアウトドアな遊びをするにはちょうどいい場所です。春は桜、秋は紅葉と景色を楽しむ観光地としても有名。そんな長瀞町は、四方を山に囲まれ、実はMTBも楽しめるロケーションです。初めて乗る初心者でも、MTBも山の事も知り尽くしている上級者でも、肩の力を抜いて楽しめるちょうどいい山、トレイルがあります。そんな長瀞のロケーションを活かしたMTBのガイドツアーをやっているのが、私が代表を務める「バイクライフサポートシステム（blss）」です。

私自身は、1980年代の日本におけるMTB創成期から現在までを体験してきました。自分に合ったMTB生活を楽しみながら、みなさんと一緒に身の丈に合ったMTB遊びをするのが大好きです。ここ長瀞町に移住し、観光協会の理事なども務め、アウトドアによる地域活性化を目指しつつ、地権者様や地元の地区（集落）の方々に働きかけ、魅力的な山道をツアーで使うトレイルとして整備しています。

MTBに乗ってみたい超初心者には、レンタルバイク込みの「体験 半日ツアー」。もっとたっぷり走りたい人にはランチ付きの「初級 1dayツアー」。MTBにも山にも慣れて来たら「初中級ツアー」に挑戦。しっかり自信が付いたら「中級ツアー」でガッツリライド。最上級の「上級ツアー」へは、「中上級ツアー」で腕を磨いてからのご参加が必須です。どのレベルのツアーも、下りをメインに走ります。トレイルの入り口までは車両による搬送で登りはありません。トレイルの長さは1・5km〜3kmと短めですが、それぞれが変化に富む自然の地形を活かした里山のトレイルです。

使用しているトレイルは、地権者様や管理をしている地元の方々、団体などの許可、ご厚意により走る事が可能となっています。長年、大きな事故やトラブルもなくツアーで走る事ができているのは、このトレイルを利用する参加者のみなさまがルールやマナーをご理解の上、厳守してきてくださった結果に他なりません。これからも自分達で遊ぶ場所は自分たちで守る、という意識を持ち、胸を張って気持ち良く遊べる場所を維持していきたいと思います。

Data

活動場所：埼玉県秩父郡長瀞町
代表者：岩瀬信彦
埼玉県秩父郡長瀞町長瀞888-1
ツアー参加費：6000円〜（ガイド料、傷害保険料、消費税込み、一部昼食代含むツアーあり）
開催期間：通年
参加対象：初心者、初級者〜上級者
問い合わせ：
☎0494-66-3930
（携帯電話：080-5412-3930）
http://www.blss.cc
info@blss.cc（メールアドレス）

Support Shop
AST FOREST
埼玉県秩父市下影森697-11
☎0494-40-0466
https://www.facebook.com/ASTFOREST/

活動履歴
History

2004年6月　長瀞町でMTBガイドツアーを開始
2009年6月　バイクライフサポートシステムと改め搬送型のガイドツアーを開催

MTB FIELD / GUIDE TOUR 06

地域活性化を通じたフィールド確保を志すガイドツアー事業

長元坊バイシクルツアーズ

執筆:飛松　巌

里山と古道を駆け巡る、走り応えたっぷりなMTBツアー!

ペダルを漕ぐ愉しみと、MTBを操る喜びと

長元坊バイシクルツアーズは、代表である飛松1名でガイドしています。日本登山医学会主催の山岳ファーストエイド夏コース修了、また、カナダ発の国際MTBインストラクター資格「PMBI Level1」を取得しています。

驚異的な晴天率を誇る長野県上田市。県内のほかの地域に比べてキャラクターの立った山域は少ないですが、信州きっての古都ならではの古道、歴史を感じるトレイルがあります。その古道を長年利活用し、そして埋もれていた道を復活させてきたのが、古道のふもとにある歴史ある温泉街「鹿教湯(かけゆ)温泉」の人達でした。長元坊バイシクルツアーズは、その鹿教湯温泉観光協会、鹿教湯温泉旅館組合のバックアップのもと、これらの古道を中心にMTBツアーを行っています。

また、同じく鹿教湯温泉観光協会の管理するマレットゴルフ場「鹿教湯里山セラピー公園」の山林に、小さなマウンテンバイクパークを設営し、パンプトラックとショートダウンヒルコースの管理も行っています。ツアーでは、ウォーミングアップやツアーの締めに活用しています。

各トレイルへのアプローチは道路状況の事情とオーバーユース防止の観点から、自走のスタイルを中心に行っています。トレイルのベースがとても歴史の長い温泉街なので、ツアー中は古いお寺へ立ち寄るトレイルを散策したり、スイーツスポットへの立ち寄りや、足湯でのリラックス、おすすめの宿や土産物等もご案内しています。

そうした温泉街の経済への寄与、温泉街のファンを作る活動を心がけることで、MTBと地元産業との共存を目指しています。2018年には、冬季も走れる市内エリアの低山でも、地元自治会のトレイル維持活動との協働を開始し、併せてそのエリアでのガイドも開始しました。

Data

活動場所:長野県上田市
代表者:飛松　巌
長野県上田市仁古田578-6
ツアー参加費:8000円～(ガイド料、傷害保険料、消費税込み)
開催期間:通年
参加対象:初心者、初級者～上級者
問い合わせ:
☎090-9811-8400
https://chougenbou.info/
chougenbou.ueda@gmail.com

Support Shop

SPORTS CYCLE Velenyo
長野県上田市長野県上田市上田原1075-1
☎0268-75-8924
http://velenyo.com/

活動履歴 History

2014年1月	代表飛松が埼玉県から上田市に移住
2014年8月	国際マウンテンバイク連盟IMBAのMTB Instractor Level2資格を取得
2014年8月	観光協会長と知り合い、トレイル調査開始
2015年4月	鹿教湯温泉にてMTBガイドツアーを開始
2015年6月	日本登山医学会 山岳ファーストエイド夏コース修了
2015年11月	鹿教湯里山セラピー公園内調査パンプトラック造成準備開始
2016年2月	「サイクルセーフティ」受講認定取得
2016年11月	鹿教湯里山セラピー公園にパンプトラック完成
2017年3月	上田市よりオファーをいただき、銀座NAGANOにて移住セミナー登壇
2017年10月	カナダPMBI(Professional Mountainbike Instractor)Level 1資格を取得
2018年11月	市内の低山でもツアーを開始。冬季も積雪がなければツアーを実施できる体制となる
2019年11月	鹿教湯里山セラピー公園にプチダウンヒルコース完成

MTB FIELD / GUIDE TOUR 07

地域活性化を通じたフィールド確保を志すガイドツアー事業

TRAIL ON
(トレイルオン)

執筆:小椋宣洋

鳥取砂丘を自転車で走る非日常体験

砂丘、トレイル、ビーチ 自然満喫欲張りツアー

本来、車両の乗り入れが禁止されている国立公園内の鳥取砂丘を「ファットバイクで走りたい」という私の個人的な強い想いで始まった企画です。前代未聞の企画は、なかなか理解してもらえず、関係各所への調整や許可申請等は難航しました。しかし、紆余曲折を経た後に、地元の方々や行政の理解も得て2016年に事業化し、現在までに2000人以上の方が、国内外からツアーに参加しています。ツアー参加費の一部は、地元の地権者の方々による管理組合を通じて、地域活性化にも役立てています。

鳥取砂丘内は、許可された一部エリアのみの走行になりますが、基本的にはほぼ下りで疾走感を楽しめます。その後、地元の方々が管理してきた周辺のトレイルに移動し、山道を駆け下るMTBの楽しさを味わってもらい、雄大な日本海を眺めながらのビーチライドを体験。帰り道は、潮風を感じながら舗装された海沿いのサイクリングロードで、再び鳥取砂丘を目指す約7kmのコースです。海と山の距離が近い、鳥取ならではのコース設定ができたと思っています。

砂丘を走行するにあたっては、「必ずインストラクターが同行する」という条件が管轄部門から付けられているため、全行程をインストラクターが同行します。これまでの参加者のほとんどは、観光で鳥取砂丘を訪れるMTBとは無縁の方々ですが、ギアの変え方から安全な乗り方まで、同行しながら全てレクチャーしています。極力辛い思いをさせる事なく、下りを基調に楽しんでもらい、「MTBって楽しいんだな」と感じることで、体験後、改めて興味を持ってもらうキッカケになればと思っています。

Data

活動場所:鳥取県鳥取市　鳥取砂丘周辺
代表者:小椋宣洋
ツアー参加費:7000円/人
問い合わせ先:
http://www.trailon.jp/
trailon.jp@gmail.com(メール)

Support Shop
大森自転車商会

岡山県岡山市西大寺中3-20-5
☎086-942-067
営業時間:8:00~19:00
年中無休
https://www.optic.or.jp/saidaijicci/oomori/
明治35年創業、自転車の販売整備はもちろん、6代目店主が積極的にトレイル整備やフィールドの開拓、DHシリーズなどのレース活動もお客様と一緒に参加し、自らMTBを楽しんでいる。

活動履歴
History

2015年11月	「鳥取砂丘でファットバイク」を思いつく
2015年12月	関係各所へヒアリング、交渉開始
2016年3月	TRAIL ON開業
2016年4月	砂丘ツアースタート

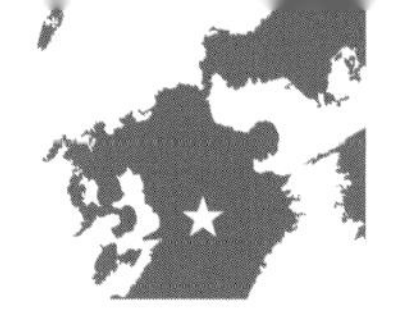

MTB FIELD / GUIDE TOUR 08

地域活性化を通じたフィールド確保を志すガイドツアー事業

阿蘇くじゅうサイクルツアー

執筆：橋本幸太

風の音、木々のさざめき、川のせせらぎ

いつもの旅とは違う、特別な過ごし方を集めて

九州中央部の南北へ広がる阿蘇くじゅう国立公園。山々の連なりが美しいこの国立公園のちょうど中央部にあたる阿蘇・瀬の本高原に阿蘇くじゅうサイクルツアーの活動拠点があります。春夏秋冬移り変わる自然の景観の中を、「観光」と「スポーツ」を目的にしたサイクリングツアーを運営しており、全身で自然を満喫できるプログラムをご提案しています。観光を目的とした「里山ガイドツアー」はローカルすぎて入ることをためらうような田舎道を、サイクリングを通じて散策することができる人気の体験プログラムです。地域の生活に密着したガイドが、道案内をするだけでなく、人々の出会いを促します。地元の方々と旅行のお客様、出会うはずの無いこの関係をガイドが取り持つことで、お互いが思いがけない出会いや経験ができるのです。また地元の食や文化にも精通したガイドが、参加者の希望に合わせてコースを組み立て、ガイドと参加者でツアーを作り上げていきます。このバリエーションの多さが阿蘇くじゅうサイクルツアーの真骨頂。この魅力は容易に語り尽くせません。

観光よりもスポーツサイクリングを楽しみたい方も、多く参加いただいております。スポーツサイクリングと言っても、ロードバイクで山々を巡りたいという方や、MTBで阿蘇の大草原を冒険してみたい方など、希望はいろいろ。多くのアンケートやアドバイスからから見えてきた 阿蘇サイクリングの夢の形。それを実現化したものが「MTBガイドツアー」と「ロードバイクガイドツアー」です。両ツアーは、E-bikeの登場や本格ロードバイクの導入、フィールドの広域化やアウトドアギアの拡充により、毎年アップデート・改良を重ねています。参加者の趣向に合わせ、初心者から上級者までご満足いただける工夫に溢れたライドツアーです。例えば、「阿蘇草原ライド&ピクニック」は、ライドしたい方とライドしたく無いという方、相反する組み合わせが同居できる珍しいツアーで、草原の中でテントを組み立て、そこを拠点にライドとピクニックをすることで、一見交わることのない2つを同居可能にしています。

地域への利益還元の仕組みも整いつつあります。特筆すべきは「牧野保全協力費」。参加費の中に含まれているこの料金は、使用したフィールドの草原の維持活動のために役立てられ、草原で遊べば遊ぶほど環境保全のためになる仕組みとなっています。今までの外から見て楽しむだけの草原から、中に入って体験して保全活動に協力できる。新しい〝草原サイクル〟を作り出すことをスポーツガイドツアーでは目標にしています。「風の音、木々のさざめき、川のせせらぎ」……里山の〝当たり前の景色〟が、多くの方の〝特別な景色〟へ。そんな想いで日々ご案内しています。

Data

活動場所：阿蘇くじゅう国立公園
代表者：橋本幸太
熊本県阿蘇郡南小国町満願寺5621-8 瀬の本レストハウス別館
ツアー参加費：阿蘇・瀬の本雲の上ライドの場合 7000円（18歳以下 4000円、6歳以下 1000円）
開催期間：通年
参加対象：初心者、初級者～上級者
問い合わせ：
☎090-8666-1006
http://aso-cycletour.com
trim@aso-cycletour.com

Support Shop
Nao's base
熊本県阿蘇市内牧255-2
☎0967-32-5820
https://www.facebook.com/funride.nao/

活動履歴 History

2017年7月	南小国町の実家でMTBガイドツアーを開始
2019年4月	現在の阿蘇・瀬の本高原　瀬の本レストハウス別館にて事務所を開設
2021年	阿蘇・瀬の本アクティビティを拡充

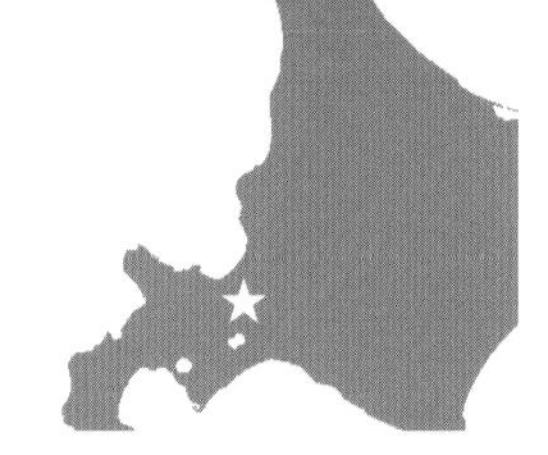

MTB FIELD / BIKE PARK 01

地域に根差したMTB公共フィールドの維持・管理

ban.K TRAILS

執筆:金子大作

Data

活動場所:さっぽろばんけいスキー場
北海道札幌市中央区
代表者:金子大作
料金:コース利用料(1日)/
大人 2200円、高校生以下 1100円、
未就学児 550円
バイクレンタル/1100円〜
プライベートレッスン/3850円
朝活・夕活/各1650円
営業期間:5月後半〜11月前半(10:00〜16:00)
定休日:月曜日・木曜日
問い合わせ:さっぽろばんけいスキー場
☎011-641-0071
http://www.bankei.co.jp/

MTBを通じてコミュニティの輪を広げるフィールド

乗る方だけではなく観ている方も楽しめる

大自然豊かな北海道。様々なアウトドアアクティビティーも満喫できる環境に恵まれており、その中の一つがMTBです。興味はあるが、いきなり山の中に入るのに抵抗があるとか、1人じゃ怖い等の悩みを解決するためにも、誰もが気軽にライド出来るフィールドが必要と考え、2017年にオープンした常設MTBコース。それがban.K TRAILSです。ばんけいスキー場の許可の下、私達自身がコース整備をしています。

札幌市内中心部から車で20分という好立地で、路線バスも運行しています。自走で訪れる地元のサイクリストもいるという全国的にみても珍しい場所です。ライド帰りには、近所のカフェに立ち寄ったり、行きつけのバイクショップに立ち寄ったりなどし、当日のライドを振り返って談笑しながら一日の余韻に浸る。コースは、初めての方から、上級者まで、レベルに合わせて5つのバリエーションがあります。コース造成の際にこだわっているのが「観える化」で、ライドしている方はもちろん楽しいですが、同伴者や、他のライダーからも観えるようにコースを造成する事により、乗る以外の楽しさも生まれます。友人のライドを撮影したり、お子様の頑張って乗れた瞬間や嬉しい表情も側で見守れたり、それぞれのスタイルに合わせて楽しめるように工夫しています。

小さな頃に、一度は乗り親しんだ事がある乗り物。日常から雄大な自然までも肌で直接感じる事ができる、人生の中で自分の意思で初めて操るだろう乗り物。そんな自転車だからこそ、体感できる特別な世界があると考えています。ここは、MTBコースの提供をメインとしつつも、仲間同士の交流の場や家族にとっての想い出の場にもなれるようにという思いで運営しているフィールドで、MTBの認知度の向上や人口拡大のきっかけとなることを目指しています。ローカルライダー、バイクショップ、メーカーに支えられながら活動し、2021年で5シーズン目のban.K TRAILS。今までの成果

活動履歴
History

2017年6月	ban.K TRAILS オープン　札幌市内初のMTB常設コース 自転車メーカー体験試乗会 市内自転車ショップ様主催イベント シーズンラストの計測会 スタイルライド フォトセッション ナイトライド 管理人Daisakuと別コースへ遠征 ※各シーズンによって開催内容ことなります。
2021年5月	ban.K TRAILS　5シーズン目スタート

主な活動内容

#01 MTBコースの造成と整備

コブの越え方、バームの曲がり方を体感できる「パンプトラック」。緩い傾斜を下りつつ途中にコブやバームを配置し、起伏の高低差が小さい初級者用と、高低差が大きくジャンプもできる中級者以上に分かれる「フロートレイル」。２名並走しながら遊べ、友達同士や親子でレースの真似事をしながらも楽しめる中級者以上向けの「デュアルスラローム」。1周回約2ｋｍ、路面変化に富み、季節の移り変わりを感じながら走れる中級者以上向けの「トレイルコース」。この５つのコースを、毎年、雪解けから急ピッチで造成し、日々メンテナンスをしながら、お客さんに楽しんで頂けるよう管理しています。

#02 「朝活」「夕活」

ban.K TRAILS代表のDaisakuが、お客様と一緒にライドするという2時間のプログラム。出勤前の朝活、日中に家族と過ごしてから自分時間を楽しむ夕活など、参加スタイルは様々。内容は、各コース時間を決めながらライドしコースを移動していきます。ライドしている風景を撮影しあったり、談笑したり、ライディングに対してのアドバイスも受けたりと、楽しみながらスキルアップを目指したい方には特にオススメ。朝陽や夕陽を眺めながらのブレイクタイム、ライドはまた格別です。

#04 Kids CLUB

小学生を対象にしたクラブ活動。「初めて・初級者クラス」「中・上級クラス」を隔週で開催しており、MTBデビューのきっかけに参加される方も多いです。

#03 ライディングスクール

完全予約制のプライベートレッスン。山を安全に走るためのスキルやコーナー・ジャンプのスキルの向上など、MTBが初めてのお客様からバリバリのMTBレーサーまで、幅広いお客様の要望に合わせレッスン内容を組み立てます。マンツーマンなので、細かな要望に対してレクチャーもできるし、受講者も遠慮なく質問できます。定期的に受講して頂いている方が多いのも特徴です。

が形に見える瞬間として、年齢、性別、経歴関係なく、みんな入り組んで仲間と談笑している時間の方が長いというお客様も多くなっています。

MTB FIELD / BIKE PARK 02

地域に根差したMTB公共フィールドの維持・管理

いばらきMTBネットワーク 常陸太田里みちMTB倶楽部

執筆:冨岡修一

Data

管理公共フィールド:
常陸太田市ふるさとの森マウンテンバイクコース
茨城県常陸太田市増井町1213
春友トレイル
茨城県常陸太田市
代表者:冨岡修一
利用料金:
ふるさとの森:無料(但し大会貸し切り時は有料)
営業期間:
ふるさとの森:通年(9:00~17:00)
問い合わせ:
http://www.city.hitachiota.ibaraki.jp/page/page000248.html(常陸太田市公式)
http://www.seizanso.co.jp/mtb/(いばらきMTBネットワーク)

茨城北部での地域密着MTB文化の発信地

常陸太田市「ふるさとの森」山道を整備した「春友」

私達の活動は、30年以上も前に、常陸太田市が国有林だった常陸太田市ふるさとの森を整備した頃から始まります。MTBがブームとなりつつあった時、私が地元の商工会を通じて、MTBパークをやりたいと市に提案しました。現在、ゆぷねMTB Projectを先導している八代正さんの協力で、MTBコースが整備され、その維持管理を行う組織として「いばらきMTBネットワーク」を立ち上げました。以後、私達は今日まで、数十名のマウンテンバイカー仲間の協力を得て、完全なボランティアでコース整備に取り組んできました。また、ここでのシンボルとも言えるレース「うっかり八兵衛カップ」も、私達が事務局として企画・運営する形で、毎年、20年以上に渡って続けることができています。

一方、私は常陸太田里みちMTB倶楽部の代表として、マウンテンバイカーの仲間達と、常陸太田市と日立市の境に広がる日立アルプスの登山ルートの清掃と、常陸太田市側の古道・廃道を「春友トレイル」としてMTB用に整備する活動も行ってきました。まず、2002年に登山ルートでのMTB乗り入れが規制されたため、2003年から仲間達と、地域の行政や住民の方々の役に立つことで、MTBを認めてもらおうと、山道脇の不法投棄を回収・処分するという清掃活動やお祭りの手伝いを自主的に進めてきました。その結果、国有林や常陸太田市等から、使われていない山道を整備して走って良いとの許可を得ることができました。トレイルの整備に際しては、市の里山保全整備事業の助成金も使えるようになりました。こうした地域密着の活動を

活動履歴

History

1980年代	常陸太田市が「ふるさとの森」を整備
1995年	常陸太田市ふるさとの森マウンテンバイクコースを整備 いばらきMTBネットワーク設立
1998年	「ふるさとの森」にて「うっかり八兵衛カップ」開催（以後、毎年開催）
2003年	日立アルプスでの地域連携活動をスタート
2012年	常陸太田市の里山保全整備事業の助成金を取得し、「春友トレイル」の本格的整備を開始
2015年	春友トレイルの整備が基本的に完了

主な活動内容

#01 常陸太田市ふるさとの森 マウンテンバイクコースの整備

1980年代から一貫して、常陸太田市ふるさとの森の公設MTBコースの整備を私達がボランティアで行ってきています。常陸太田市の協力の下、現在は年間を通じて、月1～2回の日曜日に数名での整備を実施しています。

#02 「うっかり八兵衛カップ」の開催

いばらきMTBネットワークとして、毎年、春と秋に二回開催されるMTB大会「うっかり八兵衛カップ」の運営事務局を担っています。20年以上の開催を経て、200人以上が参加する北関東での代表的な地域レースとしてご愛顧を頂いています。大会前には、集中的なコース整備も行っています。

#03 春友トレイルの整備

常陸太田里みちMTB倶楽部として、地権者・管理者である国有林の森林管理署への申請、及び私有林所有者が加入する森林組合や常陸太田市の許可の下で、常陸アルプスの古道・廃道を、「春友トレイル」としてMTB用に整備しています。地元周辺のマウンテンバイカーを中心に数名の有志が常時集まり、ボランティアの形で実施しています。

#04 地域貢献活動

有志のマウンテンバイカー数名にて、常陸太田市や日立市の登山道や地元集落の周辺にて、「クリーン作戦」として清掃や不法投棄のパトロール・発見・処分等の活動を行っています。また、地域の祭りを自主的にサポートしてもいます。地域の人々にとって役に立つ活動を通じて、MTBが社会的に認められることを目指しています。

通じて、荒れた山道が綺麗になっていき、そこでＭＴＢが楽しめるというのは、本当に気持ち良いものです。

今後とも、地域の方々はもちろん、他の利用者とも共存する形で、美しい里山のＭＴＢフィールドを維持・開拓していきたいと考えています。

MTB FIELD / BIKE PARK 03

地域に根差したMTB公共フィールドの維持・管理

栃木県マウンテンバイク協会

執筆：亀和田大

ローカルライダー自らが創るMTBライド環境の構築活動

遊びの延長上で環境づくり 活動はウィンウィンが基本

私達、栃木県マウンテンバイク協会は、県内での恒久的なMTBのフィールドを求めていたローカルライダー、地元でレースイベントを開催したいローカルライダー、愛好者仲間を増やすためにスクール運営をしたかったライダーなど、各々の思いを一つにまとめた団体です。これらの目的達成による相乗効果で、栃木県のMTB活動がリッチに動くのではないかと、一つの団体名の元、イベント運営やコース管理をはじめ、MTB普及のために様々な活動をしています。現在、協会の役員は10名程で構成されており、役員以外の一般会員は基本おりません。

しかし、実際の活動は管理フィールドの運営はもちろんの事、行政からのMTB関連事業委託（イベント運営・コース施工・監修等）、新規愛好者獲得のためのイベント運営など多岐に及ぶため、協会内部の人員だけでは到底間に合わないことも。よって私たち協会では、活動全般をイベント化してFacebook（栃木マウンテンバイク協会）等で毎回告知し、運営委員を募集する形を取っています。そこで、これまで協会の主催イベントに参加頂いてきた皆さんが、今度はスタッフとして運営に入り、自らがMTBを楽しめる遊びの環境を作っていく、というスタイルにて活動を成り立たせております。

この様な取り組みは、協会設立当初からの活動理念である「自分たちの遊び場（環境）は自分達で作る」との変わらない方針に基づくもので、協会を愛好者みんなの団体として位置づけ、情報発信することで、地域の良いライド環境を獲得・確保し、楽しい遊びの機会を得るという環境構築活動になっていると確信しています。

Data

活動場所：栃木県内全域
管理公共フィールド：宇都宮市 道の駅ろまんちっく村 もくもくの森マウンテンバイクコース
代表者：亀和田大
年会費：無し
入場料：無料
問い合わせ：tochigimtb@gmail.com

活動履歴

History

2009年4月	発足
2009年4月	栃木県教育委員会下部組織栃木県レクリエーション協会加盟受理
2009年8月	宇都宮市立城山東小学校にてMTB自転車教室　初開催(以降6年間開催)
2009年10月	県主催レクリエーションフェスティバルに参加(以降毎年参加)
2011年1月	宇都宮市に公設のMTBコース設置要望書を提出
2011年4月	既存コースの永続利用を後押しするため、管理者要望にて「パレナスショートダウンヒルレース主催」(以降6年間継続開催)
2011年10月	市からの要望返答にて、宇都宮市ろまんちっく村内の休眠地を紹介されるが、草木が生い茂り歩く場所もないような有様に驚く。イベント時のみの一時利用なら使っても良いと了解頂き、イベント時のみ借りて使用できる権限を得ることに。とりあえず土地を借りて走るためにレース主催をすることとし、大会準備に取り掛かる
2012年3月	HPにてボランティアを集い、ろまんちっく村の荒地の開墾、コース造成を進めた。参加者のべ100名　毎週末の作業により、2か月間でどうにかコースを完成させる
2012年5月	コース造成後、お披露目として初のイベント「ろまんちっくエンデュランスレース」を開催(参加者200名)
2012年11月	コースにて同年2回目のレース実施(参加者400名／以降毎年1回開催)。毎週走らないとコースが荒地に戻ってしまう心配があったので、レース開催の期間を短めに取り造成作業に当たったが、コース利用者も増えたので翌年からは年1回に。コース造成で土地に入ることは通年OK頂いたので、年間の造成・ライドが実質可能に
2013年1月	栃木県マウンテンバイク協会　シンポジウム初開催。協会活動の在り方・進め方を参加者と共に決める現在の運営方法を確立し、協会運営の見える化を進めた(財務・来季活動予定の報告／以降毎年開催)
2013年~2015年	ろまんちっく村管理コースをベースに初心者対象スクールを通期開催(年8回実施)
2016年12月	ろまんちっく村管理コースにて、市主催のシクロクロスレース開催。2日間参加者・観客のべ2400名に(※以降毎年開催)
2017年4月	利用者が増えた管理コースの運営に関して、書面上、イベント前後の一時利用から永続利用を検討頂けるように宇都宮市に働きかけを行う
2017年10月	今までの利用者としてコースを一時使用する形から、永続的な利用を前提とした土地の管理団体として、正式に宇都宮市から書面を発行して頂けることになる
2018年4月	ろまんちっく村管理コースの開放の骨子が決まり、法務・管財の処理を含めたコース開放準備が始まる
2018年10月	ろまんちっく村管理コースの一般開放が決定され、書面にて宇都宮市から正式に使用許可が下りる
2019年4月	ジャパンカップサイクルロードレースで会場となる宇都宮市森林公園にて、MTB用ショートコース造成を当協会が請け負う。また同月、ろまんちっく村管理コースの一般開放が始まる
2021年4月	MTBアスリート地域パスウェイプログラムに当協会も参加し、関連団体と共にMTBのスポーツとしての取り組みにも、地域団体として協力予定

主な活動内容

#01 ろまんちっく村もくもくの森 マウンテンバイクコース管理

「昨日、初めてMTBを買ったばかりの初心者でも楽しく走れる」をコンセプトに、愛好者の拡大を念頭において施工・管理しているMTBコースです。とはいえ、コース監修はMTBを良く知っているローカルライダーばかりなので、スキルが無いとスムーズに走れないエリアも多数あり、スキルアップの練習には最高のレイアウトだと考えています。初心者層はもちろん、ファミリー層などの愛好者予備群の利用も多く、年間のべ数千人の利用者が訪れています。

#02 主催レース及びスクール運営

当協会は、会費等を頂かないで運営している組織なので、活動資金はすべて主催レースやスクール等の主催イベント運営にてまかなっています。また、行政などとの折衝事では、実際の愛好者数が有利な条件にて活動をする重要なファクターともなり得ます。この観点から、主催イベントは、MTBとしての有効なニーズを把握するいい機会にもなっています。このため、多くのイベントを主催・運営しており、その利益は、協会運営及びコース管理の財源として活用し、年度末の年度運営経費報告としてシンポジウムで開示しています。

#03 栃木県レクリエーション協会 加盟団体としてのMTB普及活動

協会設立当初から、小学校などでMTBの普及活動を出来たらいいなと考えていたので、栃木県レクリエーション協会に加盟し、以降、県教育委員会の下部組織として活動する事で、地域の小学校でのニュースポーツ体験として、自転車教室を実施することが出来ました。また、行政人材バンクへMTB講師として登録をおこなったので、以降、MTB関連の案件があれば、その都度、こちらに打診がある形になっています。なお、イベントでの公園使用時には、県認可団体として色々な優遇も受けられています。

#04 行政サイクルスポーツ事業業務の監修

昨今注目を浴びてきた観光としてのMTB・アクティビティー運用の方向性を、行政と共同で企画・監修しております。中々形になるものは少ないですが、私達の好きなMTB・アクティビティーの認知・普及が、のちの活動環境の拡大につながると考えているので、協会方針として積極的に参画している状況です。今後、放棄植林地の再利用や公園の二次利用の一環として、MTBを推し進めていきたいと考えています。

MTB FIELD / BIKE PARK 04

地域に根差したMTB公共フィールドの維持・管理

Forest Bike

執筆：鈴木毅人（株式会社T-FORESTRY　統括マネージャ）

誰もが安心して走れるホワイトトレイルを目指して

美しい山林を残すためにマウンテンバイクは林業

株式会社T・FORESTRY代表、フォレストバイクのオーナーの辻村百樹は、小田原の西側丘陵地帯に70 haの山林を所有しています。代々受け継ぐ、歴史ある農園山林を適正かつ美しく維持管理するのが我々のミッションです。林業不況の昨今、木材の素材販売のみで山林を維持、継承することは非常に難しくなりました。そこで、まず、立木を利用したレジャー施設「フォレストアドベンチャー」を導入しました。森を壊すことなく、自然と共生しながら遊んで頂くこ

Data

Forest Bike
神奈川県小田原市荻窪　辻村山林内
代表者：辻村百樹
利用料金：1日／3000円、半日／2000円、初回講習／3500円、レンタル各種
問い合わせ：
http://www.forestbike.jp/
forestbike@t-forestry.co.jp

活動履歴

History

2014年8月	定期的なイベントとしてMTB教室を毎年主催(年1回)
2017年9月	神奈川県西地域活性化プロジェクトとしてコース造成
2018年3月	フォレストバイクオープン(浦島悠太氏デザイン・造成)
2019年	第一回マウンテンバイクフィールド助成金(一般社団法人自転車協会)
2019年3月	新フロートレイル造成(浦島悠太氏デザイン・造成)
2020年	第二回マウンテンバイクフィールド助成金(一般社団法人自転車協会)
2020年3月	アネックスコース造成(浦島悠太氏デザイン・造成)
2021年3月	デュアルパンプトラック造成(浦島悠太氏デザイン・造成)

主な活動内容

#01 各種講習の開催

初めての方は、必ず初回安全講習(基礎講習1時間半)を受講して頂きます。更にコーナーリング(初級・中級)、バニーホップ、ジャンプ、マニュアル、プッシュプル、ドロップオフ等のスキルアップ講習を行っております。各分野の得意なインストラクターによって講習を行います。

#02 ショップイベント・メーカー試乗会の開催

神奈川、東京、埼玉のショップ様のイベントや走行会を開催しております。また、各種メーカーによる試乗会等を幅広く行っております。SPECIALIZED、KONA、GT、GIANT、MERIDA、MIYATA、SANTA CRUZ、CANYON、SRAM、EVILBIKES、ROCKYMOUNTAIN、LOVEBIKES他、多くのメーカーがフォレストバイクを会場にイベントを行っております。

#03 小・中学生のための スキルアップ講座の開催

2020年夏に小学生と中学生を対象にしたスキルアップ講座(全3回)を開催しました。子供向けの特別カリキュラムを考案し、3回に分けて講習を受けていただきました。単に競技として競うだけではなく、MTBの楽しさを十分に感じてもらえる講座を目指しています。

#04 竹害対策をしながら 獣害対策

コース造成で伐採した竹を組んで、森林や竹林を害獣(イノシシ、シカ)から守る竹柵を設置しました。シカの食害や剥皮、イノシシの農作物被害を、これまた放置拡大が問題となっている竹で解決しようという取り組みを行っております。また山林パトロールをMTBで行い、より獣の生息域に足を踏み入れる形で獣害対策を行っています。

とで、収益が得られるレジャー施設です。次に、事業を開始したのが山林を活かした「フォレストバイク」でした。熟練インストラクターの安全講習を受けることにより、初めての方でも、既存のマウンテンバイカーでも、MTB操作の基本と自然の走り方を学ぶことが出来るパークです。プロトレイルビルダーによって施工された美しいコースは、山林の地形をうまく利用しているため、最小限の伐木で造成できました。雨水の流れを計算したデザインによって、山の表層を維持する効果もあります。但し、完成した後も、コースを維持するための森林の整備が必要となります。お客様の利用料金は、コースと森林の維持整備に還元され、さらに収益も生み出すため、若い人材を雇用することもできます。フォレストバイクとは、人を山に呼び、レジャー産業として森林を持続可能に経営する「新しい林業」といえます。

また、首都圏では、フォレストバイクが出来るまで、常設の初心者向けコースはほぼ皆無でした。フォレストバイクが初心者に焦点を合わせたのは、海外のように、誰もが手軽にMTBの魅力に触れてもらう施設が必要だと感じたからです。日本では、ハイカーやトレイルランナーとのトレイルのシェアは未だ難しく、誰もが安心して走れるホワイトなトレイルが求められています。フォレストバイクは、そんなバイカーと森林所有者の両方の視点が融合し、共生するホワイトトレイルとして、日本に新たなMTB文化を生み出す場所を目指したいと考えています。

MTB FIELD / BIKE PARK 05

地域に根差したMTB公共フィールドの維持・管理

トレイルアドベンチャー

執筆:岩間一成

Data

トレイルアドベンチャー・よこはま
神奈川県横浜市旭区上白根町1425-4
☎070-4170-7354

トレイルアドベンチャー・フジ
山梨県南都留郡鳴沢村字富士山
8545-1
☎080-2165-9693

トレイルアドベンチャー・吉野ヶ里
佐賀県神埼郡吉野ヶ里町三津2753-
375アドベンチャーバレーSAGA内
☎090-2722-2753

利用料金:
コース利用料金:2500円(2時間/安全講習を含む)
MTBレンタル料金:2300円
E-BIKEレンタル料金:3800円
初心者レッスン(よこはま・フジ、希望者のみ):1500円(約30分のレッスンプログラムです)
問い合わせ
https://trailadventure.jp/

自然共生型パークの新たな形、トレイルアドベンチャー

誰でも楽しめるフィールドフロートレイルを全国へ

トレイルアドベンチャーは、MTBツーリズムを推奨するスイスのアレグラ社と、自然共生型アウトドアパーク・フォレストアドベンチャーのコラボレーションから生まれました。気持ちいい森を体験するツールであると同時に、森林を再生するきっかけを作る自然共生型アウトドアパークです。レッスンやレンタルも備え、MTBやトレイルランニングの練習フィールドに最適な新しいタイプのトレイルを目指しスタートしています。現在、神奈川県横浜市、山梨県鳴沢村、佐賀県吉野ヶ里町でパークをオープンしております。

MTBで疾走するだけのトレイルや、上級者だけが楽しめるトレイルではなく、上級者コースに入る前にMTBの練習をしたり、トレイルランニングの練習をしたり、車椅子で森の中を散策したり、子どもから大人まで初めての方が安心して遊べるようなコンセプトでパークが出来ています。

2006年から展開しているフォレストアドベンチャーは、現在、全国に30カ所のパークを有するまでになりました。フォレストアドベンチャーは全国の森が舞台であり、その森の周りにはトレイルに最適な場所がたくさんありました。これがトレイルアドベンチャーのプロジェクトのきっかけです。フォレストアドベンチャーは、2015年にチェコのモジュラーパンプトラックの代理店になった際、アレグラ社と知り合いました。スイスのアレグラ社は日本にも縁があり、そのスタッフたちはよく来日しています。日本はいい野外フィールドがたくさんあるのに、気兼ねなくMTBで走れるところ少ないという話を聞いて、そこからトレイルアドベンチャーの可能性について調査を始めました。

トレイルアドベンチャーでは、地域の様々な森林所有者の方々との合意の下、正式な契約を結び、その収益を還元させて頂く形でパーク運営を行っています。私達は、フロートレイルのために森や山を削ったり、人工的な加工

活動履歴
History

2015年頃	フォレストアドベンチャーにおいてトレイルアドベンチャーの検討準備を開始
2019年9月	地権者である横浜市との合意に基づきトレイルアドベンチャー・よこはまの設置が決定
2020年2月	トレイルアドベンチャー・よこはまオープン
2020年9月	トレイルアドベンチャー・フジオープン
2020年9月	井手川直樹氏主催「バイシクルアカデミー　アドバンスジュニア」がよこはまでスタート
2021年3月	トレイルアドベンチャー・吉野ヶ里オープン

主な活動内容

#01 MTBツーリズムの提唱

スイス、アレグラ社の実績をもとに、日本国内で遊休森林や使われていない公園等を活用して、多目的フロートレイルパークの設計・造成・運営を行い、MTBの国内マーケットの拡大と認知向上をするための活動をしています。また、愛好者増加の目的から、初めての方でも気軽に始められる垣根の低いパーク作りを展開しています。

#02 トレイルアドベンチャーパークの運営

よこはま、フジ、吉野ヶ里と、現在、国内3箇所にて、トレイルアドベンチャーをオープンしています。どのパークも自然共生型アウトドアパーク「フォレストアドベンチャー」と隣接しています。すでに培っている運営ノウハウを通じて、ハードだけでなく熟練スタッフ等のソフト部分も併せた、持続的かつ安全なパーク運営を目指しています。

#03 メーカーイベントや試乗会等のイベント企画・運営

通常の運営だけでなく、MTBのメーカー様やショップ様向け、またMTBに限らずスポーツメーカー様全般が主体となるイベント開催のためのフィールド提供も行っています。

#04 子ども達を中心とした MTBスクールやイベントの開催

地元の子ども達を対象としたスクールイベントや、現在、よこはまで行われているバイシクルアカデミー（井手川直樹氏主催）など、初めての方でも安心してスタートできるイベントを開催またはサポートをしております。

#05 モジュラーパンプトラックの国内代理店

スイス・バイクパーキテクト社のモジュラーパンプトラックの国内販売代理店として、販売を行っております。
トレイルアドベンチャー各パークにも設置をしており、体験も可能です。

を行っていません。そこにある自然を活かして設計を行います。はじめに、森の中を歩き回ります。地図で見た場所にどんな木が生えているのか、石や水路があるのか、歩きながら地図にないことを吸収します。そして歩きながらコーナーやストレート、アップダウン、色々なコースを思い描いていきます。どのようなコースが出来上がるのか、ビルダーたちも完成後の走行を楽しみにしている一人です。

私達の目標は、森林を活用した新しいビジネスを生み出すことです。フォレストアドベンチャーから始まったこのビジネスが、モジュラーパンプトラックを経て、新しいステージに進みました。これからの展開にぜひご期待ください。

MTB FIELD / BIKE PARK 06

地域に根差したMTB公共フィールドの維持・管理

白馬のMTBフィールド

執筆：堀　勇（株式会社SPICY）

維持再生のために整備を地域密着型のフィールド

1990年代、「春岩（はるいわ）・秋岩（あきいわ）」という呼び名で親しまれた白馬岩岳の大会を中心に、白馬は国内外のトップライダーほか、一般参加者1000人以上を集める日本最大のレースが開催されるMTBの聖地として知られていました。1990年代後期に突如白馬岩岳のパークが閉鎖され、当時の愛好者たちは大きく肩を落としましたが、2015年、白馬在住のマウンテンバイカー達の整備を通じて、「白馬岩岳」が地域密着型のMTBパークとして新たに始動。「聖地」と呼ばれた魅力あるMTBコースをぜひ堪能してほしいです!!

MTBの聖地、白馬におけるフィールドの新展開

Hakuba47マウンテンスポーツパークは、MTBパークとして黎明期から途切れることなくライダーを支え、1990年代から岩岳と共に白馬のMTBシーンを支え盛り上げてきたフィールドです。当時からカミカゼDHと呼ばれるスタイルは変わらず、林道をハイスピードで下れるR・7をメインラインとして、数々の大会や家族で楽しめるストライダーイベントが毎年開催されています。2012年には世界的フリーライダーのマット・ハンターを迎え、SPECIALIZED DAYSを開催。ロード、グラベル、MTBと様々なスポーツ自転車愛好家が集まりました。また、国内レジェンドライダーがプロデュースしたコースもあります。

そして現在、白馬バレーエリアTRAILとして、白馬村、大町市、小谷村にまたがる地域に、気兼ねなくMTBを楽しめるトレイルが広がりつつあります。白馬村内では、1978年から姫川より東の山々につけられた幾筋かの里山遊歩道「白馬きこりの道」が、白馬村の協力を得て、白馬連峰の素晴らしいパノラマが広がるシェアトレイルとして地域の愛好者団体によって整備され、ルールに沿ってMTBを楽しむことができます。また、既存の農道、里道、林道などを活用した村内周遊ルートである「白馬小径」でも、ルールを守れば豊富なルート、分かりやすい案内看板、自転車スタンド、ベンチ等を活用しながら、MTBを自由に乗ることができます。

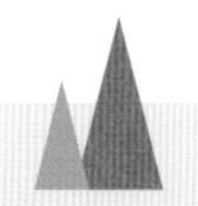

活動履歴

History

1990年12月	Hakuba47マウンテンスポーツパーク開業
1994年〜	白馬岩岳にて春・秋ウェスタンライディングレースが開催。 白馬さのさかにて全日本MTBクロスカントリーシリーズ戦開催 ※1994〜2008（さのさかスキー場）2009〜（白馬スノーハープ）
1995年5月	白馬岩岳にてMTBクロスカントリー全日本シリーズ戦開催 MTBダウンヒル全日本シリーズ戦開催
1997年6月	白馬岩岳にてマウンテンバイク全日本選手権が開催（翌1998年も開催）
2002年	白馬岩岳がMTBパークを含む夏営業を終了
8月	白馬スノーハープにて全国小中学生MTB大会開催（2002〜2014）
2013年11月	NPO法人白馬総合型地域スポーツクラブ設立に伴いMTB教室開催 ※翌年から「MTBキッズ教室」として開催、現「白馬村MTBクラブ」
2014年10月	白馬岩岳にて第4回全日本シングルスピードMTBジャパンオープン開催
2015年	白馬岩岳MTBパークとして再度営業開始。 白馬スノーハープにて全国ユース選抜MTB大会開催 ※2016年からJOCジュニアオリンピックカップとなり以降毎年開催
10月	白馬岩岳にて2015年シングルスピード世界選手権開催
2016年8月	白馬岩岳にてナショナルエンデューロシリーズ戦　以降毎年開催 アキグリーンカップ開催（2017〜2019）

Data

◎白馬岩岳MTB PARK
期間：4月〜11月　9:00〜16:00（季節によりOPEN時間変更あり）
入場料：1日券　大人／4500円、小児／3200円（ゴンドラ片道含む）
MTBシーズン券　大人／4万1000円　小学生／2万5500円（ゴンドラ片道含む）
MTBローカルシーズン券　大人／2万9800円　小学生／1万4500円（ゴンドラ片道含む。長野県内在住者限定）等
問い合わせ：https://www.nsd-hakuba.jp/iwatake_mtb_park/

◎Hakuba47マウンテンスポーツパーク
期間：夏場（7〜8月）及び9月の一部土休日
入場料：マウンテンバイクパーク利用料　2時間／500円、1日／1000円
問い合わせ：https://www.hakuba47.co.jp/summer/mtb/

◎白馬バレーエリアTRAIL
問い合わせ：
https://www.vill.hakuba.lg.jp/gyosei/gyoseijoho/hakubamuranoshokai/kokyoshisetsu/2283.html

◎白馬周辺のMTB関連団体、レンタル・レッスン・ツアー会社紹介
1. （株）ＳＰＩＣＹ
白馬岩岳MTBパーク内にて本格的なMTBのレンタルからレッスン、村内MTBツアー＆サイクリングツアーを開催しています。
2. エヴァーグリーンアウトドアセンター
白馬村八方スキー場をベースにマウンテンバイクツアー、レッスンを開催しています。
3. 小谷ファットバイクセンター
長野県小谷村栂池高原を中心に雪上ファットバイクツアー等、各種ポタリングツアーを開催しています。
4. エイブル白馬五竜いいもり　RIKE HAKUBA MTB TOUR
白馬定番の絶景スポットから穴場スポットまで様々なところへご案内するE-MTBサイクリングツアー開催しています。
5. 白馬森輪組合
『白馬森輪組合 / Hakuba MTB Alliance』はハクババレーの自然環境、文化をこよなく愛する自転車愛好家で構成される任意団体です。
6. 北アルプス自転車協議会
白馬村を中心とした明るく楽しい自転車文化促進をリードするグループです。
7. 白馬MTBクラブ
白馬村の子供たちを中心にMTBを楽しんでいるグループとして、毎シーズン、村内で沢山のローカルイベントを開催しています。

主な活動内容

#01 白馬岩岳MTB PARK

著名なトレイルビルダーのエヴァン・ウィントン氏のプロデュースによる国内初の国際基準を満たしたダイナミックなダウンヒルコースを中心に、最長6.9ｋｍのフロートレイルが人気を集めています。岩岳山頂エリアでは、3000m級の北アルプスの絶景を楽しみながら、家族でも体験できる初中級の周遊コースが整備されています。山麓エリアでも、白馬出身のXCプロライダー平林安里氏がプロデュースした本格クロスカントリーコース「岩岳の森」をはじめ、スキルアップエリア、デュアルパンプトラック、ファンライドコース等を用意しています。これらのコース整備は、白馬岩岳マウンテンリゾートを経営する株式会社白馬観光開発の下、地域在住のマウンテンバイカー有志が行っています。白馬岩岳は、トレイルランニング、ハイキング、トレッキングなど、家族や犬と一緒に楽しめるエリアやリモートワークスペース、絶景テラス、カフェもあり、様々なニーズを受け入れる多目的リゾートとして楽しむことができます。

#02 Hakuba47 マウンテンスポーツパーク

MTB黎明期からのライダーにはたまらなく懐かしいゴンドラ山頂からの山道ダウンヒルをメインに、MTB以外でも犬連れ、家族連れでも楽しめるキャンプや、子供向けの遊びのコンテンツが満載。山麓エリアには「誰でもマウンテンバイクを楽しめる」をコンセプトにしたストライダー専用コースやMTB初心者コース、本格的なMTBコースがあります。目の前には小さな子供でも遊べる浅い清流もあり、白馬の大自然を満喫出来ます。

#03 白馬バレーエリアTRAIL（白馬村・大町市・小谷村）

白馬バレーエリアTRAILとして、MTBを楽しめるフィールドは、現在、白馬村、大町市、小谷村にかけて、マウンテンバイカー達の地域密着の活動を受けて広がりつつあります。白馬村内では、「白馬きこりの道」が白馬森輪組合、北アルプス自転車協議会、白馬国際TRAILランニング実行委員会、マウントオントレイルクラブ等によって整備され、「白馬小径」と共に、ルールを守ってMTBを楽しむ公共のシェアトレイルになっています。また、落倉高原エリアでも、既存の山道を利用した地域公認のシェアトレイルや、MTBも楽しめるインドア多目的パーク（SKDP）の整備も、白馬森輪組合を中心に進められています。大町市でも、ローカルライダーと行政の連携の取り組みが発展しつつあり、小谷村でもそうした試みが生まれつつあります。

MTB FIELD / BIKE PARK 07

地域に根差したMTB公共フィールドの維持・管理

DKFREERIDE MTB LOGIC

執筆：髙橋大喜

気軽に遊べるフィールドでライディング技術を学ぶ

日本において、MTBと言えば競技として認知されていますが、海外でMTBは、競技としてだけでなく、レジャーとして楽しまれています。競技者層よりもレジャー層の方が実は圧倒的に多く、MTBは気軽に楽しく遊べる老若男女のスポーツとして普及しています。スキーやスノーボードと同じ様に、休日に家族や恋人とMTBを楽しみ、ターンやトリックを決め仲間同士で盛り上がる。今から20年近く前に、海外のそんな光景に衝撃を受けた私は、プロフリーライダーとして活動を始め今に至ります。日本にも、レジャースポーツとしてのMTBを普及させるために、日々奮闘を続けてきました。

プロフリーライダー髙橋大喜が管理・運営するMTBフィールド

Data

活動場所：静岡県、山梨県等
管理公共フィールド：DK FREERIDE MTB PARK（静岡県静岡県沼津市足高愛鷹運動公園内）等
代表者：髙橋大喜
入場料：スキルパーク走行料／3000円（地元・学生割引／2000円）
エアバッグ利用料／2000円
スキルパークとエアバッグのセット料金／4000円（地元・学生割引3000円）
スキルパーク走行料（小学生以下）／1000円
問い合わせ：
http://www.joyridemtbpark.com/

MTBコース整備の活動をしていく中で、「MTBが普及しないのは走れるフィールドが少ないから」という事が日本で囁かれるようになり、普及に向けての重要な課題と認識されてきました。それならば自分で造るしかない、と思い立ったのがMTBパーク運営の始まりでした。自身のカナダでの活動と、国内でのトレイルビルダー、MTBインストラクターとしての経験をもとに、2011年に栃木県茂木町にパークを造成し、運営をスタートさせました。そして、その流れを発展させたパークを、2020年に静岡県沼津市でオープンしました。

沼津市の愛鷹運動公園内に造成したDK FREERIDE MTB PARKは、スキルパークと呼ばれるフィールドであり、ライディングにおける様々な動作を楽しみながら練習できるフィールドです。スキルパークは、MTBの盛んな国や地域に多く存在し、世界のMTBの発展に大きく寄与しています。

また、私が代表を務める一般社団法人DKFREERIDE MTB LOGICでは、MTB普及のために様々な取り組みを行なっており、適切なライディング技術を指導できる人材の育成を目的としたMTBインストラクター養成講座や、安全に楽しく走行できるトレイル（コース）の造成技術を身につけるトレイルビルダー養成講座を開催しています。これらの講座は、私自身がフィールド監修を行なっている山梨県のふじてんMTBパークで毎年開催され、今後は沼津のDK FREERIDE MTB PARKでも開催を予定しています。

活動履歴
History

2005年8月 DKFREERIDEウィスラーMTBキャンプ開始
2006年8月 DKFREERIDEウィスラーMTBキャンプ運営
2007年8月 DKFREERIDEウィスラーMTBキャンプ運営
2008年8月 DKFREERIDEウィスラーMTBキャンプ運営
10月 DKFREERIDEライディングクリニック業務開始
10月 日本サイクルスポーツセンターMTBコースメンテナンス業務開始
2009年3月 サイクリングジャム'09 ジャンプショープロデュース
4月 日本サイクルスポーツセンターMTBコース管理業務開始
8月 DKFREERIDEウィスラーMTBキャンプ運営
通年 DKFREERIDEライディングクリニック運営
2010年3月 サイクリングジャム'10 ジャンプショープロデュース
8月 DKFREERIDEウィスラーMTBキャンプ運営
DKFREERIDEライディングクリニック運営
2011年8月 DKFREERIDEウィスラーMTBキャンプ運営
通年 DKFREERIDEライディングクリニック運営
2012年5月 DKFREERIDE MTB PARK(栃木県茂木町)営業開始
8月 DKFREERIDEウィスラーMTBキャンプ運営
通年 DKFREERIDEライディングクリニック運営
2013年3月 TEVA Slopestyle出場(ニュージーランド)
8月 DKFREERIDEウィスラーMTBキャンプ運営
通年 DKFREERIDE MTB PARK(栃木県茂木町)運営
通年 DKFREERIDEライディングクリニック運営
2014年4月 ふじてんリゾートMTBパークコースプロデュース業務開始
8月 DKFREERIDEウィスラーMTBキャンプ運営
冬季 DKFREERIDE MTB PARK(栃木県茂木町)運営
通年 DKFREERIDEライディングクリニック運営
2015年4月 ふじてんリゾートMTBパークコースプロデュース業務従事
8月 DKFREERIDEウィスラーMTBキャンプ運営
冬季 DKFREERIDE MTB PARK(栃木県茂木町)運営
通年 DKFREERIDEライディングクリニック運営
2016年4月 ふじてんリゾートMTBパークコースプロデュース業務従事
8月 DKFREERIDEウィスラーMTBキャンプ運営
冬季 DKFREERIDE MTB PARK(栃木県茂木町)運営
通年 DKFREERIDEライディングクリニック運営
2017年4月 ふじてんリゾートMTBパークコースプロデュース業務従事
8月 DKFREERIDEウィスラーMTBキャンプ運営
冬季 DKFREERIDE MTB PARK(栃木県茂木町)運営
通年 DKFREERIDEライディングクリニック運営
2018年2月 霧島ヶ丘公園MTBパーク造成補助
4月 ふじてんリゾートMTBパークコースプロデュース業務従事
8月 DKFREERIDEウィスラーMTBキャンプ運営
冬季 DKFREERIDE MTB PARK(栃木県茂木町)運営
通年 DKFREERIDEライディングクリニック運営
2019年4月 ふじてんリゾートMTBパークコースプロデュース業務従事
8月 DKFREERIDEウィスラーMTBキャンプ運営
11月 DKFREERIDE MTB PARK(静岡県沼津市)造成開始
冬季 DKFREERIDE MTB PARK(栃木県茂木町)運営
通年 DKFREERIDEライディングクリニック運営
2020年2月 DKFREERIDE MTB PARK(静岡県沼津市)営業開始
4月 ふじてんリゾートMTBパークコースプロデュース業務従事
8月 DKFREERIDEウィスラーMTBキャンプ運営
通年 DKFREERIDEライディングクリニック運営

主な活動内容

#01 MTBパークの造成、監修、管理、運営

静岡県沼津市でDKFREERIDE MTB PARKを管理運営しています。また、山梨県のふじてんリゾートMTBパークでも、コースプロデューサーとしてコース監修とメンテンスを実施しています。MTB普及のためには、単にフィールドが存在する事だけでは不十分で、利用者がライドに夢中になれるフィールドが重要だと考えています。そのためには内容を充実させ、リピートしてもらう事が大切です。加えて、安全性も考慮しなければなりません。それらの要素を盛り込み計画的に設計されたフィールドを造る事が私たちのミッションだと考えます。

#02 ライディングクリニック運営

MTBは舗装路ではなく悪路を走る事から、不意に転倒して怪我をしてしまう可能性もはらんでいます。転倒や怪我を防ぐためには、適切な操作テクニックが重要となります。また、MTBは山の中を走るだけでも十分楽しいですが、バイクをコントロールする面白さも忘れてはならない要素の１つです。鋭いターンやジャンプをするアクションスポーツとしても、海外では多く楽しまれています。そんなライディングのスキルアップをお手伝いする事も､MTBの普及に強く結びつくと考えています。

#03 MTB体験教室の開催

DKFREERIDE MTB PARKにて、沼津市民と近郊市民の方々を対象に、MTB体験教室を開催しています。高橋大喜が講師を務め、当パークのレンタルバイクを利用して頂き、パンプトラックやバームなどを体験し楽しんでもらっています。この教室をきっかけにMTBを知ってもらい、地域の新たな愛好者としてMTBを楽しんでもらえるようになる事を目標としています。

#04 養成講座の開催

MTB初心者から、ベテランの愛好者までをターゲットとし、それぞれのレベルに合わせた適切なライディングスキルを教える事ができるインストラクター養成講座を開催しています。受講者の皆さんには、インストラクターとしての心構えや、MTB文化も勉強して頂くことで、全体的な普及活動にも協力して頂いています。また色々なレベルのライダーが、少しでも怪我なく安全にライドを楽しめるコースやトレイルを造成できる人材を育てる場として、トレイルビルダー養成講座を開催しています。

MTB FIELD / BIKE PARK 08

地域に根差したMTB公共フィールドの維持・管理

かかみ野MTBクラブ

執筆：河合孝彦

Data

活動場所：岐阜県各務原市各務車洞、各務野自然遺産の森
管理公共フィールド：各務野自然遺産の森MTBコース等
代表者：河合孝彦
年会費：1000円　（ボランティア保険は市が負担）
問い合わせ：http://www.cp-wheel.com
info@cp-wheel.com

Support Shop
CYCLE － PRO　ウイール

岐阜県各務原市蘇原新栄町3-10-4
☎058-383-6115
営業時間：10:00～20:00
定休日：火曜日（祝日は営業）
http://www.cp-wheel.com
かかみ野MTBクラブ代表（河合孝彦）が経営する店。クラブ事務所。

里山と共に末永く使用出来るMTBコースの整備と維持

MTB愛好家のマナー指導
自然を守りながら楽しく

各務野自然遺産の森にMTBコースが出来たきっかけは、1999年に各務原市が市内東北部の里山に新しく市営公園を作ることになった際、そこにコースを作りたいと市の職員から私に相談があったことです。その頃、各地でMTBのレースが盛んで、私達も参加していたこともあり、市内にもそうした場所が出来れば良いと協力しました。そして、コースのイメージなどを理解してもらうため、市の職員や設計士に愛知県内のシングルトラックなどを見てもらい、出来た図面に対して我々が協議・助言しました。その結果、5年後に、各務野自然遺産の森と共にMTBコースが出来ました。同時に、私達はかかみ野MTBクラブを立ち上げました。各務原市は、市営公園の管理団体（パークレンジャー）を発足させており、我々のクラブはその中に位置づけられ、MTBコースの維持管理を担当する形となっています。

その頃から、マウンテンバイカーが地主の許可も無しに山に入り、山を荒らすという問題が各地で聞かれるようになりました。我々は、このままではMTBで楽しく走ることもできなくなると思い、完成したばかりの各務野自然遺産の森MTBコースを長く使えるようにしようとクラブメンバーで協議し、ここでのマナー指導を始めました。MTB利用のルールとして、「1 公園内は火気厳禁、植物等一切持ち帰らない、2 芝生の上は公園内では絶対自転車に乗って移動しない、3 園内は歩行者優先で注意看板に従う」とし、このような事をクラブメンバーが公園内で見かけたら注意するようにしました。可哀そうでも小さな子供まで注意した結果、今では、来園者のほとんどが協力して頂けるようになり、注意喚起も少なくなり、マナーが良く楽しめるコースになっています。

その後、公園に隣接する山林の地主の許可を頂き、公園外に競技選手にも非常に好評となっているテクニカルコースを作る事もできました。全てクラブメンバーのボランティアで作業を行

活動履歴
History

1999年4月	各務原市水と緑の推進課よりMTBコースを作りたいと打診
2004年10月	市営公園「各務野自然遺産の森」開園に伴いかかみ野MTBクラブ設立
2004年10月	オープン記念として第1回かかみ野MTBフェスティバル開催 以後、毎年秋10月か11月に開催(第6回までは競輪公益資金を受ける)
2006年春	公園内MTBコース入口までのシングルトラック増設
2007年夏	J2用コースのため公園外のシングルトラック増設
2007年9月	JCFかかみ野J2-XCレースを開催(一周6.4kmのコースを作る)
2015年8月	公園外のテクニカルコースとして地権者の許可を頂き追加コースを増設 ほぼ全コース(公園内、公園外A、B、C)が出来る(各務野自然遺産の森、MTBフィールド)
2015年10月	全国レクリエーション大会in岐阜プレ大会開催(MTB競技)
2016年9月	全国レクリエーション大会in岐阜大会開催(MTB競技)
2016年11月	全国レクリエーション大会in岐阜大会の感謝状を県知事から受ける
2017年10月	ぎふ清流レクリエーションフェスティバル開催(MTB競技)
2018年10月	ぎふ清流レクリエーションフェスティバル開催(MTB競技)
2019年10月	ねんりんピック岐阜2020プレ大会開催(MTB競技)
2021年3月	各務野自然遺産の森に子供自転車広場オープン

主な活動内容

#01 MTBコース整備活動

コース整備は年に3回程度、クラブとして行っています。メンバーが、草刈り、コース内への土嚢設置による崩れ修復、コース養生、枝切り作業、コースアウト止めネット修理など多岐にわたる作業を実施しています。その他、随時、台風などの強風後の倒木撤去や、利用者からの連絡に基づく整備作業も行っています。クラブメンバーでは手に負えない場合は、市に作業を依頼しています。

#02 MTB普及活動

「かかみ野MTBフェスティバル」として、MTBの普及と競技の面白さを気軽に知ってもらうための大会を開催しています。各務野自然遺産の森オープン記念として始まり、各務原市の共催で開催してきました。現在は、かかみ野MTBフェスティバル実行委員会主催で、これまでに15回行いました。大会種目では、家族が楽しくふれあう自転車による親子リレーを取り入れていますが大変好評で、第1回から毎回続けています。第4回では、市長の依頼で登録選手を受け入れ、当時のJ2を開催しました。大会のレベルを上げるため、計測器、MC、ネット受付などを導入し、クラブメンバーを中心に市の職員の協力もあり、30名程で運営しています。その大会の収入をもとに、草刈り機、チェンソーなどのコース整備用のクラブ備品をそろえています。

#03 地域貢献活動

地元・近郊の幼児が自転車に乗る練習をする広場と、小学生が楽しめるコースの造成を、5年程前から市の担当者にお願いして協議をしてきました。この程、2021年3月に完成してオープンとなり、この子供自転車広場の管理も我々クラブの担当となりました。作業は増えましたが、頑張って自転車に乗る練習をしている子供たちを見ると、大変苦労した甲斐があったと思えます。

い、ほぼ最初に考えていた通りのコースを完成させる事ができました。そして、クラブメンバーの悲願でもあった子供自転車広場コースも、市の予算が確保され、公園内の駐車場に近い場所で造成をはじめ、2021年3月に完成させることができました。

MTB FIELD / BIKE PARK 09

地域に根差したMTB公共フィールドの維持・管理

吉無田MTBクラブ

執筆：高野欽司

九州を代表するMTBの聖地を目指したフィールド作り

フィールドの維持管理と地域連携型イベントの開催

吉無田MTBクラブは、熊本県上益城郡御船町の町営レジャー施設「吉無田高原緑の村」内（以下「緑の村」）にあるMTBコースの維持管理をメインに活動しています。2012年に熊本県植木町のMTBコース「ダートランド」が閉鎖したことを受けて、それに変わる新しい熊本のコースを作るために、県内のローカル愛好者や九州各地のマウンテンバイカーの力を借りる形でスタートしました。まず、我々で御船町に働きかけ、それ以前からMTBコースがあった「緑の村」に、2013年8月、プロライダー・ビルダーの柳原康弘氏が設計・施工した初心者コース、パンプトラック、ダートジャンプなどを含めた日本初のMTBスキルパークを製作しました。その後、主にそのスキルパークやコースの維持管理、及び地域でのMTB活性化を目的に、吉無田MTBクラブは活動の幅を広げてきました。今日までに、「緑の村」での大小様々なMTBのイベント開催や、初心者向けのMTBスクール、地域と協力した近隣でのイベント実施等を行ってきています。

現在、会員は約10名で、初心者から家族、上級者まで楽しめるようなコースを維持管理すると共に、常にリニューアルも行うなど、いろいろなチャレンジを進め、九州のMTBの中心地になるように活動しています。

Data

活動場所：吉無田高原緑の村
熊本県上益城郡御船町
代表者：高野欽司
年会費：有
問い合わせ：takanokinji@gmail.com

活動履歴

History

2013年8月　「緑の村」にてMTBスキルパーク完成。吉無田MTBクラブ発足
2013年10月　HTDH（ハードテールダウンヒル）開催
2013年12月　よしむたカップ開催
2014年6月
10月　HTDH（ハードテールダウンヒル）開催
2014年12月　ダウンヒルシリーズ開催
2015年6月
10月　HTDH（ハードテールダウンヒル）開催
2015年11月　ダウンヒルシリーズ開催
2016年7月　熊本地震復興イベント頑張ろう！熊本！吉無田ダウンヒルフェスタ開催
2016年11月　ダウンヒルシリーズ開催
2017年4月　HTDH（ハードテールダウンヒル）開催
2017年11月　ダウンヒルシリーズ開催
2018年8月　リバー＆マウンテンキャンプ開催
2018年11月　ダウンヒルシリーズ開催
2019年9月　リバー＆マウンテンキャンプ開催
2020年3月　年間シリーズ戦　吉無田エンデューロ開催

主な活動内容

#01 「緑の村」MTBコースの維持・管理

吉無田高原「緑の村」内には、初心者向けのパンプトラック、スラロームコース、ジャンプコース、DHコース、XCコースと様々なコースがあります。それらのコース維持管理のために、月に数回、整地、造成、草刈り等行っています。吉無田MTBコースは、MTBを買ったばかりの初心者から、レース志向の上級者まで、幅広く楽しめる構成になっています。このため、毎週末、九州各地から多くの来場者があります。

#02 各種MTBイベントの開催

吉無田高原「緑の村」では、「CJ吉無田」「春の吉無田MTBフェスタ」「秋の吉無田MTBフェスタ」「ダウンヒルシリーズ」など、昔から大規模なMTBイベントが開催され、多くの愛好者の集うフィールドして認知されています。我々は、地元のコース管理団体として、それらのイベントの準備、運営のお手伝い等を行っています。また我々自身でもローカルレースを多く主催しており、2020年度からは吉無田のシリーズ戦として「ヨシムタエンデューロ」を年に4回開催しています。

#04 地域NPO法人との協力

MTBを通じて、地域活性化を目指す協力活動も行っています。吉無田高原近くの集落で運営されているNPO法人「愛郷　吉無田」と協力し、地元の林道を走るトレイルイベントを実施しています。同団体とは、全国規模のレース「CJよしむた」の開催に向けても連携しており、常に地域に密着したMTBの発展を目指しています。

#03 MTB体験活動への取り組み

2018年から開催されている御船町観光協会主催の御船町の自然を体験する「リバー＆マウンテンキャンプ」のMTBコーナー担当として、初体験の家族向けにMTBスクールを開催しています。乗り方の基本や注意点などのレクチャーを行い、親子で楽しめるMTBライフの提案等を行っています。

MTB FIELD / BIKE PARK 10

地域に根差したMTB公共フィールドの維持・管理

高峰山MTBプラス（高峰山MTBワールド）

執筆：須藤芳雄

北関東の老舗MTBフィールドは地域連携が基盤

地域からの信頼に根差したE-BIKEによる山林活用

私は、パラグライダーやMTBといった、スリルを楽しむアウトドアのフィールドとして、この高峰山で魅力的なプログラムを創っていこうと考えてきました。その結果、2000年代の時点で全国でも数少ないMTBの公共フィールドとして、高峰山MTBワールドを設立し、今日まで経営を続けています。

このためには、地域の人々との信頼関係を築くことが、何よりも重要でした。高峰山の土地所有者の住む地元の集落を一軒一軒回り、じっくりと時間をかけて何事も話し合える関係を生み出していきました。集落を通じて、フィールド運営に際しての対価も支払っています。また、万一、利用者の事故等があっても、土地所有者や地元に迷惑が掛からないよう、事業者としての賠償責任保険にも加入しています。こうした積み重ねの結果、20年ほど経った今では、私が面白いと思うダウンヒルのMTBコースを自由に作らせてもらえるようになりました。現在でも、周辺の集落の方々に対して、保有する土地を使わせて頂けるようアプローチを行っており、今後も、高峰山のコースエリアが大きく多様に広がるよう見込んでいます。また、近隣の桜川市や栃木県茂木町でも、MTBフィールドを創る取り組みを進めてきました。

現在は新型コロナウイルスの影響で中断していますが、以前は、利用者の方々を高峰山の頂上まで車で搬送し、そこから山麓の受付ベースまで、3.5~4kmもある無数のダウンヒルコースを楽しんで頂いていました。現在は、E・BIKEの普及を目指して、コアなマウンテンバイカーだけでなく、初心者、女性や高齢の方々でも楽しめるようなE・BIKEトレイルツーリング（1日ツアー）を実施しています。もちろん、E・BIKEはレンタルをご用意しています。こちらはガイドがご案内しつつ、山麓のベースから登って降りる形となり、そのためのルート整備も日々進めています。2021年6月から、高峰山MTBプラスとして、E・BIKEや他の電動二輪による様々な山のトレイルライドを楽しめる新しい事業形態を始めることになりました。美しい自然の中を無数に走る、全国でも最大規模のダイナミックな高峰山のコースを、ぜひE・BIKE等の新しいアウトドアツールで堪能して下さい。

Data

活動場所：茨城県桜川市平沢872
代表者：須藤芳雄
利用料金（予約制）：1日／2700円
レンタルバイク各種（E-BIKEレンタル 1日1万円）
E-BIKEトレイルツーリング（1日ツアー）
注：電話・フォームでの事前問い合わせが必要
問い合わせ：☎090-3226-2613（須藤）
http://takamineyama.com/

活動履歴 History

2000年代	高峰山MTBワールドを設立
2020年	E-BIKEトレイルツーリングを開始
2021年6月	高峰山MTBプラスとして新しい事業展開を開始

MTB FIELD / BIKE PARK 11

地域に根差したMTB公共フィールドの維持・管理

スマイルバイクパーク

執筆：藤井秀和

親しみやすさで注目される都内唯一のMTBパーク

初級から中級向けのスキルアップパーク

スマイルバイクパークは、もともとサバイバルゲームフィールドＯＰＳとして運営されていた場所に空きスペースがあったため、そのスペースを有効利用して何かおもしろそうなことはできないかと、土地所有者・経営者の株式会社グリーンライフのオーナーが、近隣のマウンテンバイカーに相談したことがこのパークを作るきっかけでした。トイレ、シャワールーム、駐車場、食堂などの施設はサバイバルゲームフィールドと共有することで運営の効率化を図れましたが、肝心のコースについては利用できる敷地が広くなく、いかに有効に活用するか苦心しました。オーナーの委託を受けたパークの立ち上げメンバーで検討し、スラロームコース、クロスカントリーコース（1周500m程度）、ジャンプエリアを作成しました。プレオープンを経て正式にオープンしたのが2017年5月のことです。

その後、スマイルバイクパークとして営業を続けながら、パンプトラックを2つ、別のクロスカントリーコースを1つ、上級者向けのルート、ワンメイクジャンプなどを追加していきました。2021年2月現在でも、造成中の箇所があり、コース拡張予定です。ＭＴＢ初心者、小学生、未就学児童、アクション系ダートジャンパー、レースに参戦している選手など、さまざまな方が来場されます。特に初心者の方、もしくはＭＴＢを体験されたい方や、お子様などが多く来られるのが特徴です。バイクをお持ちでない方でもレンタルができ、キッズ向けのレンタルバイクも各サイズを取りそろえています。また日本マウンテンバイク協会（ＪＭＡ）公認インスラクターと連携して、初心者向け、経験者向けのスキルアップの講習もできる体制を整えています。この場所で楽しみながらスキルアップし、他のフィールドで走行されるようになった方も多く、首都圏におけるＭＴＢの入り口としての役割も果たしています。

Data

スマイルバイクパーク
東京都稲城市坂浜734
代表者：白浜利崇
営業日：火・水・土・日・祝日（月によって営業日に変更あり、ホームページまたはFacebookのカレンダー参照）
営業時間：8:30～16:30
利用料金：
平日：2000円/日、1500円/3h、小学生以下1000円
土日祝日：3000円/日、2000円/3h、小学生以下1000円
駐車料金/500円
バイクレンタルあり　プライベートレッスンあり（詳しい料金についてはホームページ参照）
問い合わせ：
☎070-4475-4472
http://smilebike.tokyo/
smile.bike.park@gmail.com
https://www.facebook.com/SmileBikePark/（Facebook）
@sbpmtb_official（twitter）

活動履歴 History

2017年4月	プレオープン
2017年5月	オープン
2018年5月	パンプトラック追加
2018年8月	ミニパンプトラック追加
2018年12月	ミニクロカンコース追加
2019年6月	プライベートレッスン受付開始
2020年8月	ワンメイクジャンプ追加
2020年12月	上級コース新規ライン、クロスカントリースキルアップエリア追加

MTB FIELD / BIKE PARK 12

地域に根差したMTB公共フィールドの維持・管理

角田浜トレイル管理室

執筆：岩崎辰也

日本海側では貴重な冬でもMTBに乗れるフィールド

地域も歓迎＆応援する 海と松林が綺麗なトレイル

２０１６年に私が角田浜にある事業所へ異動となり、角田浜自治会長と面識を持ちました。そこで、趣味であるＭＴＢのフィールドを自治会所有の沿岸保安林内に造ることを提案し、自治会の承諾を得たことが始まりです。その際に説明したメリットとしては、フィールド整備を通じて、人が入らず藪化が進んでいた保安林樹種の保護育成と荒廃の防止、及びゴミの不法投棄の防止に繋がること。また、マウンテンバイカーが訪れることで、地域の活性化や利用者の健康増進にも結びつくことでした。さらに、私達が角田浜トレイル管理室として、実際の整備や管理を担うことで、自治会に金銭・労力的な負担を掛けないことも説明しました。

トレイルがあるのは、佐渡弥彦米山国定公園、飛砂防備保安林など、通常であれば開発が困難な法規制下の土地です。しかし、フィールド整備の目的を「保安林の保護育成」に置いたことで、法的な手続きを必要としませんでした。また、この目的に照らして、新潟県より「緑の募金」森づくり事業」の認定（申請人は角田浜自治会）を受けています。

活動は、月1度、ボランティアによる「定例整備」を行っています。基本的な作業内容は、保護樹種（マツ・サクラなど）の周辺の刈払機による下刈り、つる切りの他に倒木処理、傷んだトレイルの養生、ゴミ拾いなどです。初期は、脱数を目指しての下刈り、つる切り、倒木処理が中心でした。特にニセアカシア等の有棘植物、ツタウルシ等の触れるとかぶれてしまう植物など、有害な植物を刈り込みました。薮が開けてしまえば穏やかな砂丘なので、地形を変更することなくトレイルとして運用することができます。ただ、大勢の人が走行すれば、トレイルの路面は削られ、松の根があらわになったり、砂が浮き出て走行困難になる個所が出てきます。そのような時は砕石等で養生します。

角田浜トレイル管理室では、地域の一員としての自覚を持ち、積極的に自治会の行事に参加しています。7月の海岸清掃、8月のクリーン作戦と呼ばれる国道沿いのゴミ拾いなどは毎年参加しています。

我々の活動は、行政的には低予算での林地保全、地域的には不法投棄防止や地域活性化、利用者的にはトレイルの確保など、全ての関係者のメリットとなる事例だと思っています。ご理解と協力を頂いた方々のためにも継続し、大きな大会の誘致等もできればと思っています。

Data

活動場所：新潟県新潟市西蒲区角田浜
代表者：岩崎辰也
年会費：無料
問い合わせ：info@sagaminet.com（佐上商会）

Support Shop
佐上商会

新潟県新潟市東区太平4-8-35
☎025-275-3369
営業時間：10:00〜19:00
定休日：火曜日
http://www.sagaminet.com/sgm/jitensyafuremu.htm
角田浜トレイル管理室の窓口を担当しているショップ。

活動履歴
History

2016年4月	角田浜トレイル準備室を発足し整備開始 以後現在まで月に1度の頻度でボランティアを募り整備を実施
同年11月	お披露目会なるMTBとトレイルランニングのイベントを開催し、地元紙に掲載

MTB FIELD / BIKE PARK 13

地域に根差したMTB公共フィールドの維持・管理

ふじてんリゾート・マウンテンバイクパーク

執筆：髙橋大喜

プロライダーが監修する海外スタイルの本格MTBパーク

首都圏からアクセス抜群 初心者、初級者も大歓迎

東京・横浜・静岡から90分、気軽に日帰りのできる富士山の麓に位置する「ふじてんリゾート」には、富士山の眺望を満喫しながら、その裾野を走るMTBパークがあります。「ふじてんリゾート」は、山梨県民の財産である県有林で設立され、土地利用に対しての貸付金の一部が県を通じて地元に還元されています。まさに、地域に根差すことで、MTBを含めた野外レジャー・スポーツを発展させてきた公共フィールドです。

日本を代表するプロフリーライダーの髙橋大喜をコースプロデューサーとして迎え、本場カナダのウィスラーバイクパークをコンセプトに、初級者から上級者までがMTBのライディングを楽しむことが出来るパークを運営しています。MTB初心者に最適な広いゲレンデをそのまま走れるコースから、コーナーにしっかりと曲がりやすいバームが設けられた初級者でも楽しめるコース、中級者が楽しめるテーブルトップやローラーが設けられたジェットコースターの様なコース、そして上級者も挑戦しがいのあるテクニカルなコースなど、全8コースが用意され、大変バラエティーに富んでいます。

各コースの全長は2㎞前後で短過ぎず長過ぎず、ちょうど良い長さなので繰り返し楽しむのに最適です。競技コースとは違い、MTBのライディングを最大限楽しめるように設計してあるのが特徴で、何度も繰り返し走りたくなってしまうほど。肩肘張らず気軽に楽しんでもらえる事をコンセプトにしています。

日本では、海外のように無料で気軽に走れるMTBのフィールドがほとんど無いのが現状です。そこには、山林所有者やハイカーとのトラブルなどがあり、大手を振ってMTBを楽しむことが出来る環境が整備できない事が挙げられます。そんな状況を少しでも改善し、MTBで安心して楽しめるフィールドを作ろう、という動きが全国各地で始まっており、各地の有志団体が素晴らしい活動を行っています。その素晴らしい活動と並行して、ふじてんリゾート・マウンテンバイクパークのような、地域への還元を前提に、整備が行き届いた有料フィールドを長く運営していく事も、日本のMTBシーンの発展に貢献すると考えています。そうした考えの下、ふじてんリゾートと髙橋大喜はMTB発展に日々取り組んでいます。

Data

ふじてんリゾート・マウンテンバイクパーク
山梨県南都留郡鳴沢村
代表者：山口光貴
リフト料金：3時間券／3000円、1日券／4000円
営業期間：5月～11月(9:00～17:00)
問い合わせ：https://summer.fujiten.net/

活動履歴 History

1986年12月	富士天神山スキー場オープン
1997年7月	第1回フジロックフェスティバル開催
2000年12月	ふじてんリゾートに名称変更
2012年5月	サマーシーズンMTBパーク営業スタート
2014年4月	髙橋大喜がマウンテンバイクパークのコースプロデューサーに就任

MTB FIELD / BIKE PARK 14

地域に根差したMTB公共フィールドの維持・管理

C.A.B.TRAIL のってみらっし(ストライダーコース)

執筆:名取　将

初心者から上級者まで気軽に本格MTBを満喫できる

家族と一緒に遊びにいける公共フィールドのトレイル

伊那谷の西麓に広がる、はびろ農業公園「みはらしファーム」は、様々な農業体験やアクティビィが楽しめる伊那市の総合型レジャー施設です。ＭＴＢコース「Ｃ．Ａ．Ｂ．トレイル」とストライダーコース「のってみらっし」は、この「みはらしファーム」の活性化と周辺山林の利活用という目的で開設したＭＴＢの公共フィールドです。同じ伊那市内でガイドツアー事業を主に展開する株式会社 TRAIL CUTTER が監修し、これまでのガイドツアー運営やトレイルビルドによって得られた知見を盛り込んでコースを作成しました。マウンテンバイカーにはより気持ちいいトレイルライドを、公園を訪れる一般観光客や子供たちには山の中で自転車に乗る楽しさを知ってもらうことを、それぞれ目指して開設・運営しています。

Ｃ．Ａ．Ｂ．トレイルは、中央アルプスの経ヶ岳の山麓の穏やかな裾野を生かし、気持ちよく気がついたら登れてしまう計算された登りと、流れるようなうねりが続くセルフジェットコースター的な下り、いずれも土の上を走るＭＴＢの魅力を存分に感じられる至極のトレイルです。

「みはらしファーム」を基点に、所有の細分化された周辺の山林を行政と地域の皆さんの協力のもとにお借りしてトレイルを設置・整備、希望する所有者さんの森林整備も行っていくことで、ＭＴＢ利用者が楽しいだけではなく、地域の山林所有者や住民の皆さんが、ＭＴＢを通じて活力やメリットを得られるような活動を目指しています。

Data

C.A.B.トレイル ／ のってみらっし
長野県伊那市西箕輪「みはらしファーム」内
管理運営者:株式会社TRAIL CUTTER
運営責任者:宮坂啓介
利用料金:

C.A.B.トレイル料金	期間	大人	こども
MTB持ち込み利用料	1日	2400円	1200円
	1時間	1000円	500円
MTBレンタル利用料(利用料+レンタル料)	1日	6000円	3600円
	1時間	2500円	1500円
ストライダーコース	1時間	500円	

営業期間:4月～11月(9:00～16:00)
水曜定休日
問い合わせ:https://cabtrail.com/

活動履歴
History

2015年　地域、行政とMTBトレイルの可能性についての協議開始
2017年　ストライダーコースのってみらっしオープン
2019年　MTB専用、C.A.B.トレイルオープン
2020年　MTBトレイルに併設して自転車販売店2輪舎knotオープン

MTB FIELD / BIKE PARK 15

地域に根差したMTB公共フィールドの維持・管理

国営アルプスあづみの公園 マウンテンバイクパーク

執筆：丸山八智代（株式会社Evergreen outdoor center・MTBパーク管理運営担当）

北アルプス山麓の国営公園に広がるMTB文化の発信源

誰でも安心して楽しめる日本初の国営MTBパーク

日本で初めてとなる〝国営〟のMTBパークは、国営アルプスあづみの公園の整備計画に基づき、大町・松川地区内の「スポーツと遊びの森エリア」にて、2016年6月に開園しました。このパークは、MTBをこれから始めたい方や、MTBを購入したものの走る場所に困っている方、公園に遊びに来た人が、MTBに出会い、走る楽しさを体験できる場所として親しまれています。

パーク運営にあたっては、利用に際しての安全性や一定の施設水準を担保するため、MTBに関する専門知識・技術に精通した株式会社 Evergreen outdoor centerと業務提携を行うことで、効果的なコース整備や安全管理、およびMTBの普及啓発を進めています。

パークには初心者から上級者向けまで、様々なコースがあります。「ポタリングコース（2・8㎞）」は、自転車に乗れる方であれば気軽に走行を体験できる初級者用コースです。「テクニカルトレイルコース（1・8㎞）」は、アップダウンの変化に富んでいる中・上級利用者向けのコースです。「フロートレイルコース（0・7㎞）」は、中・上級者向けの下り走行のテクニック向上コースで、下り坂の楽しさに特化したダウンヒル遊びのコースです。「スキルアップエリア」にはパンプトラック（ロングコース・ショートコース）があり、専用バイク（MTB、BMXなど）でペダルをこがなくても1周できる起伏があるコースです。「キッズコース」は、8歳以下専用で、ペダルのないランニングバイクを中心とした練習コースです。その他のトレーニングコースとして、登りパンプ・階段・スロープ、ステア（段差）・一本橋、丸太越え（大・中・小）・丸太一本橋などもあります。

MTBに乗って自然を感じながらライドを安全に楽しんでもらえるよう、日々、コースのメンテナンス、インストラクション、パトロールなど安全管理面を徹底しながら、お客様の満足をサポートしています。この場所を基点に、MTBをはじめとするスポーツバイクへの興味関心を促し、余暇の過ごし方、健康維持、運動と身体作りなどウェルネスの一つとして、新規ユーザーを拡げていく環境作りを実践しています。

Data

国営アルプスあづみの公園 大町・松川地区
長野県大町市常盤7791-4
管理者：一般財団法人公園財団
利用料金：
コース利用料：無料（ただし、公園への入園料が別途必要）
レンタルバイク（ランニングバイク、MTB16インチ）及びヘルメットなど防具類のレンタル料：無料
レンタルバイク（MTB20インチ以上）のレンタル料：1時間300円/1台/ 1人
開園期間：4月末の週末～11月30日までの土日祝日及び第3水曜日（7月中旬～8月31日までの夏休み期間は全日開園）
問い合わせ：☎0261-21-1212
http://www.azumino-koen.jp/oomachi_matsukawa/goriyou/mtb.html

活動履歴
History

2015年	公園整備計画でマウンテンバイクパークの設置が決定
2016年6月	国営アルプスあづみの公園マウンテンバイクパーク開園

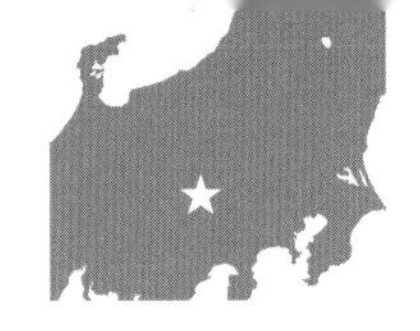

MTB FIELD / BIKE PARK 16

地域に根差したMTB公共フィールドの維持・管理

富士見パノラマMTBパーク

執筆：雨宮和彦（一般社団法人 富士見パノラマリゾート スキー場事業部）

初心者から上級者まで楽しめる日本最大級のフィールド

約8㎞のダウンヒルを満喫できるコースも用意

南アルプス山系「入笠山（にゅうかさやま）1955m」は、本州でも有数の日本すずらんの群生地として多くの方に知られた場所です。その山麓に、富士見町の地域経済の活性化を目的に1987年12月に「富士見パノラマスキー場」を開業しました。1992年にはゴンドラを増設し、夏場のグリーン季でも、お手軽に入笠山一帯を楽しめる様になりました。更なる観光活性を探る中、1995年8月にMTBコースをオープンし、以後、段階的にコースの造成・拡張を進めて現在に至っています。その間の運営は、前身の富士見町開発公社から富士見パノラマリゾートが担ってきました。当リゾートの敷地は、富士見財産区有林を中心に、多くの地元の方々が所有する森林に地上権を設定する形となっています。MTBコースの造成・拡張にあたっては、林地開発許可制度の定める残置森林率を維持するため、所有者の方々に対価を支払って運営しています。こうした地域密着の運営の下、ゴンドラを利用し、森林の中を爽快に駆け抜けるMTBコースは人気を博し、年間2万人を上回る来場者にお越し頂いています。

ゴンドラに乗車し、1780mの山頂部から最長約8㎞を一気に駆け下る本格的なダウンヒルコースは、難易度の異なる多彩なレイアウトになっており、初級者から上級者までレベルに合わせて楽しむ事ができます。一方、お子様・女性でも気軽にMTBの醍醐味を味わうなら「スキルアップエリア」がおすすめです。

近年は、「3日間では遊びきれない富士見パノラマMTBパーク」をコンセプトに、世界に通用するコースを目指しニュージーランドより招聘したトレイルビルダー、キング・アダム氏プロデュースによるトレイルを浦島悠太氏（トレイルビルダー）と共に造成しました。ジャンプトレイル「ブルーホーネット」は、中上級者から高評価を得ています。

場内には、マウンテンバイクのプロショップ「バックヤードガレージハウス（BGH）」があり、プロライダー仕様のダウンヒルバイクをはじめ、そのままレース出場にも使える最新のオールマウンテンバイクや軽量でシンプルなハードテイルバイク、小さなお子様でも楽しめる本格サスペンション装着のキッズバイク、ヘルメットやプロテクターなど、各種レンタル用品を取りそろえています。初心者対象のベーシックレッスンやテクニック上達を目的としたプライベートレッスンも随時開催しており、手ぶらでご来場いただいても十分楽しめる環境を整えています。

MTBと言えば「富士見パノラマMTBパーク」となる様、更なる努力を重ねつつ、お客様をお迎えします。

Data

富士見パノラマMTBパーク
長野県諏訪郡富士見町富士見6666-703

料金：（2020シーズン）		
MTBゴンドラ	大人	子供（小学生以下）
シーズン券	5万6000円	2万5000円
1日券	5000円	2500円
3回券	4200円	2000円
1回券	1700円	1000円
スキルアップエリア	大人	子供（小学生以下）
1日券（リフト含む）	2100円	1500円
リフト1回券（コース利用料含）／施設利用料（リフト運休日）	500円	500円

営業期間：4月下旬～11月上旬（9:00～16:00／季節によって時間変更有）
定休日：営業期間中無し（2020シーズン）
問い合わせ：☎0266-62-5666
https://www.fujimipanorama.com/mtb/
info@fujimipanorama.com

MTB FIELD / BIKE PARK 17

地域に根差したMTB公共フィールドの維持・管理

M-Trail

執筆：三谷賢一（M-Trail世話人）、小関康嗣（美山里山舎代表）

森林所有者の志とマウンテンバイカーのニーズが融合

自立した未来を見据えた大自然のダウンヒルコース

M-Trailは、地域での自立した未来を見据えて森林経営に取り組む森林所有者と、持続的なフィールド確保を目指すマウンテンバイカーのニーズが融合することで成立した、京都府美山町にあるMTB専用コースです。「初めて自転車に乗れた時のあの感動をもう一度」をコンセプトに、誰もが楽しめるMTBの世界へご案内しています。美しく整備管理された森の中に広がる近畿唯一のダウンヒルコースは、競技向けの練習場としても最適です。また、美山里山舎による森林経営で活用されている水はけ等の機能性に優れた作業道や、長い歴史の中で山城への登城や地元の生活に使われてきた古道をMTBで走ることもでき、他の場所では得られない新鮮な体験と感動が待っています。

森林所有者の小関は、当地にて2005年に美山里山舎を発足させ、以後、地域の自然資源を活用して、個々の人間が自立して生きていくためのモデルとなる事業を展開してきました。200年以上も持つ伝統的な家づくりを基軸に、M-Trailのある城山にてそのための木材を生産する森林経営を行い、グローバルな流通や都市に依存せずとも、地域にて自立した生活が送れるような器具やエネルギーの開発・普及を進めています。そうしたビジョンの中に、気兼ねなく楽しめるフィールドを求めていた片岸・三谷らマウンテンバイカーの活動が、パズルのピースのように当てはまりました。森林経営を持続的・効果的に行うために開設された作業道や、木材生産に支障のない場所にてM-Trailが専用コースを整備。皆さんにMTBを楽しんで頂くことで、これからの地域や人間生活に求められる生き方に触れて頂ければと思います。

M-Trailとしては、現在、数名のマウンテンバイカーでコース整備を定期的に行っています。森林所有者と一体の取り組みである強みを生かして、今後も、魅力的なコースやプログラムを創っていきたいと思います。

Data

M-Trail
京都府南丹市美山町島朴ノ木8（美山里山舎）
代表者：片岸晴矢
利用料金：1日／2500円（隣接の城山製麺のうどん1食無料券付き）
レンタルバイク：大人、小人用レンタルバイク　1日／3000円
ランバイク　半日／1000円
スクール：2時間半／3000円（9時半から12時）
レベル合わせて選べる3コース
1：MTBベーシックスクール（フラットエリアでの初心者向け）
2：ダウンヒルベーシックスクール（ダウンヒル初心者向け）
3：MTBスキルアップコース（スキルアップしたいライダー対象）
営業期間：毎週日曜日（9:00～16:00）
問い合わせ：http://m-trail.fun/

活動履歴
History

2005年	美山里山舎発足
2009年	昼食や喫茶が楽しめるカフェがオープン
2014年	株式会社美山里山舎設立
2016月6月	M-TrailとしてのMTBコースがオープン

MTB FIELD / BIKE PARK 18

地域に根差したMTB公共フィールドの維持・管理

ゆぶね MTB Project

執筆：八代　正（ゆぶね MTB Project・846プロジェクト代表）

日本のMTBと共に歩んだ八代正がいま手掛けるフィールド

地域社会に根差すコースを京都に作るプロジェクト

私は、難病を抱えた幼少期から、自転車と共に人生を歩んできました。1986年、MTBが生まれて間もないアメリカに渡り、その魅力に触れてからは、日本各地でレースイベントを開催し、公共フィールドを開拓していくことで、MTB文化の普及に努めてきました。

私がこれまでに日本で手掛けてきたMTBフィールドは、10カ所以上を数えます。その中で、特にこだわってきたのは、地方自治体（行政）が主導的に媒介することで、地元の人々が子供から大人までMTBを楽しんでいけるような、地域社会に根差したフィールド作りです。これは、アメリカ各地のマウンテンバイカー達が、自らが楽しむトレイルの持続的な整備はもちろんのこと、車椅子の人々が自然を楽しめるような木道の設置（インディペンデンス・ボードウォークと言います）等、より良い地域社会を目指した活動を展開してきたことに学んでいます。当初に比べて、日本でもMTBへの社会的認知は進んだと思いますが、もっと地域の様々な人々の暮らしの中に、自らの楽しみを位置づける成熟した目線が、MTBには必要だと思います。農山村の過疎化や子供の自然離れ等、様々な問題を抱える日本では、地域の人々と共に歩むMTBフィールドを作っていくことで、こうした成熟が見られるのではないかと期待しています。なので、意欲のある自治体からの声掛けがあれば、どこにでも行って協力したいと思っています。

ここ京都府和束町湯船の「ゆぶね TOPEAK MTBパーク」は、8年前に和束町から頼まれてフィールド作りに入りました。ゆぶね MTB Project・846プロジェクトとして、和束町の公園において業務委託契約を結び、MTBパークの開設と運営を行ってきました。事前予約を通じて、誰でもMTBライドを楽しむことができます。集まってきた近隣の子供たちが、チームとして熱心に練習しており、その親たちがボランティアでコース整備や施設の修繕を行ってくれています。ここでも、地域社会に根差したフィールド作りが、明確な形を帯びつつあります。もちろん、全国大会・国際大会などのレースも頻繁に開催しており、関西でのMTB文化発信の基点として位置づけられています。

Data

管理公共フィールド：ゆぶね TOPEAK MTBパーク
京都府相楽郡和束町湯船
料金：
施設利用料：中学生以上1500円、小学生1000円、幼児（パーク利用）500円、自転車に乗らない同行者200円
駐車料金：500円
レンタル：大人車：半日 2000円／1日 3000円、子供車：半日 1000円／1日 1500円、幼児車 500円、ヘルメット 500円
営業期間：（2020年5月以降、新型コロナウイルス対策としてオープン期間を縮減）毎週日曜日（9:00〜15:00）
定員：各日100名まで（事前要予約）
問い合わせ：
https://www.facebook.com/yubunemtbproject/（Facebook／ゆぶねMTB Project）

活動履歴
History

2012年	湯船に常設コースを作るMTBプロジェクト（ゆぶね MTB Project）スタート
2018年	ゆぶね TOPEAK MTBパークで全国大会開催
2020年	ゆぶね TOPEAK MTBパークで国際大会開催

MTB FIELD LIST

ここでは、P54～80(「地域に根差したMTB公共フィールドの維持・管理」)内で取り上げられたコースやパーク以外で、
MTB向けとして運営されている全国各地のフィールドに関する基本情報をまとめて紹介する。

※P81～85はタツミムック「MTB日和」vol.46より転載
2021年5月1日現在の情報

北海道 あいろーどパーク マウンテンバイクフィールド

道の駅石狩「あいろーど厚田」を含む自然豊かなパークで、マウンテンバイクやグラベルロードでフリーライドしませんか。平地もあり初心者の方も安心です。6ホイールパーキングは50台分あり、パーク内にはキャンプ場もあります(4月～10月末)。道の駅では、食や地域の歴史も楽しめます。

【開設期間】通年
【料金】無料
【所在地】北海道石狩市厚田区厚田石狩市
あいろーどパーク内
【問い合わせ】株式会社あい風
☎0133-78-2300 http://aikaze.co.jp
【コースカテゴリー】フリーライド
【難易度】初心者
【レンタル自転車】なし

北海道 ノーザンアークMTBパーク

2021年新たに加わるフロートレイル。見晴らしの良いゲレンデコース。自然を感じられる林間コース。大ジャンプなどスリリングなショートDHコース。キッズも楽しめる周回コース。初めての方でもスタッフが乗り方を教えながらコースをエスコートするプランで安心・楽しい。かっこいい写真も撮影。
※当面の間、シャトルアップは中止となっています。(冬はファットバイク専用コースでスノーライドを楽しめます。12月～3月)

【開設期間】5月～10月
【料金】1日:大人2200円、高校生以下1100円、未就学児550円
MTB体験プラン:お一人様6600円(MTB持込の方4400円)
※税・保険込み、シャトルアップ料金は含まれていません。
【所在地】北海道北見市端野町2区829
【問い合わせ】HEROES PARK(田中)
☎090-4877-4255 https://Heroespark.info
【コースカテゴリー】DH、フロートレイル
【難易度】初心者～上級者
【レンタル自転車】MTB:2時間2200円、1日4400円
ジュニアMTB:2時間1100円、1日2200円
キックバイク:2時間550円、1日1100円

北海道 ビバアルパカ牧場 マウンテンバイクコース

スキー場跡地を活用して作られたマウンテンバイクコース! ビバアルパカ牧場東斜面の頂上から麓にかけて広がる3コースがあります。初心者コースのほか、アップダウンのある中級者・上級者向けコースもあります! スタート地点まではオープンカーで移動します。頂上からはビバアルパカ牧場と剣淵町を一望することができます。

【開設期間】通年 10:00～16:00
【料金】アルパカ牧場入場料:大人(高校生以上)600円、小中学生300円、乳幼児無料
オープンカー(軽トラックリフト):1回500円/6回券2500円 ※ご利用の際には事前に電話にてご予約ください。
【所在地】北海道上川郡剣淵町東町3733
ビバアルパカ牧場
【問い合わせ】ビバカンパニー
☎0165-34-3911 http://www.viva-alpaca.jp/
【コースカテゴリー】DH
【難易度】初級～上級
【レンタル自転車】なし

茨城県 ザ・ヒロサワ・シティマウンテンバイク オフロードコース

家族で楽しめる超初心者向け専用コース。同敷地内に本格ゴルフコースやパークゴルフ、BBQ、貸し農園も隣接。車両持ち込み可、ジュニアMTBを含め5台のレンタルバイク、ヘルメットなどの貸し出しあり。

【開設期間】通年
【料金】平日・土・日・祝日1100円(税込)/日、子ども770円(税込)、レンタルバイク:330円(税込)
【所在地】茨城県筑西市ザ・ヒロサワ・シティ
【問い合わせ】広沢商事株式会社
☎0296-45-5601
https://www.shimodate.jp/offroad.html
【コースカテゴリー】オフロード
【難易度】初心者
【レンタル自転車】あり(ジュニアMTB含め3台)

福島県 トレイルランド三本木

磐梯山を望むXCコースです。周回コースですが、各セクションで練習できるようにコースを設計しました。パンプトラックやジャンプコースのジンギスパーク、階段上りや一本橋の練習のできるジンギスランド、目の届く範囲で子供と周回練習できるイブリコースなど、多数のフィールドを用意しています。

【開設期間】雪解けから降雪時まで
【料金】無料
【所在地】福島県耶麻郡猪苗代町大字磐根字遠山1039-38
磐梯南ヶ丘牧場
【問い合わせ】ジンギス友の会事務局
☎0242-72-0123
http://jingisu-cup.com/
【コースカテゴリー】XC、パンプトラック、スキルアップ、トレイルライド
【難易度】初心者～上級
【レンタル自転車】なし

北海道 ニセコビレッジ「ピュア」 アクティビティ内 MTBコース

中級者向けの周回コースと初心者も楽しめるラダーブリッジやシーソーなどがある。

【開設期間】7月17日～9月末、9:00～17:00
※9月は土日祝のみ営業
【料金】MTBコースのみのご利用は無料、レンタル料金1台:2時間2500円、4時間3500円、1日5000円 ※MTBコースのみ走行 ※2021年料金
【所在地】北海道虻田郡ニセコ町東山温泉
【問い合わせ】北海道虻田郡ニセコ町東山温泉
☎0136-44-2211 http://www.niseko-village.com/
【コースカテゴリー】XC、DJ
【難易度】初心者～中級
【レンタル自転車】あり(ヘルメット、グローブ、プロテクター付き)※公道の走行はできません。

栃木県 パレ那須オフロードパーク

874mの標高を誇るスタート地点から、ライダーのレベルにあったコースを用意。初心者用、ウッズコース、10連ジャンプなどのコースが選べる。広場にあるSXなど楽しさ満載のパーク。XCコース新設。

【開設期間】4月第1週～12月の降雪発生日まで
【料金】1名2500円、バイク搬送料:1回500円、シーズンパス:1万円(当人限定)、E-BIKE:2500円/日
【所在地】栃木県那須塩原市宇都野1695-37
【問い合わせ】パレ那須オフロードパーク
☎04-2923-0375
http://ww.palenasu.com/
【コースカテゴリー】DH、XC、4X、SX
【難易度】初心者～上級
【レンタル自転車】あり

栃木県 足利サンフィールド マウンテンバイクパーク

3つのレベルの下り系コースを用意。利用には足利SMP里山会に入会の必要があり、会員費は利用料金として1年間有効。レンタルバイクとプロテクターの無料レンタルもあり。子どもから大人まで、初めてのMTB体験にぴったりのフィールドとなっている。まずは一度お問い合わせを。

【開設期間】土曜日、日曜日(平日の利用に関しては輪娯館まで要問い合わせ)
10:00～17:00(冬期は16:00まで)
【料金】ご利用には会員登録(年間会員登録費一人2000円、高校生以上)が必要です。中学生未満は無料ですが会員登録は必須です。
【所在地】栃木県足利市大岩町520
【問い合わせ】バイシクルショップ輪娯館
☎0284-21-6720 http://sunfieldmtbpark.com/
【コースカテゴリー】DH
【難易度】初級～上級
【レンタル自転車】あり(予約制・無料)

茨城県 かすみがうら ドッグ&MTBパーク

東京からほど近い茨城の里山の中、広大なドッグラン、キャンプ場、そしてMTBコースが併設。
MTBコースはコーナー・ジャンプなど、それぞれレベル別・スキル別に反復練習ができるように構成されています。上級者はもちろん、初心者のスキルアップ練習にも最適です。子供用パンプトラックもあり、家族みんなで楽しめます。

【開設期間】通年(毎週水・木定休日)、祝日は営業
【料金】入場料1000円、MTBコース使用料1000円、MTBスクール3800円(2時間)
【所在地】茨城県かすみがうら市中佐谷1138
【問い合わせ】https://kdmpark.jp/
【コースカテゴリー】DH、DJ、XC、スキルアップエリア、シクロクロス、グラベルロード
【難易度】初めての方から上級者まで
【レンタル自転車の有無】レンタル無し

新潟県 八海山麓MTBパーク (八海山スキー場内)

DHコース・NYトレイルコース・デュアルスラロームと初級者から上級者まで楽しめるコースです。2021年度は5月9日よりDHコースからオープンとなります。デュアルスラロームは鋭意作成中ですので、オープン日はHPをご確認下さい。

【開設期間】5月下旬～10月末
【料金】コース利用料:300円/1人
軽トラック利用料:半日単位500円/1人(現在使用中止)
【所在地】新潟県南魚沼市荒金70
【問い合わせ】八海山麓サイクリングターミナル
☎025-779-3230
http://sunrockgurvi836.wixsite.com/mysite
(八海山麓MTBパーク)
【コースカテゴリー】DH、デュアルスラローム
【難易度】初心者～上級
【レンタル自転車】なし

千葉県 千葉県立幕張海浜公園

千葉県立幕張海浜公園内にある約660mの初心者向け周回コースと、ジャンプとスラローム・バンクが設けられた人工テクニカルコースが併設されたMTBスポット。

【開設期間】通年 8:30～17:30(駐車場)
【料金】無料(駐車料金600円/日)
【所在地】千葉県千葉市美浜区豊砂
【問い合わせ】千葉県千葉土木事務所
☎043-242-6106
【コースカテゴリー】XC
【難易度】初心者～中級
【レンタル自転車】なし

埼玉県 秩父滝沢サイクルパーク

埼玉県秩父市滝沢ダムに隣接する立地で、プロライダーが監修したバラエティ豊富なコースが魅力です。MTBコースはスラロームエリア・トレイルエリアを有し、XCコースのように周回することも可能。ダートジャンプコースを有するスキルアップエリアは難易度が4段階に設定されております。BMXコースは全日本BMX連盟公認の本格コースで、パンプの練習に最適です。クラブハウス内に売店あり。コースサイドではデイキャンプ気分が味わえ家族で楽しむことができます。

【開設期間】3月末～11月末、木曜休(祝日の場合は営業)
9:00～17:00
【料金】大人 1650円/1日、1100円/2時間
市外中学生以下 1320円/1日、880円/2時間
市民中学生以下 820円/1日、550円/2時間
※お得なシーズン券の販売あり
【所在地】埼玉県秩父市大滝2901
【問い合わせ】秩父滝沢サイクルパーク・大滝レイクビューハウス
☎0494-53-2121 http://chichibucyclepark.localinfo.jp
【コースカテゴリー】XC、トレイルライド、スラローム、DJ、BMX
【難易度】初心者～上級
【レンタル自転車】あり MTB・BMX:1100円/1時間
貸出時間:10時～12時、13時～17時

富山県 NIXSスポーツアカデミー サイクルパーク

自然の地形を活かしつつ障害物を設置した「クロスカントリーコース」、ジャンプ台やコーナー、バンク等がある起伏に富んだ「BMXコース」があり、キッズを含む初心者から上級者までのレベルに合わせたコース設定となっています。家族連れから、競技者や愛好者までが楽しむことができる施設です。

【開設期間】5月上旬～11月30日(火曜日、祝日の翌日は休み) 8:30～17:00 ※荒天時、コースコンディションにより、クローズの場合あり
【料金】無料
【所在地】富山県富山市八尾町桐谷16-2
久婦須川ダム周辺広場内
【問い合わせ】富山市スポーツ健康課 ☎076-443-2139
☎080-1961-0740(土日祝のみ・現地管理人)
【コースカテゴリー】XC、BMX
【難易度】XC(初級～中級)、BMX(初級～上級)
【レンタル自転車】土日祝日のみ無料レンタルあり(台数に限りあり)

新潟県 無印良品津南キャンプ場 MTBコース

信濃川の河岸段丘を見下ろしながらDHを楽しめるウグイスコースの他、鳥や昆虫の名前が付いた全4コース。

【開設期間】5月下旬～10月下旬
【料金】宿泊者は無料
【所在地】新潟県中魚沼郡津南町上郷寺石
無印良品津南キャンプ場内
【問い合わせ】MUJIアウトドアネットワーク
☎03-5950-3660(受付時間:月～金曜10:00～17:00、祝祭日を除く)
https://www.muji.net/camp
【コースカテゴリー】XC
【難易度】初心者～中級
【レンタル自転車】あり

新潟県 胎内平MTBエンジョイパーク

新緑と紅葉が美しいクヌギ林の中に作られた総延長3kmほどのコースです。特徴の異なるいくつかのセクションに分かれており、組み合わせ次第でビギナーから上級者まで楽しみ方に合ったルートを設定できます。利用にあたってはロイヤル胎内パークホテルでの年間登録が必要です。

【開設期間】降雪期以外、通年走行可能
【料金】年間登録料500円
【所在地】新潟県胎内市夏井
【問い合わせ】
ロイヤル胎内パークホテル ☎0254-48-2211
自転車の駅サガミ(佐上商会) ☎025-275-3369
https://trailtrotter.wixsite.com/tainaidairamtb
【コースカテゴリー】トレイル
【難易度】初級者～中上級者(キッズ向けコースあり)
【レンタル自転車】あり(e-MTBほか)

岐阜県
大杉MTBトレイルパーク

初心者や子どもが安心して楽しく走れるトレイルをコンセプトに、マウンテンバイクを購入して初めてダートで乗る人や幼児から中級者まで楽しめる10コース、全長2km以上。隣接する農産物直売所「ふるさと農園美の関」では、いちご狩りやBBQも楽しめます。東海北陸自動車道・関ICから10分。

【開設期間】3～10月:8時～17時、11～2月:9時～16時(雨天はクローズ)
【料金】無料(誓約書に入力必須)
【所在地】岐阜県関市大杉
【問い合わせ】岐阜MTBトレイルプロジェクト
http://www.gmtp.mystrikingly.com/
【コースカテゴリー】トレイル、スキルアップエリア
【難易度】初心者～中級
【レンタル自転車】あり(不定期・要確認)

無印良品南乗鞍キャンプ場 MTBコース

レンゲツツジコース、けものみちコースなど周回1.9～2.5kmまでのバラエティに富んだ全5コースが楽しめる。
※営業状況についてHPなどで最新情報をご確認の上ご来場ください。

【開設期間】5月下旬～10月上旬、8:00～19:00
【料金】宿泊者は無料
【所在地】岐阜県高山市高根町子ノ原高原
無印良品南乗鞍キャンプ場内
【問い合わせ】MUJIアウトドアネットワーク
☎03-5950-3660(受付時間:月～金曜10:00～17:00、祝祭日を除く)
https://www.muji.net/camp
【コースカテゴリー】XC
【難易度】初心者～中級
【レンタル自転車】あり

福井県
福井和泉MTB PARK

インターセプターコース:バンクだらけのスラロームコース。ショットガン:シングルトラックの中にリズムよくセクションがちりばめられ、MTB本来の楽しさが体感できる。V8コース:ゲレンデのうねりを利用した高速コース。定休日(金)以外の平日にご来場の方は、前日の20時までに下記問い合わせ先までご連絡ください。どなたからもご連絡が無い場合はクローズとなる場合があります。キャンセル料などはありませんので、お気軽にご連絡ください!

【開設期間】5月下旬～11月上旬、金曜休
【料金】4000円/日、1000円/回、レンタルバイク:4000円/日、1dayパック(一日券、レンタルバイク、レンタルプロテクター)のセット9000円
【所在地】福井県大野市朝日前坂27
【問い合わせ】eight(鶴山真樹 eight8-2016@hb.tp1.jp)
☎090-2123-4692
【コースカテゴリー】DH、DJ
【難易度】初心者～上級
【レンタル自転車】あり(台数に限りあり、要予約)

静岡県
はるの山の村MTBパーク

静岡県の浜松市天竜区にオープンした待望の常設MTBパーク。ファミリー向けに整備された入門者向けのトレッキングコースのほか、コース増設中。キャンプサイトもある為、個人からグループまでMTBのみならず、大自然の中でアウトドアライフを楽しめます。

【開設期間】営業日カレンダーを要確認
【料金】自転車持ち込みの場合:1500円/1日(走行料・保険料を含む)
自転車レンタルの場合(大人用):4500円/1日、1237円/1時間自転車レンタルの場合(子供用):3500円/1日、1000円/1時間 ※すべて税別
【所在地】静岡県浜松市天竜区春野町杉943-1
【問い合わせ】はるの山の村MTBパーク(はるの山の楽校内)
☎053-984-0311
https://haruno-yamanomura.jimdofree.com/
【コースカテゴリー】XC
【難易度】初心者～中級
【レンタル自転車】あり

岐阜県
ウイングヒルズ白鳥リゾート

お子さまやMTBが初めての方から、中上級者までが楽しめるよう、レベル別に4コースあり! 上りはリフト搬送でラクラク。レンタルMTBもあるので、気軽にチャレンジしてください。MTB以外にも、キャンプやBBQ、ナイトゴンドラ、天然温泉もあり、家族で一日楽しめるリゾートです。

【開設期間】5月下旬～9月下旬まで
休場日あり(詳しくはウイングオフィシャルHPへ)
【料金】ゴンドラ、リフト1日券:中学生以上5000円/小学生以下1500円、ゴンドラ+MTBレンタル1時間パック:中学生以上3900円/小学生以下2900円 ※レンタルは要予約
【所在地】岐阜県郡上市白鳥町石徹白峠山1-1
【問い合わせ】ウイングヒルズ白鳥リゾート
☎夏季 090-4163-5520
https://winghills.net/
【コースカテゴリー】DH
【難易度】初心者～上級
【レンタル自転車】あり

岐阜県
ROOKIES MTB PARK

名古屋市内からクルマで約1時間。コンパクトなエリアにはお子様専用のランバイクエリア、パンプセクション、ダートジャンプ、ショートダウンヒルなどアグレッシブなコースあり。お子様から大人まで、ファミリーで楽しめるのが魅力! ROOKIESの手作りパークをお楽しみください! 事前予約制です。

【開設期間】3月末～11月末(期間外はクローズ)
※新型コロナウイルス感染拡大防止のため、ご利用には事前予約が必要です。Webの予約方法に従ってメールにてご予約ください。営業日:土、日、祝、月曜日
【料金】3000円～4000円
【所在地】岐阜県土岐市鶴里町細野859
【問い合わせ】ROOKIES ☎052-802-9119
park@rookiesbike.com
http://www.rookiesmtbpark.net/
【コースカテゴリー】キッズ、ショートDH、DJ
【難易度】初心者～上級
【レンタル自転車】あり(予約制)

静岡県
御殿場MTB&RUNパーク FUTAGO

この施設は「関東圏からのアクセスの良さ」「初心者から上級者まで対応できる幅広のコース」「景観」「近くに宿泊・温泉・食事も堪能できる複合施設がある」といった魅力があり、年間を通して楽しむことができます。

【開設期間】通年
【料金】MTB:コース利用料金 1日/1200円(税別)
レンタルバイク貸出2時間/2000円(税別) 以降1時間毎1000円
RUN:1日/300円、レンタルシューズ(1足)1日/500円
【所在地】静岡県御殿場市二子275-2
【問い合わせ】MTBパークFUTAGO直通
☎080-4369-3061
http://www.tokinosumika.com/
【コースカテゴリー】ダウンヒル、クロスカントリー
【難易度】初級～中級
【レンタル自転車】e-bike※アシストあり/8台
MTB※アシストなし/4台

静岡県
Fujiyama Power-line Trail

東京電力が管理する送電線巡視路を利用したコース。日本国内のMTB専用コースとしては唯一無二のトレイルで、送電線下を7kmに渡って直線的に走破できる。自然の地形を生かした中級～上級者向けのコースとなる。ゴール～スタート地点までは舗装路の移動となるため、E-MTBでのライドに最適だ。

【開設期間】(4月～9月)9:00～17:00
(10月～3月)9:00～16:00
【料金】4000円 別途、協定店によるガイドツアー案内もあり。
※要予約制 詳しくはWEBサイトにてご確認ください。
【所在地】静岡県富士市桑崎1015(富士山こどもの国 草原の国オートキャンプ場駐車場)
【問い合わせ】東京電力パワーグリッド静岡総支社
fujiyamapowerline@tepco.co.jp
https://www.tepco.co.jp/pg/company/summary/office/shizuoka/MTB/
【コースカテゴリー】トレイル、XC
【難易度】中上級者コース(7km)、初級者コース(3km)
【レンタル自転車】なし

静岡県
ふもとっぱら MTBフォレストパーク

富士山麓の自然を丸かじりできる、エンターテインメント性に富んだ広大なMTBフィールド。

【開設期間】通年 9:00～16:00
【料金】走行料1000円(入場料・保険料込み)、小学生以下500円/日
【所在地】静岡県富士宮市麓156
【問い合わせ】ふもとっぱらMTBフォレストパーク
☎0544-52-2112
【コースカテゴリー】XC
【難易度】初心者
【レンタル自転車】あり

26ism（ニイロクイズム）あさぎりトレイル

愛知県

女性やビギナーの方はもちろん、キッズやファミリーで楽しめる緩やかなXCトレイルパーク!　コースは三河高原キャンプ村内にあり、バンクコーナーやキャニオンラン、ラダーに加えパンプトラックも楽しめます。

【開設期間】3月1日～12月15日　9:00～16:30
（受付15:30終了）、木曜定休5・7・8・10・11月は無休
【料金】大人1000円/日、小学生以下500円/日
※受付は身分証明書（学生証や運転免許証など）提示の上、三河高原キャンプ村の「朝霧荘」でお願いします。
【所在地】愛知県豊田市東大林町半ノ木2
三河高原キャンプ村
【問い合わせ】26ism ☎0565-90-3530
mtb26ism@hotmail.co.jp
http://www.26ism.com
【コースカテゴリー】XC～トレイル
【難易度】初級～中級
【レンタル自転車】なし

スラムパーク瀬戸

愛知県

会員制のオフロードパークです。ショートダウンヒルコース、パンプトラックには根っこや岩がなく、本格的な山の中で走るために必要なテクニックのスキルアップに適したコースとなっています。ヨツバモト（電動バイク）専用コースもオープンしました。

【開設期間】火・水・土・日・祝日
（HPにて8時頃告知、雨天時クローズ）
【料金】登録料:高校生以上3000円、中学生以下2000円
※年度毎に会員登録が必要、走行料:1000円、
日・祝日のみ軽トラ搬送あり1000円/日
【所在地】愛知県瀬戸市余床町618
【問い合わせ】スラムパーク瀬戸
☎090-6087-6747
http://srampark.com
【コースカテゴリー】パンプトラック、DH
【難易度】初級～中級（走行スピードによる）
【レンタル自転車】なし

26ism（ニイロクイズム）くらがりトレイル

愛知県

テクニカルかつ斜度のあるハードなトレイルパーク!コースはくらがり渓谷隣の山林地。下りが多いですが登りに自信がある方もチャレンジし甲斐あり。美味しい食事が駐車場すぐそばの各レストランで楽しめます!

【開設期間】1月15日～12月15日　9:00～16:30（受付15:30終了）
期間中無休（12～4月は電話で来場日時を事前に連絡）
【料金】大人（中学生以上）1500円/日・小学生1000円/日
（小学生は保護者同伴必要）
※受付は身分証明書（学生証や運転免許証など）提示の上、くらがり渓谷キャンプセンターにてお願いします。
【所在地】愛知県岡崎市石原町字牧原日影3-1
くらがり渓谷キャンプ場
【問い合わせ】26ism　☎0564-83-2057
mtb26ism@hotmail.co.jp
http://www.26ism.com
【コースカテゴリー】トレイル～エンデューロ
【難易度】中級～上級
【レンタル自転車】なし

新城富岡MTBコース

愛知県

1周8～10kmの景色がよい林道コース。登り、平坦、そして下りで1周となっている。

【開設期間】通年
【料金】無料
【所在地】愛知県新城市富岡
【問い合わせ】カントリーモーニング
☎0532-41-8882
【コースカテゴリー】XC
【難易度】初心者～上級
【レンタル自転車】なし

新城阿寺ダウンヒルコース

愛知県

リジッドでも楽しめるコース。他にもバーベQもできるのでFAMILYでCOME ON!

【開設期間】通年
【料金】1000円
【所在地】愛知県新城市阿寺
【問い合わせ】カントリーモーニング
☎0532-41-8882
【コースカテゴリー】DH
【難易度】初心者～上級
【レンタル自転車】なし

INABU BASE PROJECT

愛知県

名古屋エリアから約1時間半、愛知県豊田市の中山間地稲武にある、2020年にオープンした新しい自然の森の地形を活かしたトレイル。中山間地に移住した兼業トレイルガイドが乗り方からご案内します。

【開設期間】通年　月1～2回ツアー開催、完全予約制
【料金】半日:大人5000円/18歳以下～小学生3000円
一日:大人1万1000円/18歳以下～小学生5000円
入場のみ:一律 3000円（未就学児は無料）
【所在地】愛知県豊田市稲武地区
【問い合わせ】OPEN INABU実行委員会
info@open-inabu.main.jp
http://open-inabu.main.jp/
ブログ、ツアー情報:https://note.com/ibp
【コースカテゴリー】スキルアップループエリア、シングルトラック
【難易度】初心者～
【レンタル自転車】あり
大人3500円　KONAハードテールマウンテンバイク XS～L
子ども2000円（一律）ヨツバ　キッズ用マウンテンバイク 16インチ～
ヘルメットレンタル500円

勢和の森 マウンテンバイクパーク

三重県

名古屋から車で1.5時間、大阪からも2時間、勢和多気インターを降りて5分の距離にある勢和の森 MTBパーク。北京五輪MTB監督の西井匠氏とダウンヒル・アジアチャンピオン清水一輝氏がプロデュースした全長約5kmのUCI公認コースは初級・中級・上級の3つ。一角にはパンプトラックもあり、親子で 楽しむ方も多い。小中学生対象の「MTBの学校」を月に2回開催している。

【開設期間】通年　水・土・日・祝営業（年末年始を除く）
9:00～17:00
【料金】1日:500円
【所在地】三重県多気郡多気町古江1041-1　勢和台スポーツセンター
【問い合わせ】多気町スポーツ協会　☎0598-38-1131
http://cycling-taki.com/
【MTB体験・MTBの学校問い合わせ】地域資源バンクNIU
☎0598-49-4800
【コースカテゴリー】XC、トレイル、パンプトラック
【難易度】初級～ワールドクラス
【レンタル自転車】ガイド付きのレンタルサービスあり
詳しくは地域資源バンクNIUへ

GONZO PARK（ゴンゾーパーク）

三重県

ちびっこから誰でも楽しめるオフロード自転車パーク。オフロード自転車を基礎から練習するのにピッタリな各種コースあり。大人用MTBやBMX、キッズ用BMX各サイズおよびランバイクまで充実のレンタルバイクをご用意。ナイター営業あり（水曜日・土曜日は22時まで）。

【開設期間】通年（年末年始を除く）　月・金・日・祝10:00～18:00、火・木10:00～16:00、水・土10:00～22:00
※天候によって変更する場合があります。詳しくはホームページをご確認ください。
【料金】平日500円～1500円/日、土日祝1000円～2000円　詳しくはWEBサイトにてご確認ください。
【所在地】三重県桑名市西方小谷2411　スポーツマジック桑名内
【問い合わせ】スポーツマジック桑名　☎0594-23-8686
http://www.gonzopark.com/
【コースカテゴリー】BMXレースコース、スラローム、DJ、パンプトラック、ランバイクコース、フラットアスファルトエリア
【難易度】レジャー・初心者～初・中級者
【レンタル自転車】土日祝のみ予約制（平日は予約不要）。予約等はホームページからできます。

茶臼山高原スキー場ゲレンデ

愛知県

1kmのダートコース。リフトの営業時間は平日11:00～15:00、土・日・祝日9:00～16:30（季節によって変動あり）。レンタル受付は15:00まで。

【開設期間】4月～11月（5月7日～6月16日除く）、木曜休（夏休み期間無休）
【料金】レンタルMTB:1000円/h、リフト1回:1名・MTB1台800円
【所在地】愛知県北設楽郡豊根村
【問い合わせ】茶臼山高原スキー場
☎0536-87-2345
http://www.chausuyama.jp/
【コースカテゴリー】DH
【難易度】初心者～中級
【レンタル自転車】あり（15台）

山口県 十種ヶ峰ウッドパーク マウンテンバイクパーク

スキー場ゲレンデおよび周辺での初めての山道体験コースや、大会で使用するセクションを含む本格コースがセットされており、マウンテンバイクを楽しく利用できるフィールドです。シャワー、食堂、BBQ設備、日帰りキャンプ、オートキャンプのご利用が可能です。 ※施設、コース利用につきましては事前のご予約が必要です。

【開設期間】3月中旬～11月末頃(天候により変動)
【料金】1日:3600円、1回:510円、シーズン券:3万8000円
【所在地】山口県山口市阿嘉年下1505-1
【問い合わせ】十種ヶ峰ウッドパーク
☎083-958-0547
☎083-958-0809
http://woodpark.jp/mauntenbaik/hp/mtbpark.htm
【コースカテゴリー】DH
【難易度】初級～上級
【レンタル自転車】あり(2100～3750円)、キッズ(500円～)ヘルメット、プロテクターレンタル別途周辺散策用の公道走行車のレンタルもあり(1200円～)

広島県 スポーツランドTAMADA

1周1000mのXCコース、300mのDHコースの他パンプトラックやMTB向けトライアルコースがある。

【開設期間】通年 9:00～17:00、火曜休
【料金】入場料:車1台につき500円(乗車人数に関わらず)、コース走行料:500円/4h、1000円/日
【所在地】広島県広島市安佐北区大林町2137-2
【問い合わせ】
スポーツランドTAMADA ☎082-818-7198
http://www.sl-tamada.com/
【コースカテゴリー】XC、DH、パンプトラック
【難易度】初心者～中級
【レンタル自転車】なし

大阪府 デコボコバイクパーク

初心者から中級者向けのコースで、キッズバイクでも走行できます。半年かけて、たくさんのボランティアの方と一緒に手作りしました。団地に囲まれた緑豊かな公園内にあり、カフェ、図書館、キャンプサイト併設です。駅から近く、駐車場もあるためアクセスも良好。コースは随時改修・増設を計画中ですので、お楽しみに!

【開設期間】
夏季10:00～17:00
冬季10:00～16:00
【料金】無料
【所在地】大阪府堺市南区若松台2丁 大蓮公園内
【問い合わせ】https://theparkohasu.com/
【コースカテゴリー】パンプトラック
【難易度】初心者～中級者
【レンタル自転車】なし。ただし、イベント時には実施する場合もあります。

福岡県 ワイルドパーク

福岡県嘉麻市にある常設のスキルアップコースです。ちびっ子をはじめ初心者から上級者まで幅広く楽しめます。福岡市内及び北九州市内まで約1時間で行ける距離です。是非遊びに来てください! 定期的にコースを増設したり、新設エリアを計画中です。少しずつ拡張しています!

【開設期間】通年(会員のみ)/1DAYは管理人常駐日or会員同伴のみ
【料金】1日:500円 年間会員:5000円、ファミリー会員5000円+人/1000円
【所在地】福岡県嘉麻市牛隈目クラ谷607-1
【問い合わせ】https://mtbmbtbtm.wixsite.com/wild-park
【コースカテゴリー】XC/DJ/パンプトラック
【難易度】初級～中級～上級者
【レンタル自転車】なし

愛媛県 八幡浜市民スポーツパークMTBコース(愛媛県八幡浜市若山)

4300mのXCコースでは、JCF公認Coupedu Japon MTB八幡浜インターナショナルクロスカントリーレース(UCI [Class1]及びJCF公認)を毎年5月に開催している。併設の1周約350mのXCスキルアップコースは、初心者から上級者まで楽しめるコースレイアウト。レンタルバイクは20～29インチと幅広いサイズがあり、親子でも楽しめる。コース利用は基本的に自由。

【開設期間】通年 9:00～16:00、年末年始(12月28日～1月4日)休業
【料金】無料(ただし大会開催などで多目的グラウンドを使用する場合は有料)、レンタル:大人200円/日、中学生以下100円/日
【所在地】愛媛県八幡浜市若山
【問い合わせ】八幡浜市教育委員会生涯学習課社会体育係
☎0894-22-3111
http://www.facebook.com/city.yawatahama.MTB
【コースカテゴリー】XC、XCスキルアップコース
【難易度】初心者～上級
【レンタル自転車】あり

山口県 グリーンステイながうらナ・パリコーストMTBコース

施設全体が高台にあり、瀬戸内海を臨むロケーションで走行できる。前半がショートトラック風コース、後半が林間ジープロードの緩やかなDHセクション。周回できるためXC的な乗り方も可能。年2回レースを開催。
※林間コースは現在一時閉鎖中のため、初心者向けの周回コースのみ使用可能です。念のため、お越しいただく前にお問い合わせください。

【開設期間】通年 9:00～日没(16:30 最終受付)、火曜休(祝日の場合翌日)
【料金】自転車持ち込み:200円、レンタル:520円(コース使用料込み)
【所在地】山口県大島郡周防大島町椋野1144-1
【問い合わせ】グリーンステイながうら
☎0820-79-0021
http://www.green-stay-nagaura.net/
【コースカテゴリー】DH、DJ
【難易度】初心者～上級
【レンタル自転車】あり

MTB FIELD LIST

宮崎県 川原自然公園MTBコース

初心者から中級者まで楽しめるショートコースとミドルコースを公園内に常設。毎年11月第1日曜日に行われる4時間耐久レースのコースを一部走ることができる。

【開設期間】通年(7、8月はショートコースのみ)、年末年始休園
【料金】入園料:100円、持ち込み:300円/2h、レンタル:1000円/2h(コース代込み)
【所在地】宮崎県児湯郡木城町大字川原476
【問い合わせ】川原自然公園(9:00～16:30)
☎0983-32-4122
【コースカテゴリー】XC
【難易度】初心者～中級
【レンタル自転車】あり

熊本県 セキアヒルズMTBコース

元動物公園遊歩道を改修したMTBコース。現在も開発中で約3kmの林間、山間コースとなっている。ホテルのレストランや温泉も使用可能。MTBコースは無料でご利用いただけますが、ご利用の際は必ずホテルセキアにて申し込みをお願い致します。また終了時にもホテルセキアまでお越しください。

【開設期間】10:00～17:00 ※天候、貸切イベント等により、予告なく走行できない場合がございます。
【料金】期間限定・無料オープン(ただし、大会等開催の場合は有料)
【所在地】熊本県玉名郡南関町セキアヒルズ
【問い合わせ】ホテルセキアセールスプロモーション
☎0968-69-6111(ホテルセキア内)
http://www.sekiahills.co.jp/
【コースカテゴリー】XC
【難易度】初心者～中級
【レンタル自転車】あり(有料)

第2章
日本における
マウンテンバイカーの
歩みと現状

(1)MOUNTAINBIKE THEN & NOW

(2)マウンテンバイカーに関する各種データ

(3)日本のマウンテンバイカー一斉調査

(4)フィールドの維持管理に一役買うMTB関連組織の実績

(5)日本におけるMTB関連のメディア事情

MOUNTAINBIKE THEN & NOW
～MTBが生まれた時代背景～

鈴木英之
edgefotos

MTBが世界に広まった1980年代、日本におけるアウトドア遊びはまだ一般的ではなく、MTBはほぼ無名に近い存在だったが、海外においては日本製の自転車やパーツが大人気。そして90年を目前にして、日本でアウトドアツールが注目されるようになると、〝メイドインUSA〟のMTBやパーツは、高感度な「ホンモノ」志向の好事家に注目されるようになる。

日本がMTBの誕生に一役買っていた!

1970年代後半に、北米、ヨーロッパの山々でほぼ同時に始まった「山の未舗装路を下る遊び」。ビーチクルーザーや頑丈な実用車を改造して作られた山遊び用自転車は、やがて「マウンテンバイク/MTB」と命名され、今に至る。1940年代の実用車をベースにした初期の「MTBもどき」は、すぐ軽さや高い耐久性と走行性能を求める若者によって手製のオリジナルフレームに取って代わり、評判を聞きつけた友人達の求めに従って10本が20本と増え、次第にビジネスへとつながっていく。この時製作を担当したジョー・ブリーズ、トム・リッチーは、MTBビルダーの祖として世界的に有名となった。またモーターサイクル関連のコンストラクターもMTB製造に乗り出し、小規模ながら先進的で高性能な〝メイドインUSA〟バイクを作り出し、日本でも高い人気を集めるようになる。

スペシャライズドの基礎を築いたオリジナルのスタンプジャンパー（1981モデル・左）。その名称は今も引き継がれている（2019モデル・右）。

いっぽうMTBの量産化に注目して開発を進めていたスペシャライズドは、1981年に〝世界最初の〟量産型MTBスタンプジャンパーを発売するのだが、この製造を受け持ったのが、日本の自転車メーカーだったというのはよく知られている。またトム・リッチーが自社ブランドバイクの生産を委託していたのも日本の自転車メーカー。このように80年代、世界中に広まったMTBの多くは〝メイド・イン・ジャパン〟であり、当時の日本の自転車産業は、低コストかつ高品質なMTBのOEMとして隆盛を誇っていた。

またMTBにかかせない変速機やドライブトレインなどのパーツも、1971年にアメリカで提唱されたバイコロジー運動によって、それまで主な供給元だったヨーロッパ製品が不足となり、安価で高品質な日本製品がアメリカ市場を席巻していく。

この後、1985年のプラザ合意による急速な円高によって、日本の工業製品は国際的な競争力が次第に低下。アメリカの自転車、パーツメーカーはOEMを台湾に移していくことになる。

ここでは、こうしたMTBが世に出た直後から、MTB製品の輸出入に関わり、今日までMTB産業を支えてきた人物に、当時の事情そしてこれからを語ってもらった。

1981モデルのコンポーネントは、サンツアーARXフロントディレイラーにフランスTA社のクランク、ボトムブラケットはタンゲという日仏ミックス。

MOUNTAINBIKE
THEN & NOW

アウトドア・レクリエーションとしてのMTB

1977年、海外のアウトドア用品を輸入販売する会社として創業した株式会社エイアンドエフ。日本のアウトドアショップの草分け的な存在として全国的な知名度を誇るこの会社の創業者、赤津孝夫さんは、写真家として活動したのち都内の銃砲店に勤務。その後独立開業して現在に至る。長野県に生まれ10代から登山やサイクリングに親しみ、成人後は海外に足を運んでは、ハンティングや釣りを楽しんだ赤津さんがMTBを知るきっかけは、バックパッキング。

「当時(70年代)は、為替が固定相場だったり、個人で外国に渡るのはいろいろ大変ではあったんですが、釣り道具やハンドクラフトのナイフに惹かれて、アウトドアショップや展示会を見て回りました」

アウトドアカルチャー発祥の地アメリカでも、まだその兆しは芽生えたばかりで、展示会も釣りや狩猟が中心。こうした中で、ヒッピームーブメントからバックパッキングが生まれ、今も人気のアウトドアブランドの誕生をリアルタイムで体験したという。そしてバックパッキングムーブメントから、よりカジュアルなアウトドア・アクティビティが生まれたことで、日常生活に自然を取り入れるライフスタイルが人気となっていく。

「70年代に、動力に頼らず自然を敬って接する。そういう運動*があって、ランドナーが広まり、やがてMTBになっていきました」

そうしたアウトドアカルチャーを目の当たりにして、自分の店でも扱おうと、展示会を回っては資料集めて一から学んだという。

「当時はクロモリフレームが中心。私はアルミ素材を使ったクライン。そしてアメリカンバイシクル。チタンを扱うことにしました。そうしたら『日本の自転車業界をかきまわすのか』って牽制されたり(苦笑)。MTBはアウトドアスポーツの中でも新しいわけですから、興味を持つ人も新しもの好き。そしてメカニカルな美しさに惹かれた人も多かったですから、完成車よりもフレームから組み上げるためのカスタムパーツにも力を入れました」

日本に限らず世界のアウトド

株式会社エイアンドエフ 会長
赤津孝夫氏

長野県塩尻市に生まれ、山遊びに親しみ、大学卒業後、プロカメラマンを経てアウトドア製品を扱うA&Fを設立。「モノだけでなく文化も輸入する」という考えから、アウトドア関連書籍を扱い、販売した製品のリペアも行なうなど環境問題にも取り組む。2013年から会長職に就く。

2020年からバイシクル部門を事業部として展開。責任者の柴田さんもエイアンドエフの扱うブランドに憧れをもって育った世代だ。

チタンとカーボンパイプで作られたラレーのMTBは、ライダーのジョン・トマックの人気も手伝い、マニア垂涎のモデルとなった。

アシーンは、自転車も含めてヨーロッパが主流だったのが、新しいモノを積極的に取り込んでいくことに躊躇のないアメリカンスタイルへと変化していく。

　最近は何回目かのアウトドアブーム、キャンプブームだが、こうした風潮について尋ねると、やや厳しい言葉が返ってきた。

「多くの人が山に入ることには危機感を覚えます。道具が進化しても自然はいつ何時変化するかわかりませんから、道具をいかに使いこなすか、そして山に入る心構えと装備がいい加減なのは危険だと知って欲しい。ハイカーとMTBに加えてトレイルランナーとの軋轢も表面化しています。こうした問題に向き合って解決していかないことには、日本にのアウトドアの文化は生まれませんし、何年かごとの「流行り」で終わってしまいます。そもそも、皆が同じところに行くから、問題が大きくなるのではないでしょうか？　日本にはまだ自然がたくさんあって、知られていないトレイルもあると思います。海外のように自治体も巻き込んで、ハイカーとMTBが同じ山の違うコースを使えるような取り組みもしていく必要があるでしょうね」

MTBブームの初期からセールスを担当した北本さんとマーリン・チタニウムと共に。

*アメリカ・カリフォルニア州サンタバーバラで提唱されたバイコロジー（Bikecology）運動

MOUNTAINBIKE THEN & NOW

日本の技術が後押しした MTBムーブメント

トピークやマキシスタイヤ、フィニッシュラインの輸入元として知られるマルイの現社長、丸井繁樹さんは、MTBが姿を現わした80年代から、レースを軸にした製品開発とプロモーションを精力的に展開。日本のMTBレーサー達が海外参戦する際には、メーカーの枠を越えて助力するなど、現場を離れた今も慕われる存在。

「私が今の仕事に関わったときは、BMXが急成長*している途中で、まだMTBという名前すら知らない人が多かったですね。サンフランシスコがMTB発祥の地として有名ですが、私が拠点としたロサンゼルスの田舎のほうでも、何か山の中で面白い乗り物で遊んでる連中がいて、そうした連中はビジネスにするよりも、ただ新しい遊びに夢中でした。向こうでは、強いBMXレーサーと契約して製品開発やプロモーションをしていく手法を確立。それをMTBでも実行するときに、BMXで出来た繋がりでジョン・トマック**を紹介され、彼と契約しました。ドロップハンドルでMTBレースを走ったり、空気抵抗を減らすスキンスーツを着て走るとか、良さそうなこと、新しいことを試すのにためらいがない人でしたね。また私の会社は、まだ完成車販売が軌道に乗る前のスペシャライズドのビジネスパートナーとして、タイヤの開発から製造そして輸出手配をしていましたが、その次がバイクにつけるパーツの開発と製造。MTB専用パーツという、誰も経験がないものを、アメリカ側と意見交換しながら作り出していくプロセスでノウハウを蓄え、自社製品の開発を始めました」

こうしてBMXブランドから、MTBへと路線を拡大した自社ブランド、タイオガは〝ジョニーT〟の名声とともに、アメリカ発のブランドとして世界中に広まっていき、ヨーロッパでも、サポートをうけたチームが優勝争いの常連となるなど、MTBレースの隆盛を支えた。2000年以降は、先鋭的な製品開発から、より幅広い自転車関連商品の開発、ブランディングに取り組んでいるが、日本で再びMTBが注目されていることについてどう感じているのか尋ねた。

「アメリカって国が若いですか

株式会社マルイ 代表取締役社長
丸井繁樹氏

1897年創業の貿易商社マルイの創業家に生まれ、大学卒業後の1982～83年アメリカに駐在。日本の自転車産業とアメリカの完成車メーカーの橋渡しや、BMX／MTBレースを通じたレース文化に貢献。2019年より社長に就任する。

* オートバイ競技モトクロスに憧れた子供達が、自転車でマネをした遊びが起源。1973年にはレース統括団体NBAが誕生。
** 1980年代から2000年にかけ、BMXレース出身のMTBレーサーとして"ジョニーT"の愛称で絶大な人気を誇った。

世界の頂点を競うライダー達をサポートするため、現地では技術サービスを展開。アライ大会では丸井社長自らタイヤに手を加えた。

1998年から2001年にかけて新潟県新井市（現在は妙高市に編入）で開催されたUCIワールドカップ。現在に至るまで、国内でこれだけ観客が集まったMTBレースはない。

ら。その中から生まれた文化にすごくこだわりを持つというか歴史を大事にするので、死に体にはならないんです。20年くらい前のような日本のMTBブームは、急に成長しすぎて人も環境も育つ余裕がなかった。今の流れも似ているような気がします。山のルールを子供の頃から学習できるかどうか？ も海外との大きな違いでしょう。特にMTBは山の新参者で『なぜそうなるのか？ それをしてはいけないのか？』を学ぶ機会が少ない。ハイカーの側にも言えることですが、異なる嗜好やグループを排除するのではなく、折り合いをつけ共有するための手段を、学校や社会全体で学ぶ環境づくりが必要になってくると思います」

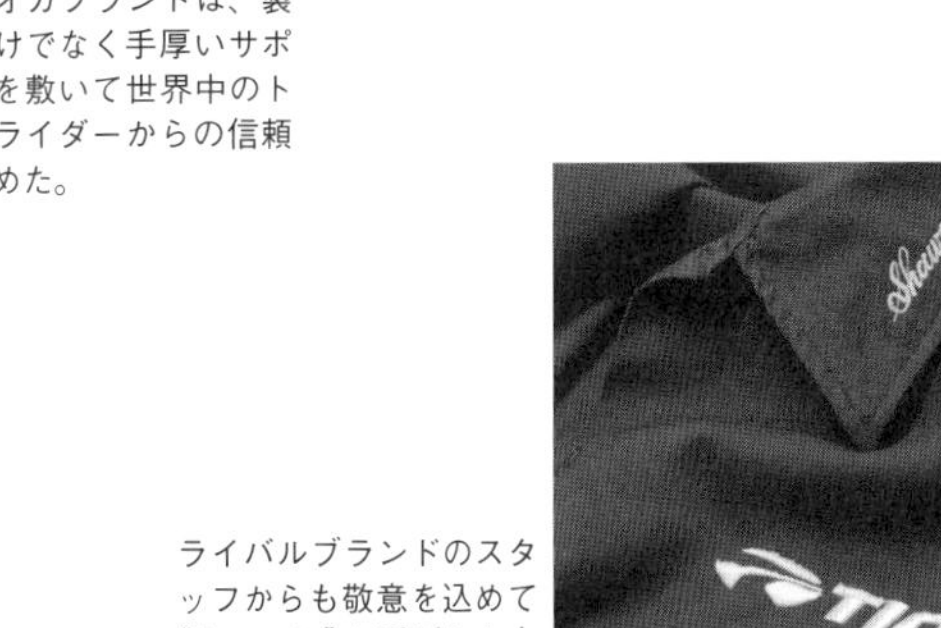

タイオガブランドは、製品だけでなく手厚いサポートを敷いて世界中のトップライダーからの信頼を集めた。

ライバルブランドのスタッフからも敬意を込めて“ショーン”と呼ばれた丸井社長愛用のシャツ。

マウンテンバイカーに関する各種データ

「マウンテンバイカー」や「MTB」というカテゴリーでの公式な統計は、他の野外スポーツと同様にほぼ見当たらない。ここでは、本書の企画を通じて集約した各種データを、一覧の形で整理する。

本書の第1章で紹介された各活動を一覧で。健全な野外フィールドを求めるマウンテンバイカーとして、或いはMTBを通じた地域活性化を目指す者として、身近な活動にコンタクトを取れば、きっと歓迎してくれるはず。

地域活性化を通じたフィールド確保を志すガイドツアー事業

活動団体名(都道府県コード順)	活動地域	活動情報
バイクライフサポートシステム(blss)	埼玉県秩父郡長瀞町	来客多数
Doshi Deer Trail	山梨県南都留郡道志村	来客数38名(年間)
長元坊バイシクルツアーズ	長野県上田市	来客数100名程度(年間)
のりくら観光協会・ノーススター	長野県松本市乗鞍高原	来客数450名(年間)
TRAIL CUTTER	長野県伊那市長谷	来客数1000名程度(年間)
YAMABUSHI TRAIL TOUR	静岡県松崎町・西伊豆町	来客数1500名前後(年間)
TRAIL ON(トレイルオン)	鳥取県鳥取市鳥取砂丘周辺	来客多数
阿蘇くじゅうサイクルツアー	九州・阿蘇くじゅう国立公園	来客数150名(年間)

マウンテンバイカーの野外でのフィールド作りにはお金がかかる。企業や自治体が、大々的にコース・トレイルビルドに資金を投じる海外よりは限られるものの、日本にも関連の助成制度は増えつつある。ぜひ自分達の取り組みにあった助成を活用して、持続的なフィールド確保の足掛かりとしよう。

MTBのフィールド確保に利用できる助成制度

名称	主催者(団体)	助成内容
MTBフィールド助成金制度(2018、2019年実績)	一般社団法人自転車協会	新設及び増設を行うフィールドに対して当該費用の二分の一もしくは100万円のいずれか金額の低い額を上限とする。 既存コースのみを運営するフィールドの場合、当該費用の二分の一もしくは50万円のいずれか金額の低い額を上限とする。
スポーツ振興くじ助成 総合型地域スポーツクラブ活動助成	日本スポーツ振興センター	スポーツ振興の目的において、募集要項の条件に当てはまる自治体もしくは団体の活動における経費の一部
自転車競技普及事業への助成金交付	公益財団法人 日本競輪財団	審査のもと、必要経費に応じて助成金額を決定
森林・山村多面的機能発揮対策交付金	林野庁	一定の条件を満たした活動組織の活動内容(タイプ)に応じた活動資金
緑の基金	公益社団法人 国土緑化推進機構	条件を満たす事業に対して上限200万円
公益信託富士フィルム・グリーンファンド	一般社団法人 自然環境研究センター	助成総額は850万円、助成件数は8件程度。申請された所要額を査定の上で申請内容や助成金の使途を踏まえて決定。
ブリヂストンBSmile募金	公益社団法人 日本フィランソロピー協会	1団体につき100万円
TOYO TIRE グループ環境保護基金	公益社団法人 日本フィランソロピー協会	1年間の事業活動につき、上限150万円
SDGs貢献プロジェクト	公益社団法人日本フィランソロフィー協会	条件を満たす活動団体に対して上限200万円
アウトドア環境保護基金	一般社団法人 コンサベーション・アライアンス・ジャパン	一回当たり上限50万円
スペースキー基金	一般財団法人 アウトドア・フィールド・ファンド	要問合せ
一般助成	公益財団法人 十六地域振興財団	事業活動に要する経費に対し、財団が必要と認めた金額 また、NPO法人については上限10万円
広域周遊観光促進のための観光地域支援事業	観光庁	観光地域づくり法人(登録DMO)または地方公共団体に対し・調査・戦略策定(定額:上限1000万円)・滞在コンテンツの充実、広域周遊観光促進のための環境整備(定率:事業費の1/2)
地方スポーツ振興費補助金	スポーツ庁	補助対象事業者は、都道府県及び市町村である 補助金額は申請件数に伴い予算の範囲内で決定される
地域発元気づくり支援金(長野地域)	長野県	補助限度額:補助額の下限30万
国際競争力の高いスノーリゾート促進事業	観光庁	補助対象経費の1/2以内
既存観光拠点の再生・高付加価値化推進事業	観光庁	・事業者連携型(⑤実証実験:補助上限額2000万・自治体・DMO型(⑤公的施設の観光目的での利用のための民間活力の導入、及び⑦実証実験:ともに補助上限額2000万)
国立公園等資源整備事業費補助金	一般財団法人 環境イノベーション情報機構	規定の交付率により、審査のうえで決定
経済活動助成事業(助成金)	一般財団法人 自治体国際化協会	主に国内で行う事業に対しては1事業当たり300万
新たなインバウンド層の誘致のためのコンテンツ強化・地域資源磨き上げ事業に係る観光振興事業費補助金	観光庁	アドベンチャーツーリズムの推進のために必要な建物の改修、設備の購入に係る事業を行う間接補助対象事業者への補助率は1/2、上限500万

地域貢献を軸にフィールド確保を目指すマウンテンバイカーの活動団体

活動団体名(都道府県コード順)	活動地域	活動情報
羊蹄MTB クラブ	北海道羊蹄山麓周辺	整備有志10名程度、年間活動日数20日前後
福島県マウンテンバイク協会	福島県内	合計30～40名参加、休日など
奥武蔵マウンテンバイク友の会	埼玉県奥武蔵地域	会員数100名、年間活動20数回
房総森輪会	千葉県房総半島	会員数30名、月数回の活動
西多摩マウンテンバイク友の会	東京都西多摩地域	会員数270名、年間活動日数80日以上、のべ1000人以上参加
町田マウンテンバイク友の会	東京都町田市小山田周辺地域	会員40名程度、月数回の活動
まちさが里山サイクリングの会	東京都町田市、神奈川県相模原市ほか	コアメンバー7名、イベント参加25～30名
里山MTBみうら	神奈川県三浦半島地域	メンバー5名、月数回の活動、二子山山系自然保護協議会と連携
三浦半島マウンテンバイククラブ	神奈川県三浦半島地域	会員数50名超、月1回の活動
秦野ホイールクラブ	神奈川県秦野市	メンバー20～30名程度、月1回の活動
新潟県央トレイルクラブ	新潟県三条市周辺	メンバー30名程度、休日など、のべ100名以上参加
上越バイシクル協会・上越マウンテンバイク友の会(名称変更予定)	新潟県上越市周辺	メンバー各30名程度、休日など
金澤 Trail-bike Organization	石川県金沢市及び近郊地域	会員数40名以上、休日など年間20数回活動
南アルプスマウンテンバイク愛好会(一般社団法人南アルプス山守人)	山梨県全域、南アルプス市	会員数109名、年間活動日数70日以上
S-TRAIL	静岡県静岡市清水区	会員数40～50名、フィールド管理者6名、休日など(10～5月)
つくでMTB	愛知県新城市作手周辺	整備有志10～20数名、スクール参加者40～50名(毎月)
箕面マウンテンバイク友の会	大阪府箕面市山麓部及び新稲の森	会員数270名超、毎月定期清掃活動30名以上参加、みのお山麓保全委員会等と連携
矢田丘陵MTB共生の会	奈良県矢田丘陵	メンバー20名程度、休日など
鳥取マウンテンバイク友の会	鳥取県鳥取市、八頭郡ほか	メンバー10数名、年間活動日数30日程度
福岡マウンテンバイク友の会	佐賀県佐賀市富士町	メンバー30数名、年間活動日数20～30日、レース(ちやのきエンデューロ)参加者250名前後

地域に根差したMTB公共フィールドの維持・管理

名称	所在地	情報
ban.K TRAILS	さっぽろばんけいスキー場 北海道札幌市中央区	来客数3700名程度(年間)、整備メンバー1～2名
いばらきMTBネットワーク 常陸太田里みちMTB倶楽部	茨城県常陸太田市・日立市	来客多数(MTBコース・トレイル)、レース(うっかり八兵衛カップ)参加者200名前後、整備メンバー5～10名
高峰山MTBプラス(高峰山MTBワールド)	茨城県桜川市平沢872	現在、高峰山MTBプラスとして新事業を開始
栃木県マウンテンバイク協会	栃木県内全域	来客数(MTBコース)数千人程度(年間)、協会メンバー12名、Facebookを通じた整備協力者多数
スマイルバイクパーク	東京都稲城市坂浜734	来客多数、整備メンバー3～4名
Forest Bike	神奈川県小田原市荻窪　辻村山林内	来客数数千人程度(年間)、整備メンバー・登録インストラクター10名
角田浜トレイル管理室	新潟県新潟市西蒲区角田浜	1日あたり10数名前後来場、整備メンバー数名
ふじてんリゾート・マウンテンバイクパーク	山梨県南都留郡鳴沢村	来客多数、専門事業に委託しての整備
トレイルアドベンチャー	よこはま:神奈川県横浜市旭区上白根町1425-4 フジ:山梨県南都留郡鳴沢村字富士山8545-1 吉野ヶ里:佐賀県神埼郡吉野ヶ里町三津2753-375アドベンチャーバレーSAGA内	来客数数千人程度(年間)、専属スタッフ5名
白馬のMTBフィールド	長野県白馬村一帯	来客数約1万人(白馬岩岳MTB PARK)、整備スタッフ数名(白馬岩岳MTB PARK)
C.A.B.TRAIL のってみらっし(ストライダーコース)	長野県伊那市西箕輪「みはらしファーム」内	来客多数、専門事業に基づく運営
国営アルプスあづみの公園 マウンテンバイクパーク	国営アルプスあづみの公園 大町・松川地区 長野県大町市常盤7791-4	来客数8千人以上、レンタルバイク利用者数6千人前後、専門事業との業務提携を通じてコース管理
富士見パノラマMTB パーク	長野県諏訪郡富士見町富士見6666-703	来客数2万人前後(MTBのみ)、関連スタッフ20名程度
DKFREERIDE MTB LOGIC	静岡県静岡市沼津市足高 愛鷹運動公園内、山梨県等	来客多数、専門事業に基づく運営
かかみ野MTBクラブ	岐阜県各務原市各務車洞、各務野自然遺産の森	メンバー30名程度(整備・イベントスタッフ担当)、レースイベント(かかみ野MTBフェスティバル)参加500名前後
M-Trail	京都府南丹市美山町島朴ノ木8(美山里山舎)	来客数500名前後、整備メンバー数名
ゆぶね MTB Project	ゆぶね TOPEAK MTBパーク 京都府相楽郡和束町湯船	来客多数、専門事業に基づく運営
吉無田MTBクラブ	吉無田高原緑の村 熊本県上益城郡御船町	来客多数(MTBコース)、整備メンバー10名、年間活動30～40回程度

マウンテンバイカーに関する各種データ

新型コロナの蔓延以前の2019年は、日本各地で以下のような公益財団法人日本自転車競技連盟(JCF)によるMTBの公認レース(大会)が開催された。本書で紹介される地域連携活動も、これらのレースにフィールドを提供している。

MTBの公認レース(大会)

大会名	開催場所	開催日程	主催	共催	カテゴリー
Coupe du Japonくまもと吉無田 XCO CJ-1, XC#1	熊本県上益城郡御船町 吉無田高原緑の村	2019.4.13~4.14	御船町 CJくまもと吉無田実行委員会		クロスカントリーオリンピック競技
Coupe du Japonびわ湖高島XCO CJ-1, XC#2	滋賀県高島市 朽木スキー場TIOGA MTBコース	2019.5.4~5.5	NPO法人IBO.Japan	滋賀県自転車連盟	クロスカントリーオリンピック競技
Coupe du Japonやわたはま国際XCO CJ-UCI1, XC#3 (Asian series+UCI Junior Series)	愛媛県八幡浜市 八幡浜市民スポーツパーク マウンテンバイクコース	2019.5.25~5.26	八幡浜MTB実行委員会	八幡浜市	クロスカントリーオリンピック競技
Coupe du Japon CJ-2 XCC&XCE in 前橋	群馬県前橋市 岩上緑地	2019.6.1~6.2	XCC&XCE in 前橋事務局		クロスカントリーエリミネイター、クロスカントリーサーキット
Coupe du Japon MTB 石川/白山一里野温泉大会CJ-1 XCO#4	石川県白山市 白山一里野温泉スキー場	2019.6.15~6.16	Coupe du Japon MTB石川大会実行委員		クロスカントリーオリンピック競技、クロスカントリータイムトライアル
Coupe du Japon 妙高杉ノ原CJ-2 XCO	新潟県妙高杉ノ原 妙高杉ノ原スキー場	2019.6.22~6.23	杉ノ原実行委員会(杉野沢観光協会内)	NPO法人 IBO.Japan	クロスカントリーオリンピック競技
Coupe du Japon UCI Class3 富士見パノラマ大会 CJ-UCI, C3 UCI Junior Series XC#5, DH#1	長野県富士見市 富士見パノラマリゾート、富士見パノラマMTBパーク	2019.6.28~6.30	ジャパンシリーズ富士見パノラマ実行委員会		クロスカントリーオリンピック競技、ダウンヒル
第32回全日本マウンテンバイク選手権大会	秋田県仙北市 田沢湖スキー場 秋田県田沢湖スポーツセンター	2019.7.19~7.21	公益財団法人自転車競技連盟		クロスカントリーオリンピック競技、ダウンヒル
JOCジュニアオリンピックカップ/全国ユース選抜 CJ-2	長野県白馬村 白馬クロスカントリー競技場スノーハープ	2019.8.3~8.4	全国ユース選抜マウンテンバイク大会実行委員会		クロスカントリーオリンピック競技
Coupe du Japon白馬国際 XCO CJ-UCI C3 XC#6	長野県白馬村 白馬クロスカントリー競技場スノーハープ	2019.8.10~8.11	白馬さのさかマウンテンバイク実行委員会		クロスカントリーオリンピック競技
Coupe du Japonウイングヒルズ白鳥大会 DH#2 CJ-1	岐阜県白鳥町 ウイングヒルズ白鳥リゾート	2019.9.14~9.15	Coupe du Japonウイングヒルズ白鳥リゾート大会実行委員会		ダウンヒル
Coupe du Japon 国際妙高杉ノ原Stage XCO/DH CJU C3 XCO#7 DH#3(ダウンヒルは天候不良のため中止)	新潟県妙高杉ノ原 妙高杉ノ原スキー場	2019.9.21~9.23	杉ノ原実行委員会(杉野沢観光協会内)	妙高観光局、杉野沢観光協会、NPO法人 IBO.Japan	クロスカントリーオリンピック競技、ダウンヒル
Coupe du Japon 深坂国際 XCO CJU C3 XCO#8	山口県下関市 深坂自然の森	2019.9.28~9.29	クロスカントリーレース深坂自然の森実行委員会	下関市	クロスカントリーオリンピック競技
Coupe du Japon XCO CJ2 XCC&XCE in 川越	埼玉県川越市 川越オフロードビレッジ	2019.10.19~10.20	XCC & XCE in前橋・川越実行委員会		クロスカントリーエリミネーター、クロスカントリーサーキット
Coupe du Japon やまぐち十種ヶ峰国際 DH CJ UCI-C1 DH#4, Asian Series	山口県山口市 十種ヶ峰MTBパーク	2019.10.26~10.27	山口エリアサイクルイベント実行委員会		ダウンヒル
Coupe du Japon 京都ゆぶね XCO CJ-1 XC#9	京都府和束町 湯船森林公園内「湯船TOPEAK MTB LAND」	2019.11.9~11.11	和束町	京都府自転車競技連盟、NPO法人IBO.Japan	クロスカントリーオリンピック競技

MTBレースとして人気のエンデューロシリーズ(ENS)は、2019年の時点で数多く開催されている。

MTBのENS(エンデューロシリーズ)レース

大会名	開催場所	開催日程	主催	運営	クラス(定員総数)
ENS Lite 1 プラザ坂下	大阪府河内長野市 プラザ坂下	2018.12.2	ENS実行委員会	株式会社ダイナコ	AA,A,B,C,E-Bike(定員140名)
ENS Lite2 茨城桜川 SHIRAI	茨城県桜川市 オフロードパークSHIRAI	2019.1.20	ENS実行委員会	株式会社ダイナコ	AA,A,B,C,E-Bike(定員120名)
ENS Lite3 常陸太田大会	茨城県常陸太田ふるさとの森MTBコース	2019.2.17	ENS実行委員会	株式会社ダイナコ	AA,A,B,C,E-Bike(定員110名)
ENS Lite4 愛知阿寺大会	愛知県新城市 阿寺MTBパーク	2019.3.3	ENS実行委員会	株式会社ダイナコ	AA,A,B,C,E-Bike(定員100名)
ENS Lite5 パレナス大会	栃木県パレナスオフロードパーク	2019.3.31	ENS実行委員会	株式会社ダイナコ	AA,A,B,C,E-Bike(定員120名)
ENS Lite6 白馬スノーハープ大会	長野県白馬村スノーハープ白馬	2019.7.7	ENS実行委員会	株式会社ダイナコ	AA,A,B,C,E-Bike(定員120名)
ENS−E プレイベント	茨城県桜川市 高峰MTBフィールド	2019.12.8	ENS実行委員会	株式会社ダイナコ	E Bikeのみ(定員30名)
以下、ENS本戦					
FOX ENS 2019#1 FUJIMIKOGEN NAGANO	長野県諏訪郡 富士見高原リゾートスキー場	2019.4.20~4.21	ENS実行委員会	株式会社ダイナコ	AA,A,B,C,E-Bike(定員250名)
2019ENS#2 乗鞍大会	長野県乗鞍メイン会場 乗鞍高原第三駐車場	2019.5.25~5.26	ENS実行委員会	株式会社ダイナコ	AA,A,B,C (定員200名)
2019ENS#3 新潟苗場大会	新潟県苗場プリンス	2019.9.14~9.15	ENS実行委員会	株式会社ダイナコ	AA,A,B,C(定員200名)
ENS 2019シリーズRound-4白馬岩岳大会	長野県白馬村 白馬岩岳スノーフィールド	2019.10.19~10.20	ENS実行委員会	株式会社ダイナコ	AA,A,B,C (定員200名)
ENS 2019#5 FUJIMIKOGEN NAGANO	長野県諏訪郡 富士見高原リゾートスキー場	2019.11.16~11.17	ENS実行委員会	株式会社ダイナコ	AA,A,B,C (定員250名)

2019年は、MTBのダウンヒルシリーズレースが以下の場所で開催された。

MTBのダウンヒルシリーズレース

大会名	開催場所	開催日程	主催/運営	クラス
DOWNHILL SERIES #1 十種ヶ峰WOODPARK	山口県山口市 十種ヶ峰ウッドパーク	2019.6.16	SL media	プロクラス、エリートクラス、エキスパートクラス、オープン女子クラス、マスターズクラス、スポーツクラス、ファーストタイマークラス
DOWNHILL SERIES #2 ウイングヒルズ白鳥リゾート	岐阜県郡上市ウイングヒルズ白鳥リゾート	2019.8.10~8.11	SL media	プロクラス、エリートクラス、エキスパートクラス、オープン女子クラス、マスターズクラス、スポーツクラス、ファーストタイマークラス
DOWNHILL SERIES #3 ニセコ グランドヒラフ	北海道虻田郡倶知安町 ニセコマウンテンリゾート グラン・ヒラフ	2019.8.31~9.1	SL media	プロクラス、エリートクラス、エキスパートクラス、オープン女子クラス、マスターズクラス、スポーツクラス、ファーストタイマークラス
DOWNHILL SERIES #4 スラムパーク大会	愛知県瀬戸市スラムパーク	2019.10.12~10.13(台風被害ため中止)	SL media	
DOWNHILL SERIES #5 吉無田高原DHコース大会	熊本県上益城郡 吉無田高原緑の村	2019.11.16~11.17	SL media	プロクラス、エリートクラス、エキスパートクラス、オープン女子クラス、マスターズクラス、スポーツクラス、ファーストタイマークラス
DOWNHILL SERIES #6 菖蒲谷森林公園	兵庫県たつの市 菖蒲谷森林公園	2019.11.28~11.29	SL media	プロクラス、エリートクラス、エキスパートクラス、オープン女子クラス、マスターズクラス、スポーツクラス、ファーストタイマークラス
DOWNHILL SERIES #7 法華嶽DHコース	宮崎県東諸県郡法華嶽公園	2019.12.14~12.15	SL media	プロクラス、エリートクラス、エキスパートクラス、オープン女子クラス、マスターズクラス、

皆で楽しむMTBの魅力は、全日本・シリーズ戦のみではなく、それぞれの地域のフィールドの特徴を活かした各種のフェスティバルやレースなどのイベントにもある。幾つかピックアップしてみたが、第1章の地域連携活動でも、こうしたイベントが多く紹介されているので参照してみよう。

MTBの各種イベントなど

大会名	開催場所	開催日程	主催	共催/協力/運営	クラス
シマノバイカーズフェスティバル	長野県富士見町　富士見パノラマリゾートを中心とした八ヶ岳及び南アルプス山麓エリア	2019.7.27～7.28	株式会社シマノ(シマノサイクルスポーツイベント運営事務局)	共催:富士見パノラマリゾート	XC/エンデュランス、XCエリミネーター、MTBヒルクライム/E-MTBヒルクライム、DH/チームDH/DHエンデューロ、富士見キングオブマウンテン(DHエンデューロ、MTBヒルクライム、ビギナーXC、2時間エンデュランスソロ、の複合)
セルフディスカバリーアドベンチャー王滝クロスマウンテンバイク100km/42km/20km	長野県木曽郡王滝村内木曽林道(ワンウェイコース)	2019.6.8～6.9	セルフディスカバリーアドベンチャー実行委員	協力:王滝村、王滝観光総合事務所、中部森林管理局木曽管理署、関西電力 運営:パワースポーツ	クロスマウンテンバイキング100km、シングルスピード100km、クロスマウンテンバイキング42km、クロスマウンテンバイキング20km、マウンテンバイキングファンツーリング
キッズバイクフェスさいたま2019 西来る(サイクル)フェスタ共催	埼玉県大宮市　大宮けんぽグラウンド	2019.3.16	キッズバイクフェス実行委員会	運営:株式会社ダイナコ	2歳、3歳、4歳、5歳、オープンクラス(定員各40名)
OAKLEY ENDURO DRT5	長野県富士見町　富士見パノラマリゾート	2019.10.13～14	OAKLEY	運営:株式会社ダイナコ	プロ、エリート、エキスパート、スポーツ、女性、E-Bike
ありがとうFrom富士見パノラマ(ありぱの)	長野県富士見町　富士見パノラマリゾート	2019.10.26～27	富士見パノラマリゾート	運営:株式会社ダイナコ	ツイスターライドセッション、DHライドカウント、MTBゲレンデフラッグ
SMP Cup Round1	群馬県足利市　足利サンフィールドマウンテンバイクパーク	2019.2.3	近持一男	運営:近持一男	エンデューロ
SMP Cup Round2	群馬県足利市　足利サンフィールドマウンテンバイクパーク	2019.4.7	近持一男	運営:近持一男	エンデューロ
SMP Cup Round3	群馬県足利市　足利サンフィールドマウンテンバイクパーク	2019.6.8～9	近持一男	運営:近持一男	エンデューロ
SMP Cup The Final	群馬県足利市　足利サンフィールドマウンテンバイクパーク	2019.10.6	近持一男	運営:近持一男	エンデューロ
12th Chiy Cup	群馬県足利市　足利サンフィールドマウンテンバイクパーク	2019.11.30～12.1	近持一男	運営:近持一男	エンデューロ
41回タイオガカーニバル	滋賀県高島市朽木スキー場 TIOGA MTBPARK	2019.6.2	NPO法人IBO. Japan		チーム対抗4時間エンデューロ
金沢医王の里(雨の日が似合う)チャリティーエンデューロ	石川県金沢市　医王の里オートキャンプ場	2019.6.9	NPO法人IBO. Japan	共催:金沢森林組合	エンデューロ
ゆぶねで夏休み3時間エンデューロ兼TOPEAK MTB Carnival2019	京都府湯船町　ゆぶねTOPEAK MTB LAND	2019.7.28	NPO法人IBO. Japan	運営:ゆぶねMTBプロジェクト	エンデューロ
42回タイオガカーニバル	滋賀県高島市朽木スキー場 TIOGA MTBPARK	2019.10.6	NPO法人IBO. Japan		チーム対抗4時間エンデューロ
しろうまシリーズ#1スノーハープエンデューロ	長野県白馬村スノーハープ	2019.4.21	白馬マウンテンバイククラブ		エンデューロ
しろうまシリーズ#2 60分キャンディーリレー	長野県白馬村　白馬岩岳リゾート	2019.5.27	白馬マウンテンバイククラブ		チームリレーXC
しろうまシリーズ#3ノックアウトパンプトラック	長野県白馬村　白馬岩岳リゾート	2019.7.8	白馬マウンテンバイククラブ		パンプトラック
しろうまシリーズ#4黒菱ヒルクライム	長野県白馬村　八方尾根黒菱林道	2019.8.19	白馬マウンテンバイククラブ		ヒルクライムXC
しろうまシリーズ#5白馬ディスカバリーライド	長野県白馬村周辺	2019.9.8	白馬マウンテンバイククラブ		XC
しろうまシリーズ#6フロートレイルダウンヒル	長野県白馬村　白馬岩岳リゾート	2019.9.30	白馬マウンテンバイククラブ		DH
第三回白馬村選手権大会 平林亜里選手と走ろう3時間耐久	長野県白馬村　白馬岩岳リゾート	2019.10.26	白馬マウンテンバイククラブ		3時間耐久XC

MTBをめぐる社会状況を数字から把握するには、公的な世論調査等、各種の関連アンケート調査の結果が参考になる。全体的に、日本の各種の調査では、自転車(サイクリング、サイクルスポーツ)と野外でのMTBの区分けが明確でないため、社会での立ち位置や期待値を判断するのが難しい。しかし、「観光」や「森林」をキーワードに、MTBを含めた自転車活用の動きが高まっているのは見て取れる。その中で、内閣府「森林と生活に関する世論調査」では、今後の森林との関わり方の意向調査の項目で、「森林の中でのランニングや自転車による走行」への関心が全体の26.9%となり、「心身の健康づくりのための森林内の散策やウォーキング」に次ぐ第二位となった。この結果はもちろんのこと、そもそも、世論調査の選択肢として明確にMTBライド(及びトレイルランニング)を想定したことも画期的だ。特に、若年層にこの選択肢を選んだ人が多く、今後、社会からの大きな期待がMTBに寄せられていくことを示唆している。

MTBをめぐる各種調査結果

アンケート調査名称	主催者(団体)	最新実施時期	MTB関連箇所
森林と生活に関する世論調査	内閣府大臣官房政府広報室　世論調査担当	令和元年9月26日 ～10月6日調査	調査項目の1. 森林の利用(3)森林とのかかわり方の意向、による「森林の中でのランニングや自転車による走行」への関心が全体の26.9%を示す。
観光立国の実現に関する世論調査	内閣府大臣官房政府広報室　世論調査担当	平成27年8月20日 ～8月30日	MTBを利用して国内外からの訪問者を地域に誘致する際の参考資料として。
アウトドアに関するアンケート調査	CCC Marketing Holdings	令和2年8月27日 ～8月28日	キャンプ利用者へのアンケート内にて、キャンプに行った際に行ってみたいアクティビティとしてMTBをあげる人は全体の中で5%強、男性で10%弱、女性で5%弱。
観光立国に関する特別世論調査	内閣府大臣官房政府広報室　世論調査担当	平成16年5月13日 ～5月23日	アンケート項目中の日本のどのような魅力が「日本ブランド」だと思うか。に対して、海・山・川・里山などの自然環境であるとの回答が全体の53%。
自由時間と観光に関する世論調査	内閣府大臣官房政府広報室　世論調査担当	平成15年8月21日 ～8月31日	アンケート項目中の週末などの休日の過ごし方にたいして、軽い運動やスポーツ活動との回答が今回調査で18.8%、など。
アウトドア市場に関する調査	株式会社矢野経済研究所	令和元年4月～8月	国内アウトドア市場はライトアウトドアを中心に年々増加傾向にある。
アウトドアレジャーに関するアンケート調査	マイボイスコム株式会社	平成29年9月1日 ～9月5日	直近3年間に行ったアウトドアレジャーとして自転車・バイクツーリングとの回答が全体の5.4%。
スポーツの実施状況等に関する世論調査	スポーツ庁	平成31年1月11日 ～1月29日	この一年に実施したスポーツ種目について、自転車(BMXを含む)・サイクリングは全20種目中全体で上位6番目、男性で上位5番目、女性で上位6番目。
「森林資源を活用した新たな山村活性化に向けた調査検討事業」報告書	公益社団法人　国土緑化推進機構	令和2年3月	長野県では、地域住民が協働で里山の整備や森林資源の多面的利活用を進めることで、人と森林の関係の再構築を図り、自立的・持続的な森林管理や森林を基軸とした地域づくりを展開するための諸施策に取り組んでいる。この支援施策を通して、MTBコース・トレッキングコース・登山道等の整備や、温泉と森林を活用した保養地域づくり、都市部の企業の社員の自然体験、教育や子育て、健康づくりのための森林の利活用等が取り組まれている。
スポーツに関する調査	楽天インサイト	令和2年2月7日～2月8日	運動またはスポーツにかける一か月あたりの平均予算における「自転車/サイクリング」の平均金額は7973円
統計トピックスNo.104 統計からみた我が国のスポーツ	総務省	平成27年10月20日～平成28年10月19日	地域差の見られるアウトドアスポーツ。東京圏・大阪圏で多く見られる「登山・ハイキング」、「サイクリング」

日本のマウンテンバイカー一斉調査

SNSとアンケートフォームを活用し、マウンテンバイカーを対象としたアンケート調査を実施。

短期間(2020年11月3日〜11月10日)の調査であったが1765名からの回答が得られた。その結果をグラフ化して下記に掲載する。

※タツミムック「MTB日和」vol.44より転載

Q2 年齢をおしえてください。

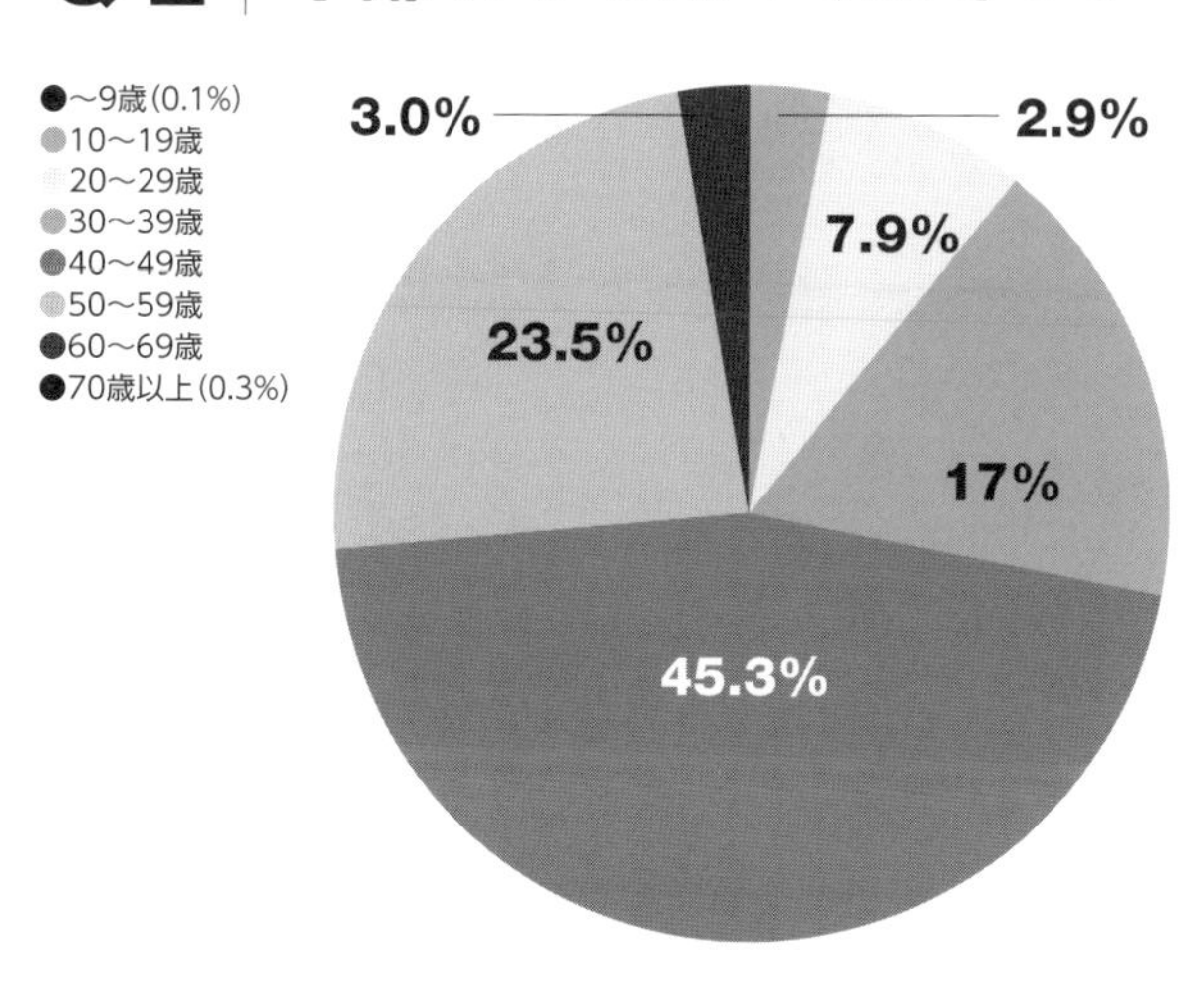

回答したマウンテンバイカーの中心は、40〜50歳代。20〜30歳代も一定数見られる。MTBが、幅広い年代に愛される野外スポーツであることを浮き彫りにする結果に。

Q1 性別を教えてください。

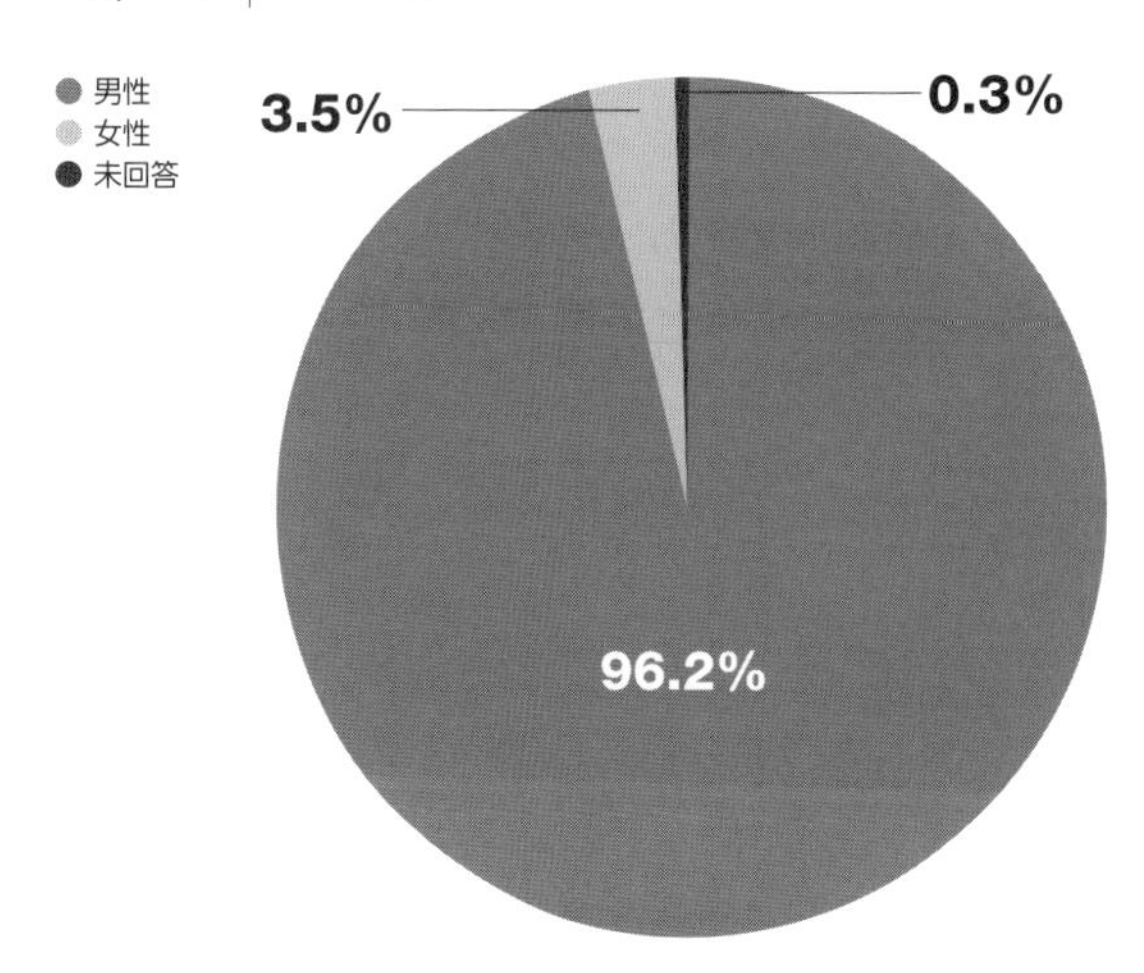

男性からの回答が96%以上を占めている。近年、増えつつあるとはいえ、女性のマウンテンバイカーにも参加しやすい雰囲気づくりは課題か。

Q3 お住いの都道府県を教えてください。

回答からは、首都圏、中京圏、関西圏を中心とした都市部に、マウンテンバイカーの居住地が集中する傾向が見られる。

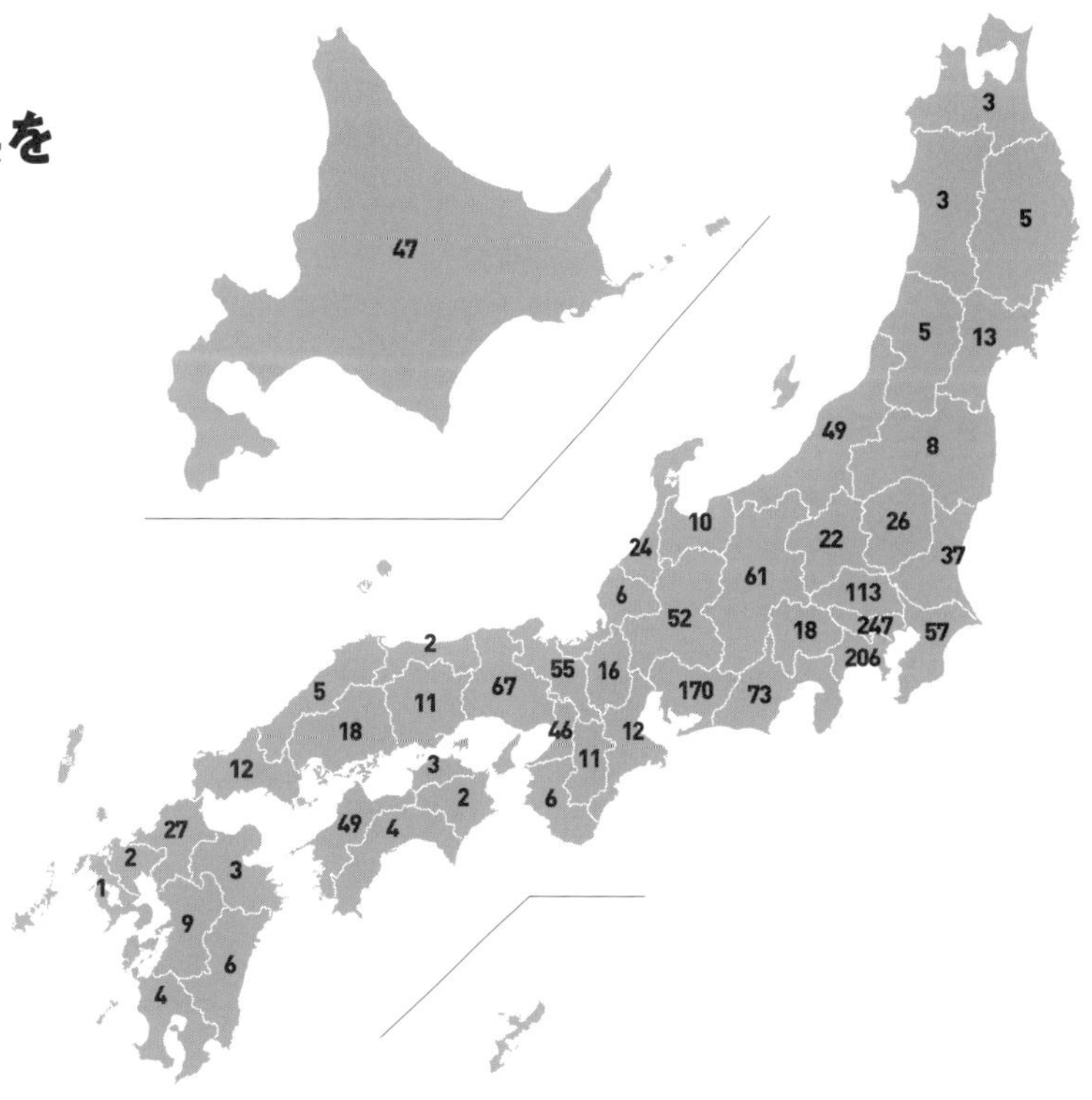

Q4 MTBを入手（購入）した理由を教えてください。（当てはまるものすべて選択）

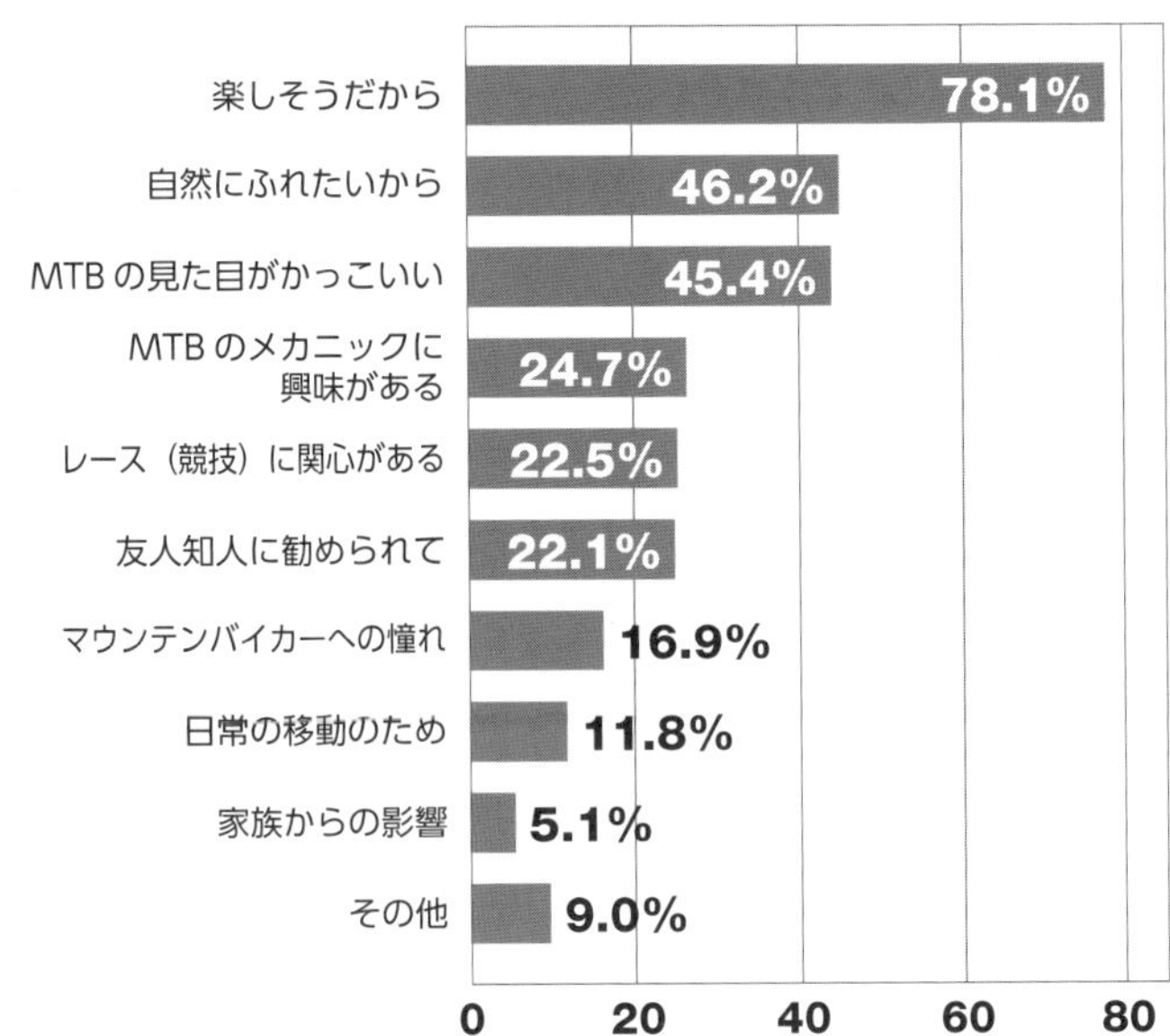

その他
・スキー・スノーボードのオフシーズントレーニングとして　・子どもと一緒に遊べる趣味として　・ロードバイクのスキル向上のため　・アウトドアブームだったので　・ダイエットのため

自然の中で楽しく走ることを目的に、MTBをはじめた人が多いという結果に。格好よさやメカニック・レースへの関心も、理由として一定数を占めている。

Q5 MTBに乗る頻度を教えてください。

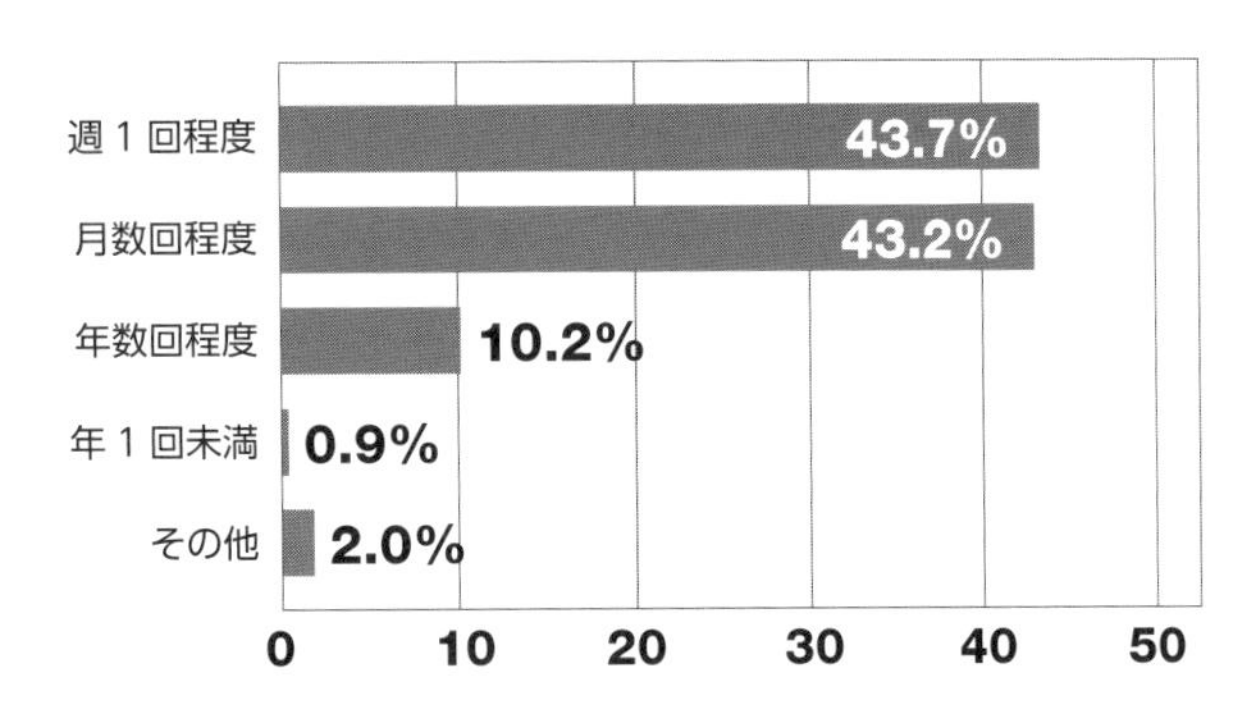

その他
・ほぼ毎日　・山で乗るのは月数回ですが、通勤や日常の足として　・冬(虫がいない時期)、月3〜4回　・普段はロード、11月〜5月くらいまでは週1でトレイルライド

週1回、もしくは月数回程度、MTBライドを楽しむ人が多数となった。休みの日などに楽しむ趣味として、MTBを位置づけている人が多いことを示唆している。

Q6 あなたにとってMTBの魅力とは？

マウンテンバイカーは、自然の中で、難しい路面を乗りこなしながら、冒険心を満足させることに大きな魅力を感じている、という結果に。有名な景勝地でなくても、単一樹種の人工林地であっても、未舗装の「道」があるならば、そこはマウンテンバイカーにとって素晴らしいフィールドと映るかもしれない。

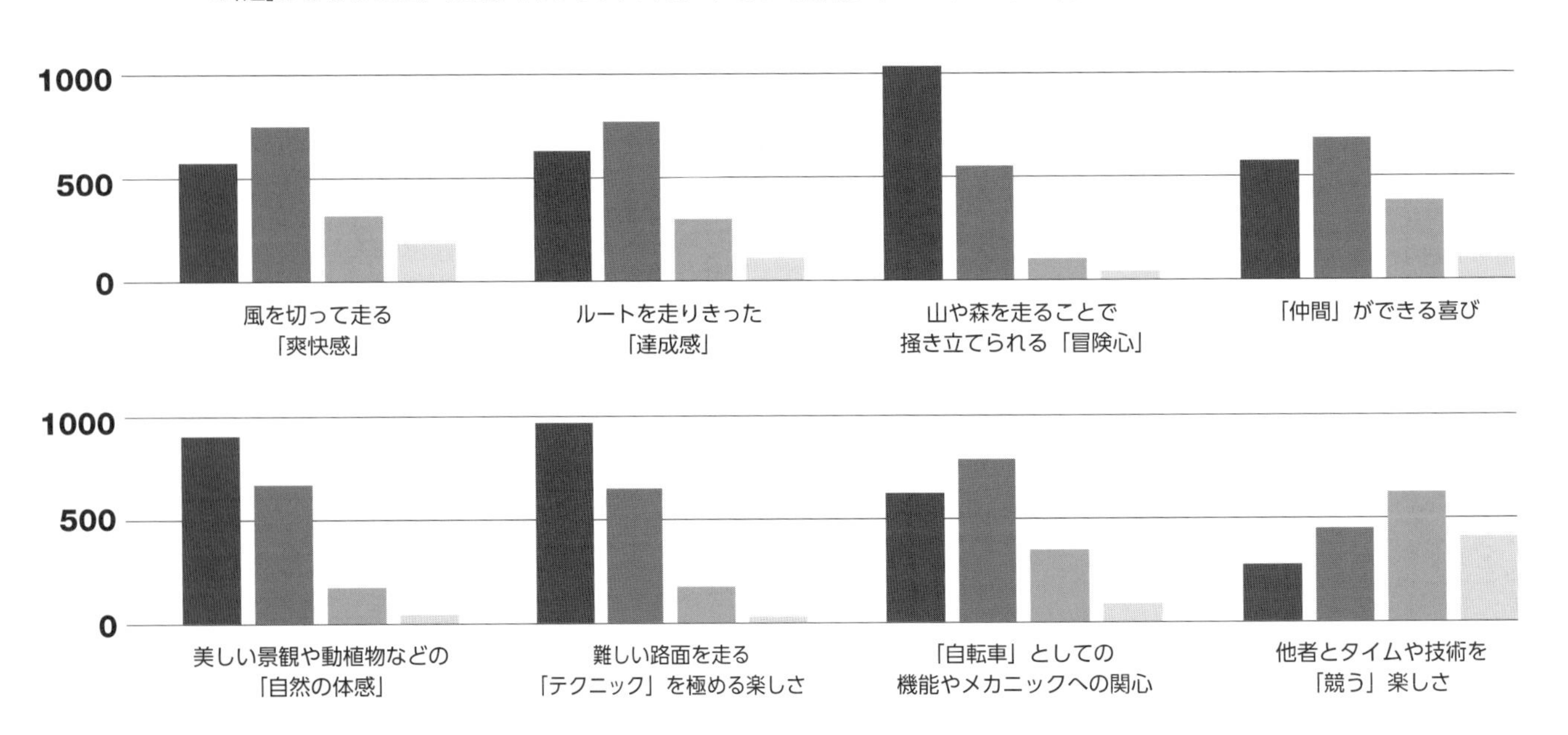

Q7 普段どんな場所でMTBを楽しんでいますか?

山や森に続く「トレイル」で乗っている人が最も多い、という結果に。一方で、舗装された「道路」や、専用コース・パーク等の野外の「施設」、険しい「山道や急傾斜地」の順に、様々な場所でMTBを利用する人がいる実態も見えてきた。

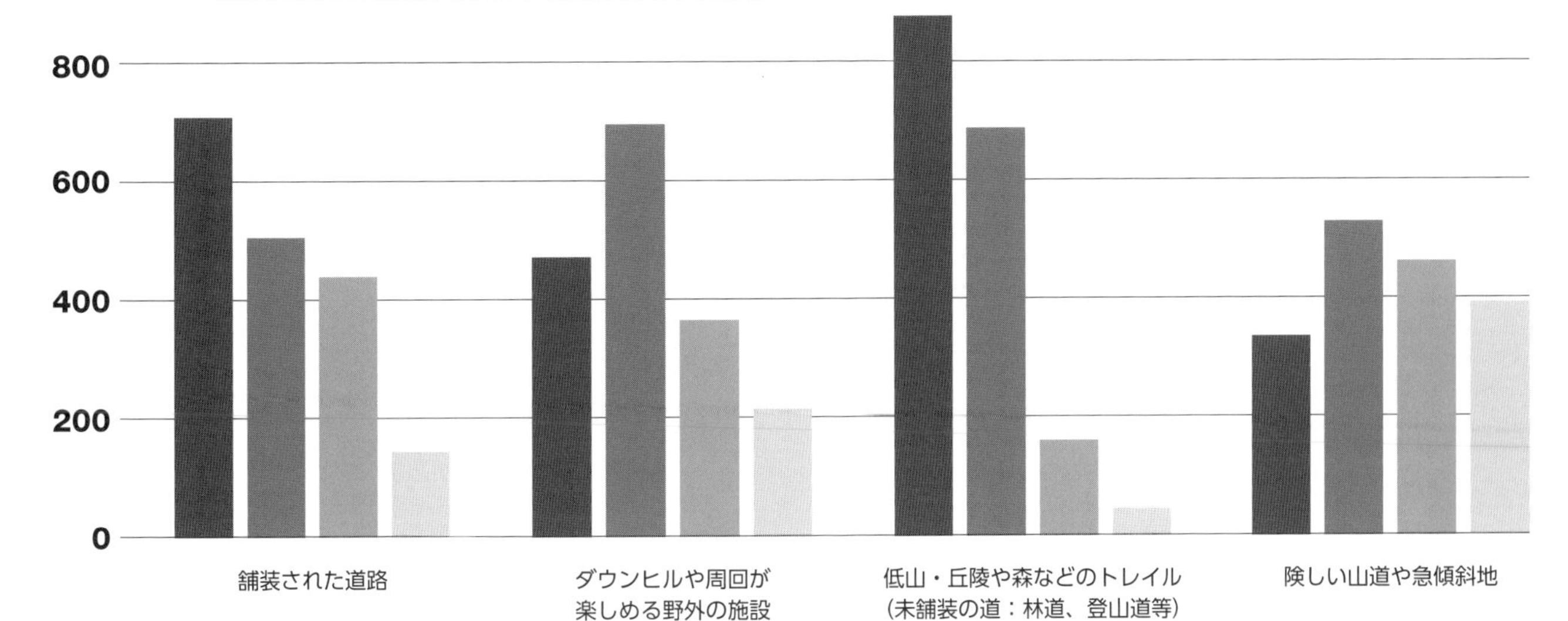

Q8 普段MTBを楽しんでいる場所まで、自宅からどれくらい移動していますか? (もっとも当てはまるものをひとつ選択)

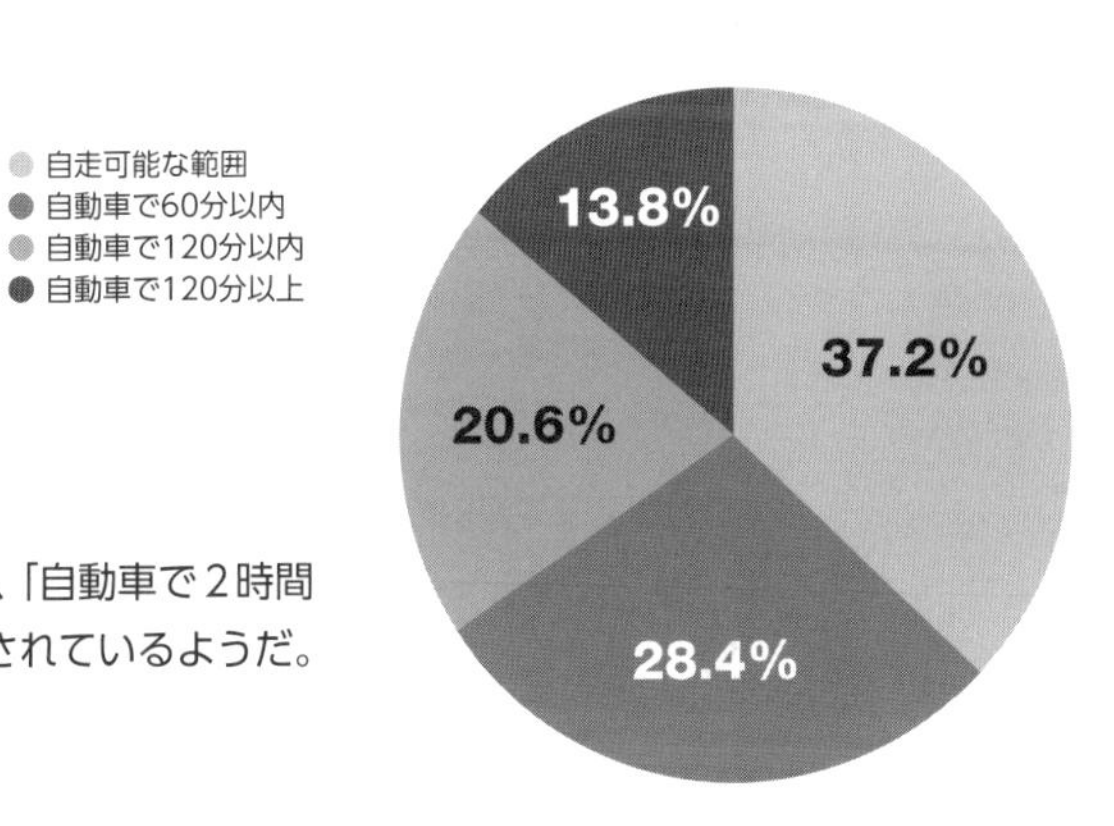

「自走可能な範囲」でMTBを楽しんでいる人が最も多いほか、大体、「自動車で2時間以内」が、MTBの野外フィールドへのアクセスの許容時間とみなされているようだ。

Q9 MTBを快適に楽しめると思うのはどんな場所ですか?

実際に「楽しんでいる」場所と、「楽しみたい」場所では、大きな違いが出ている。やはり「道路」ではなく、野外の「トレイル」や「コース」が、MTBを楽しむ場所として相応しいと、ほとんどの人が思っているのだ。「険しい山道や急傾斜地」で、スリリングなライドを楽しみたい人も一定数いる。

よく当てはまる
当てはまる
どちらともいえない
当てはまらない

1000
500
0

舗装された道路
ダウンヒルや周回が
楽しめる野外の施設
(専用コース・パーク等)
低山・丘陵や森などのトレイル
(未舗装の道:林道、登山道等)
険しい山道や急傾斜地

Q11 マウンテンバイカーとして、どんな地域貢献活動に関心がありますか？（当てはまるものすべて選択）

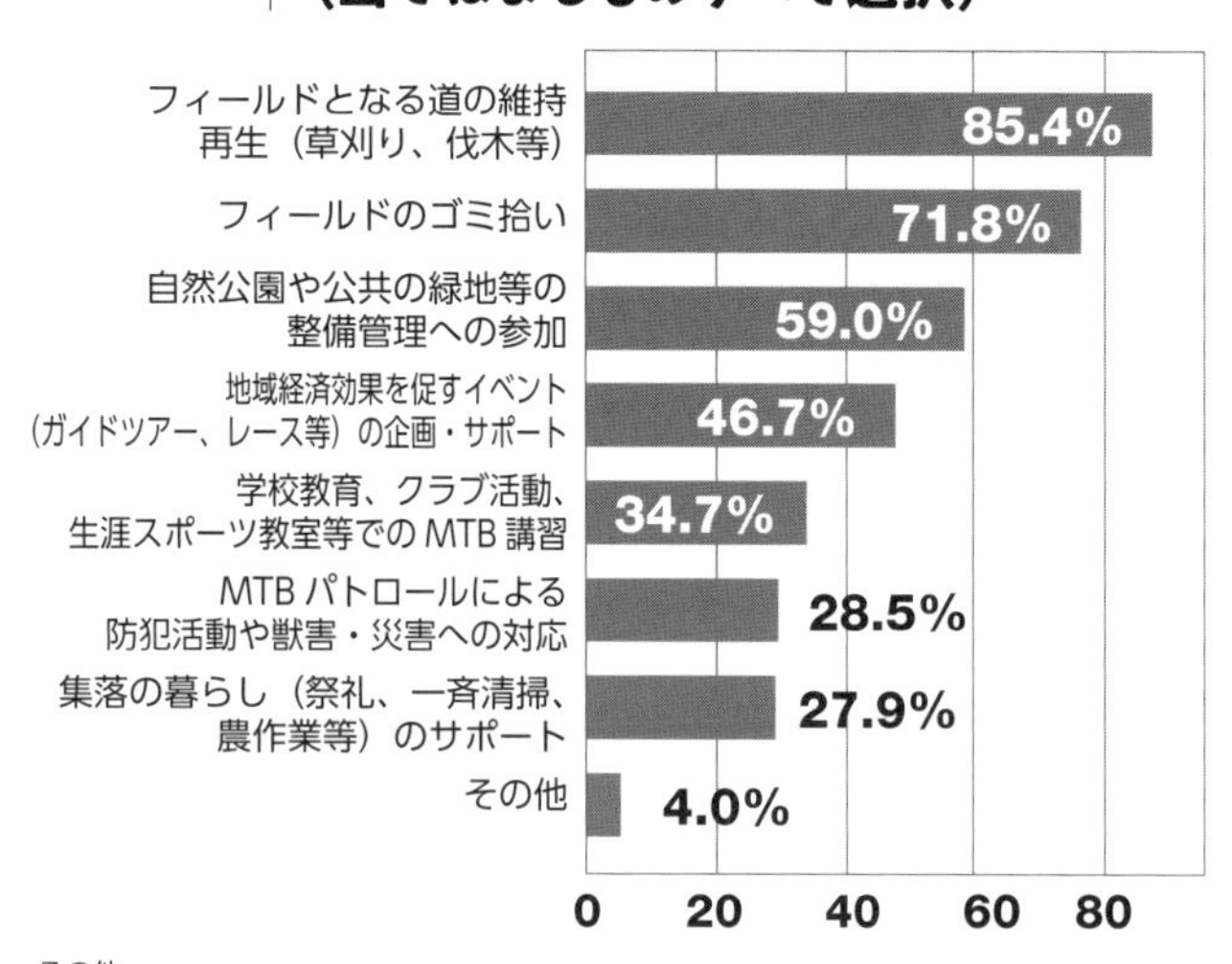

その他
・その地域でのMTBビジネスの確立　・フィールドに課金できる仕組みの用意（QRコードでスマホからなど）　・移住、雇用の促進　・子どもや初心者が入れる環境づくり　・地域へ積極的にお金を落とす（飲食店や施設利用）

マウンテンバイカーとして主に関心があるのは、やはり「道」を中心としたフィールドの維持保全に関する活動となっている。一方で、その周囲の地域社会のサポートや、将来のMTB普及に繋がる活動に対しても、多くの関心が寄せられていることにも注目。

Q10 マウンテンバイカーが訪れるフィールドの保全（自然環境、路面等）、それを担う地域社会の維持に貢献していくべきだと思いますか？

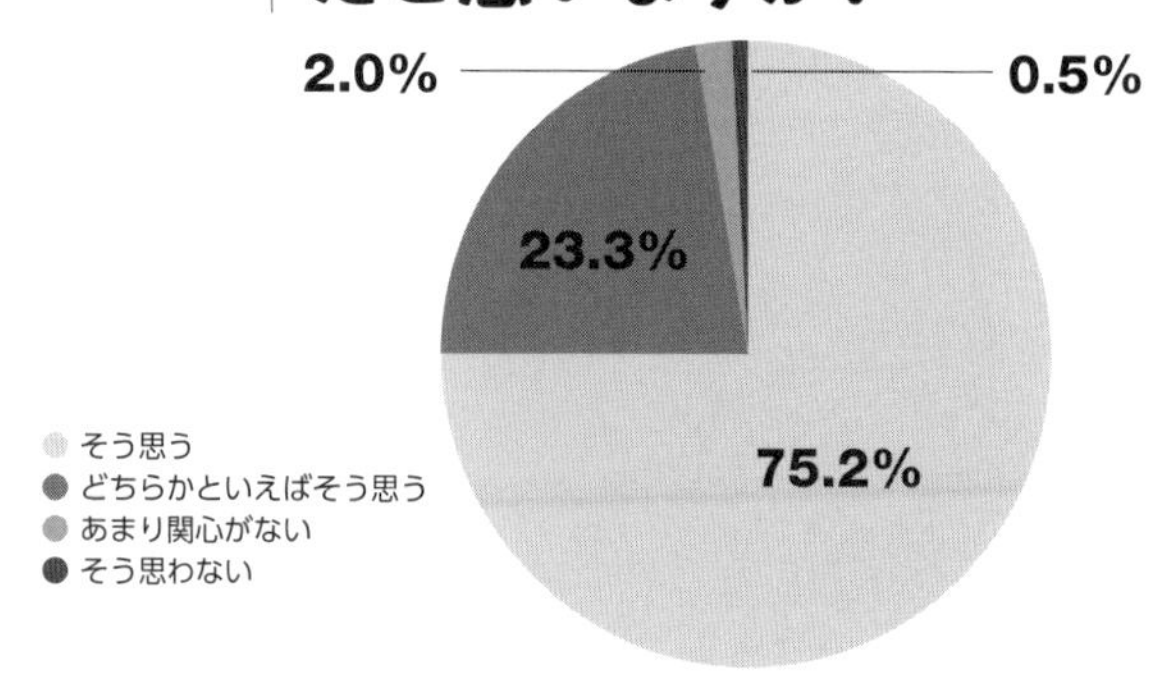

75%以上のマウンテンバイカーが、野外フィールドの保全と、それを担う地域社会の維持に貢献していくべきだと明確に思っている。「どちらかといえばそう思う」も併せると、実に98%以上が、地域連携活動の必要性を感じているという結果に。

Q12 マウンテンバイカーとして、どんな地域貢献活動に参加したことがありますか？（当てはまるものすべて選択）

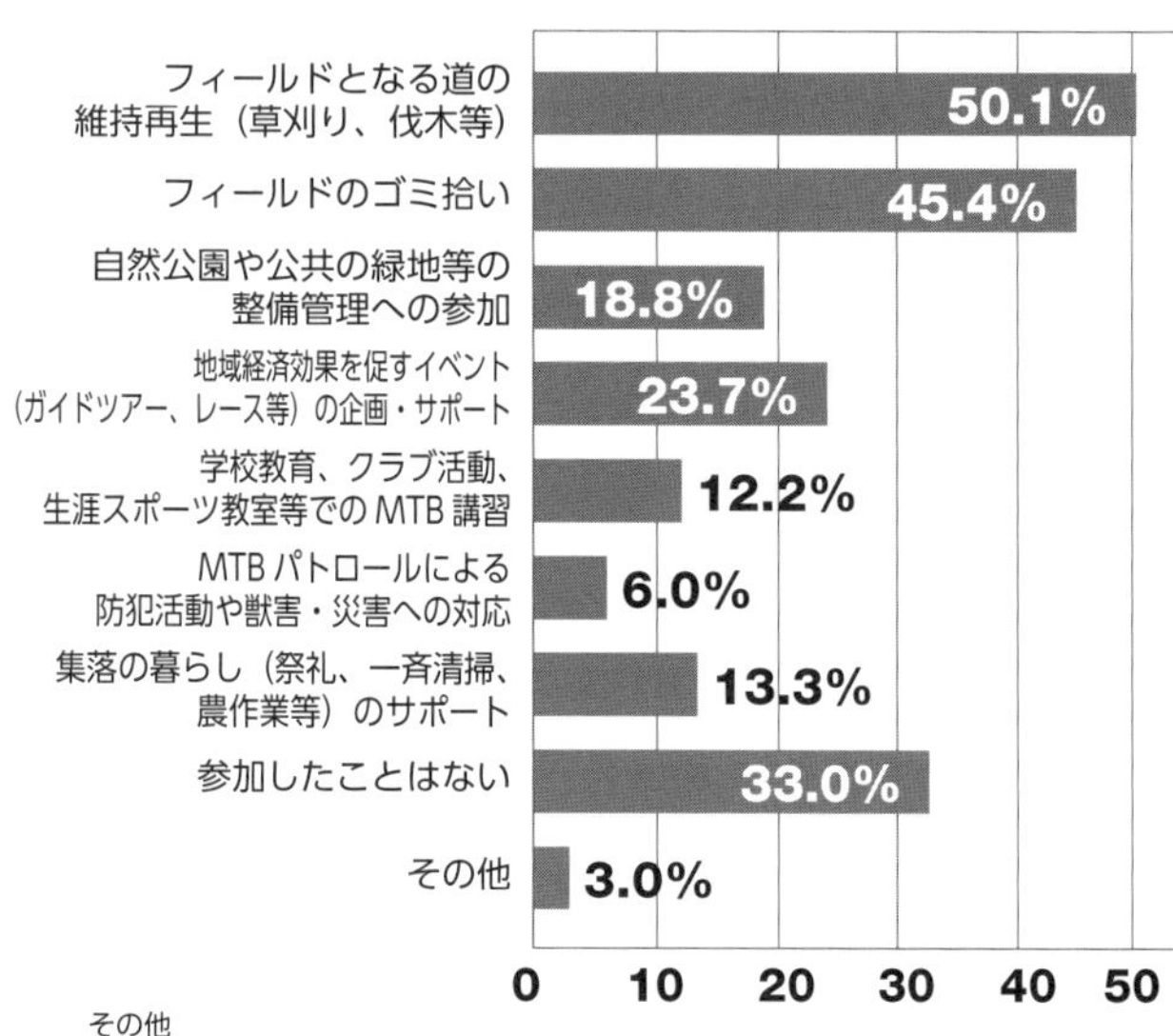

その他
・地権者、地域の了承を得たうえで行うトレイル造成　・観光振興（地域外の観光客の誘致）　・チェーンソーを使った山道台風被害の復旧　・その地域への移住者促進活動　・地元食事処や温泉施設の利用

Q11の結果と比べてみると、多くのマウンテンバイカーは、地域貢献活動への関心は高いものの、その実践のキッカケが得られていない、ということになる。特に、フィールド管理、地域での講習会、パトロール、集落のサポートなど、「個人」ではなかなか参加が難しい活動で、回答結果のギャップが大きい。

Q13 これらの地域貢献活動をしているマウンテンバイカーの団体に所属・参加していますか？

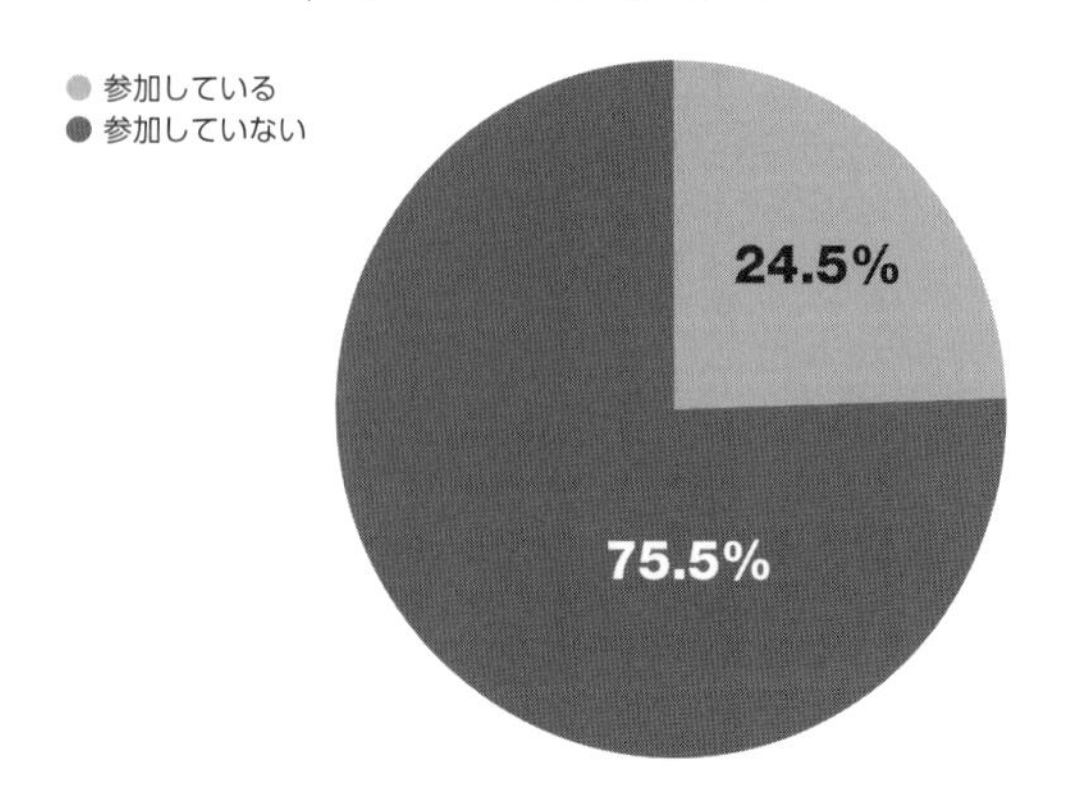

Q11・Q12の回答結果のギャップを示すように、団体としての地域貢献活動に参加したことがあるマウンテンバイカーは四分の一弱、という結果に。これらからすれば、第1章で紹介した地域連携活動が全国へと広がっていくことで、マウンテンバイカーの地域への関心の高さが活かされていくことになるはずだ。

フィールドの維持管理に一役買う MTB関連組織の実績

持続的な環境作りに必要な地域連携活動へのサポート

MTBに関連する業務を事業の柱（またはそのひとつ）として掲げている組織は、日本国内に複数存在する。中でも日本マウンテンバイク協会（JMA）、一般社団法人自転車協会、公益財団法人日本自転車競技連盟（JCF）、一般社団法人MTBリーグ等はその名称が示す通り、マウンテンバイカーにとって比較的身近な組織といえよう。この内、JCFおよびMTBリーグは、それぞれMTBの国内公式競技であるCoupe du Japon（クップドュ ジャポン）の主催、管理・運営をおこなう組織であるため、第一章で寄稿頂いた団体との直接的な関係性は薄く、各公式WEBサイト内のコンテンツ内容からも推知できるように、フィールドの維持管理に対してより密なサポートを期待できる組織は、JMAおよび自転車協会に絞られてくる。

JMAは一般のマウンテンバイカーにとっての総合的な窓口と受け取れる組織で、発足した1987年よりMTBゴールドカップをはじめとするイベントの開催、JCF主催の国内公式競技（Coupe du Japonの前身とされるジャパンシリーズ）の選手登録、公認インストラクター・普及員の養成および登録など、MTBに関するさまざまな業務をおこなってきた。フィールドで起こるマウンテンバイカーと他の利用者（ハイカー、林業関係者、自然保護関係者など）との間に起こるトラブルを回避すべく、長年MTBフィールド・コードの掲出を提案してきたこともJMAの功績のひとつで、実際にこのフィールド・コードをマナー喚起に活用している団体もいくつか存在する。

MTB Field Code

楽しく安全に乗ろう・マウンテンバイク・ルール

たいせつなこと、全て自分の責任で行動しよう
のやまにゴミは似合いません
しぜんや動物をいたわろう
いつでも歩行者優先、狭い道では降りて譲ろう
やってはいけないトレールからのはみ出し走行
まさかのためにヘルメット、グローブは必需品
みうちにツーリング計画を伝えてからスタート
ちょっとまて、そのスピードだいじょうぶ？

MTBフィールド・コード

JMAが公認するインストラクター・普及員とは、MTBを楽しむための環境保全活動に貢献する指導者のことで、資格を得るためにはJMA指定の養成講座を受講の上、級に応じた検定に合格する必要がある。2000年代に入って以降、MTBブームの沈静化に伴い一般会員（JMA主催イベントへの参加割引、団体総合生活補償保険の特典あり）を含め登録者数※は減少傾向にあったが、アウトドア志向の広がりもあってか近年、普及・指導員養成講座の受講者は倍増しているという（ただし、新型コロナウイルス感染症の影響のため、2021年度の開催に関するは見通しは立っていない）。

また、ここ数年の自転車協会によるMTB関連業務への注力はJMA以上に顕著で、WEBサイト内のコンテンツ『ENJOY SPORTS BICYCLE』の内容も年々充実度を高めている。東日本復興支援イベントCYCLE AID JAPAN『MTB RIDE磐梯山』へ特別協賛するほか、エントリーユーザー向けの冊子やマナーカードを制作、SBAA PLUS認定者在籍ショップにて配布するなど、MTBを楽しむための環境作りに積極的だ。

2018年、2019年にはMTBフィールド助成金制度を制定し、パンプトラックを含むMTB用コースを新設、管理・運営をおこなう事業者や団体の活動も後押しした。このMTBフィールド助成金制度は「マウンテンバイクを気軽に楽しめる場所を増やすため（=コースの新設・増設、保存、管理、運営に対して経費の一部を助成する）」の制度であったため、マウンテンバイカーが多く訪れる里山トレイル（コースとの利用率の比較はP96のデータを参照）周辺地域でのボランティア活動に主軸を置く団体は助成対象外だったが、MTB専用コースを増やすことで新規マウンテンバイカーの入口を明確化すると共に、スポーツ機材としてのMTBの普及に寄与したことは間違いない。

アウトドア・レクリエーションを楽しむ人口の増加に伴い、マウンテンバイカーが集中する里山でのトラブルも比例して増加傾向にある。故にこれらMTB関連組織のサポート体制が各地で活動する団体にとって今後、大きく影響してくることは明白だ。団体であれ個人であれ、身近なフィールドでなんらかのトラブルに遭遇した場合、まずは指導者を公認しているJMA、そしてスポーツ自転車の楽しみ方について広く訴求している自転車協会に解決策、アドバイスを求めてみてはいかがだろう？

持続可能な環境作りに向けて日々汗を流すマウンテンバイカーたちとその活動を応援する組織、それぞれのアクションと速度感についても今後、さらに注目していきたいと思う。

日本マウンテンバイク協会　http://www.japan-mtb.org/　一般社団法人自転車協会　https://www.jitensha-kyokai.jp/

※2019年度の登録者数はインストラクター・普及員が323名、一般会員が1980名。

日本における MTB関連の メディア事情

異なる視点から見た MTBのムーブメント

70年代末から姿を見せ始めたMTB（の原型）だが、文字どおり廃品利用で組み上げたジャンクな乗り物ゆえ、当時は「変わり者の遊び」というのが世間の捉えかたで、スポーツとして確立していくには少し時間が必要だった。

アメリカで最初のMTB専門誌「マウンテンバイク・アクション」が創刊されたのは1986年。3年後には「ダートラグ」が誕生。前者はオフロードオートバイ関連の出版社によるハードソフト両面を盛り込んだ総合誌で、後者は写真をほとんど使わず、より文化や芸術的な面にまで踏み込んだ文芸誌のようなテイストだった。

一方、日本で「MTB／マウンテンバイク」という単語が見られるようになるのはかなり早く、1982年創刊のアウトドア誌ビーパルが16号で紹介している。ビーパルは、その後もアウトドアアイテムの1つとして何度もMTBをフィーチャーしていく。

MTB専門誌の隆盛と現在

現在、日本で発行されている自転車専門の定期刊行物は、サイクルスポーツ（創刊1970年）、バイシクルクラブ（同1985年）、自転車日和（2005年）、MTB日和（2009年）、バイシクルジャパン（旧バイシクル21 2007年）。古参の2媒体がMTB黎明期をどう扱っていたかはハッキリしないが、ヨーロッパの自転車およびレース文化の影響を強く受けて作られていたためか、当時アメリカの動向が主体のMTBに、誌面を割くのは厳しかったようだ。

一方でアウトドアグッズへの関心が強い自動車やオートバイ専門誌は、新しい遊びのツールとしてMTBに着目。クルマとの親和性も高いことから、メーカーや輸入代理店も協力体制を作っていく。こうした中、1989年にアウトドアに造詣の深いスタッフよってバイシクルクラブ別冊の＋α MTBが刊行されるなど、次第に自転車専門誌もMTBを積極的に取り上げるようになっていく。

その後、MTBそしてダウンヒルブームを追い風に、90年代後半にはMTBワールド（枻出版社刊）、MTBマガジン（ネコパブリッシング刊）が登場。だがダウンヒルブームの終焉とともに、MTB専門誌は苦境に立たされる。折しも同時期、ロードレースでランス・アームストロングが華々しく活躍する※。

MTBシーンも北米でフリーライドやストリートライドに注目が集まったのをきっかけとし、日本でもコアユーザーを中心に、アンダーグラウンドなムーブメントへと変化していった。バイクやパーツの売り上げは減少、商業面での衰退をダイレクトに受けて、MTBマガジンは2005年に休刊。MTBワールドも2006年で終了となり、月刊ペースの専門誌もMTBの記事スペースを大きく減らしていく。

この間には、ロードバイク主体の総合誌に対向してMTBビギナーズ（2001年 白夜書房刊）、MTBオンリー（2011年 造形社刊）など、MTBを扱うムック本が発行されたものの、ロードバイクブームの前にいずれも数冊で終了。海外の自転車媒体も、多くが消滅もしくはWEB媒体へと変化している今日、MTB日和が日本で唯一「MTB」専門の印刷媒体となっている。

1998年、2000、2001年と新潟県のアライリゾートで開催されたUCIワールドカップには1万人以上が来場。文字通りお祭り騒ぎだった。

MTB日和創刊号表紙

※1999年から2005年まで、7年連続でツール・ド・フランス優勝。世界的なスターとなったが、2012年ドーピングにより記録抹消。

第3章

地域と結びつく マウンテンバイカーの 野外フィールド

(1)日本のマウンテンバイカーをめぐる社会状況と課題(平野悠一郎)

(2)マウンテンバイカーと野外フィールド

- 「友の会」の作り方 ~地域に根差したボランティアのフィールド確保~(中沢　清)
- 農山村と山道でのMTBのフィールド作りで大切なこと
- 都市近郊林と里山でのMTBのフィールド作りで大切なこと(中川弘佳)
- MTB文化を涵養する公共フィールドの可能性(丸山八智代)
- 道が持つ魅力の体験とMTBの地域ビジネスの両立(松本潤一郎)
- 規制やコンフリクトを超えてMTBでビジネスを営むには(山口　謙)
- 地域一体となったMTB競技と文化(堀　勇)
- 地域とつながるレースの魅力「ちやのきエンデューロ」(増永英一)

日本のマウンテンバイカーをめぐる社会状況と課題

平野悠一郎
森林総合研究所関西支所　主任研究員

1．なぜ日本のマウンテンバイカーは「地域」貢献を目指してきたのか？

　本書の大きなテーマは、「気兼ねなく野外でMTBに乗れる場所を確保するには、どうすればよいか」である。ところが、日本の山や森は、MTBを含めた新しい利用活動にとって、世界でも有数の「使いづらい」野外フィールドである。なぜなら、日本の多くの森林や山道には、レジャーやスポーツの場として「誰がどのように使ってよいのか」を、明確に定めた制度が存在しないからだ。例えば、一般の道路なら、「道路交通法」の規定に沿っていれば、誰でも使うことができる。しかし、MTBの醍醐味でもあり、各地で豊富に存在する林地や未舗装の山道・トレイルには、自然公園の特別保護地区や特別地域等の一部の例外を除き、「自転車で走ってもよい／ダメ」と明確に定めた法律や権利が存在しない（平野　2021）。実際に、日本の既存の山道をMTBで走ろうと思ったら、ハイキングで使われる登山道や園路、森林施業を目的に作られた林道・林業専用道・森林作業道、地元の人々によって作られ共用されてきた里道（赤道）、そして私道等、MTBの利用に関して直接の規定が無いタイプの場所を通ることになる（表1）。また、日本の山や森は多くの地域で所有が「細分化」されているので、一つのMTBのコースやトレイルを作るのに、数多くの所有者の土地、数多くのタイプの場所を跨ぐことも珍しくない（図1）。

　但し、これらのタイプのうち、「所有者・管理者の権限」が比較的明確な場所は多い。例えば、林地や私道であれば、公益を妨げない前提で、土地（底地）の所有者の同意があればある程度自由に使える。里道であれば市町村と地元の集落、公的な計画に基づいて整備された登山道であれば都道府県や市町村、民間の林道であれば市町村や森林組合、園路であれば公園管理部門といった主体に、それぞれ管理権限が備わっている。

　お気づきかと思うが、これらの権限を有しているのは、ほぼ「地域」の主体である。地域での生活のために土地を所有してきた住民であり、その住民が共同で里道を整備しつつ形成してきた集落や地元組織であり、その彼らに行政サービスを提供する地方自治体である。つまり、日本の森林や山道は、長年、地域で暮らしてきた人々にとって「使いやすい」ようにできている。そして、日本では1990年代以降、MTBの普及発展とほぼ時を同じくして、この「地域」が危機に瀕してきた。都市化や工業発展を前提とした経済成長の裏側で、農山村地域を中心に集落の過疎・高齢化が進み、林業も低迷して住民が山や森に入らなくなった。

　新規参入者としてのマウンテンバイカーは、日本に限らず世界各地で、ハイカー、地域住民、自然保護団体など、山や森の先行利用者との軋轢に直面してきた（平野　2016、2018a等）。しかし、日本では、その軋轢を乗り越え、気兼ねなく山や森を使えるようにしたくても、「中央」に拠るべき制度が見当たらなかった。反対に、「地域」には、そのための糸口が多く存在した。だからこそ、制度的に曖昧な場所を、所有者・管理者の規制や他の利用者のクレームを掻い潜りながら楽しむことを良しとしない日本のマウンテンバイカー達は、その軋轢の克服を「地域」に求めてきたのだ（平野２０１７）。このため、第１章で取り上げた各種の地域連携活動は、

場所の分類	個別のタイプ	利用・管理に関する制度的根拠	MTB・自転車に関して
	一般の道路（国道・都道府県道・市町村道）	道路法・道路交通法等	「軽車両」としての規則・ルールの遵守・大会等のイベント時の「占有」には道路使用許可が必要
山道・トレイル	登山道	自然公園法（自然公園）・公的主体の管理計画（公園計画等）	特定の地区・地域では車馬の運行に供される道（条文中では道路）や広場等以外への乗り入れが規制
	遊歩道		
	園路	都市公園法・公園条例（都市公園・国営公園）	管理者の方針に基づく
	里道	地方分権一括法・国有財産法等	他者の通行の妨げになる「占有」は問題に
	林道・林業専用道・森林作業道	民有林道の管理者（制度的根拠）：都道府県・市町村・森林組合等（森林法・林道規程等）国有林道の管理者（制度的根拠）：林野庁・森林管理署（局）（森林法・旧国有林野事業特別会計法・林道規程等）	管理者の方針に基づく
	私道	民法・建築基準法・道路交通法等	土地（底地）所有者の意向に影響される
山道又は林地	再生古道・廃道	—	場合による
	新規開設道・専用パーク	林地利用に関しては民法・森林法・国有林野管理経営法等	場合によるが、土地所有者の意向に影響される

表1：日本におけるマウンテンバイカーの野外フィールドのタイプと関連規定

地域の自治体、集落、個別の土地所有者が抱える課題解決に、マウンテンバイカーが様々に貢献することを通じて、MTB利用の許可や合意を得るという形となっている。

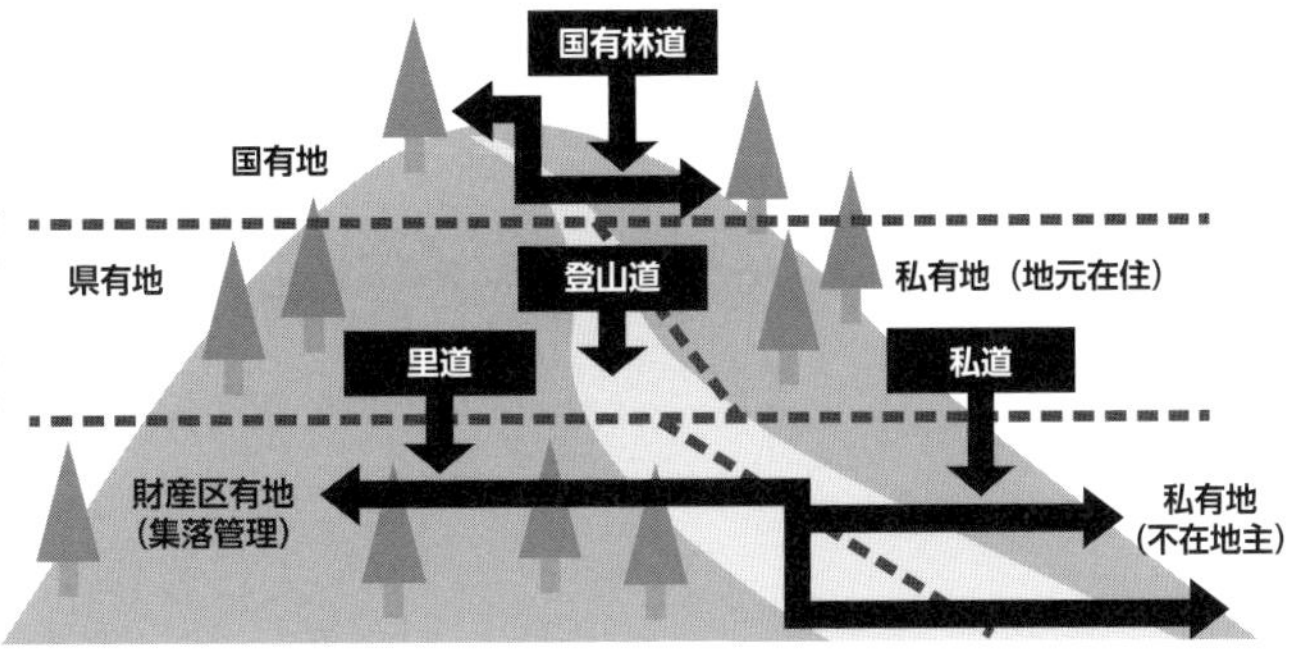

図1：日本の山や森でMTBのフィールドを作るとしたら、複数の所有者と異なるタイプの場所を跨ぐ場合が多い（注：土地所有や場所のタイプが細分化されており、MTBで使いたくても、誰に許可を取っていいのか分からず、非常に労力もかかる）。

2. 海外での取り組みの特徴

ここで、日本と同じように軋轢に直面しながら、マウンテンバイカー人口が急速に拡大し、多くの野外フィールドが設置されてきた海外の取り組みに目を向けてみよう。

アメリカ

1980年代、MTBが普及した当初のアメリカでのマウンテンバイカーへの風当たりの強さは、日本のそれを遥かに凌いだかもしれない（Watson 1991、Carothers 2001等）。にもかかわらず、2000年代初めの時点で、MTBを楽しむ人は年間のべ4000万人以上にのぼるとされ（Cordell 2012）、今日ではMTBがハイキングと並ぶメジャーな野外活動として認知されている。地域のマウンテンバイカー団体は1000以上を数えるとされ、彼らを通じてコースやトレイルを含む様々な野外フィールドが管理運営されている。例えば、アーカンソー州のBentonville（Weiss 2019）や、カリフォルニア州のDownieville（Baumgart 2006）、バーモント州のKingdom Trails（写真1）等、各地から大勢のマウンテンバイカーが野外フィールドを訪れることで、大きな経済効果が生み出されてきた地域も多く存在する。

こうしたアメリカでのMTBの発展と社会的地位の確立にあたって、IMBA（International Mountain Bicycling Association）の果たした役割を見逃すことはできない（平野 2018a）。IMBAは、マウンテンバイカーの立場を代表して、政治的なロビイングや話し合いにより軋轢を克服し、MTBとマウンテンバイカーの健全な発展を促す全国組織として1988年に設立された。以降、IMBAは、林地・トレイルでのMTB利用を認めるような制度改変を目指して、行政管理部門や自然保護団体に政治的な働きかけを行うと共に、一貫して「持続的なトレイル整備」をマウンテンバイカー自身の「責任」として掲げてきた。「Responsible Riding」等と言われるこの理念は、受け継がれてきた地域の自然を楽しむ新規参入者として、これまでの他者の管理や利用に敬意を表し、マナーを守って共存しつつ、自らが率先してフィールドの維持管理に携わっていく、というものだった。今日、IMBAは地域の250以上の団体を支部、400以上の団体を提携クラブとして位置づけており、これらを中心に、全国各地のマウンテンバイカーに対して、前述の理念に基づく軋轢の克服、野外フィールドの確保、持続的なトレイル整備のサポートを行っている（写真2）。

もっとも、アメリカには、こうしたIMBA等のマウンテンバイカーの取り組みと発展を促しやすい制度的な条件もあった。例えば、アメリカでは、MTBの魅力的なフィールドの多くが公有地上にあり、行政管理部門に許可を得ること、或いは、関連の法律・規則からMTBの利用規制を撤回することにロビイングの焦点を絞ることができた。また、ほとんどの場所で土地所有者の許認可権限が明確であること、マウンテンバイカーの団体が正当な野外フィールドの管理者となる制度的基盤が整えられていたことなども、アメリカの山や森をマウンテンバイカーに「使いやすく」させた条件となった。

写真1：アメリカ・バーモント州Kingdom Trailsの野外フィールドに魅せられ集うマウンテンバイカー。

写真2：アメリカの全国組織IMBAの地域提携団体が社有林内のトレイル整備と管理を請け負った事例（注：MTBのみならず、ハイキング、トレイルランニングも利用可とされ、利用にあたってのルールやコースの難易度を掲示し、共存を可能としている。土地所有者〈会社〉との契約に基づき、IMBAのマニュアルに則って安全管理・維持整備されている）。

ヨーロッパ

ヨーロッパ各地でも、1980年代以降、MTBの普及は目覚ましいスピードで進んできた。しかしその反面、軋轢も生まれ、スイスやオーストリア等では深刻化する傾向も見られてきた。ヨーロッパでは、その軋轢の克服と発展のプロセスに、幾つかの地域差が見られる。

例えば、イギリスには、イングランドとウェールズにおいて、Rights of Wayという野外トレイルへの公的アクセス権が、法律で保障された権利として歴史的に存在する。この中に、「自転車でも通行できる道」としての区分があり(写真3)、MTBの利用はその権利に依拠する形で保障されるようになった(平野 2018b)。また、スコットランドでは、2003年「土地改革法」制定時に、MTBやハイキングを含む野外活動の各団体が団結してロビイングし、森林や山道に限らず、ほとんどの土地へのモータ付乗り物以外の野外レジャー・スポーツによるアクセスが認められるようになった。こうした法的権利での保障に、国有林のMTBフィールドとしての活用の動き等も加わって、イギリスではマウンテンバイカーの人口や野外フィールドが急増していった。2014年の時点で、イングランドに限定してものべ3600万人が、「オフロードサイクリング、MTB」を楽しんでいるとされる(Natural England 2015)。

北中欧の国々の多くには、人々が野外の土地やトレイルに立ち入り、自然を楽しむ権利が明確に存在する。ドイツでは森林立入権と呼ばれ、北欧各国では万人権等と呼ばれる(嶋田ら 2010、平野 2018c)。これらの各国では、野外でのMTB利用も、イギリスと同様にこうした既存の権利に依拠して認められている。例えば、ドイツのバーデン=ヴュルテンベルク州では、この森林立入権に基づき、MTBは一定の幅を備えた森林内のトレイルであれば走行可とするルールが設けられている(写真4)。

総じて、ヨーロッパでは、地球温暖化対策としての二酸化炭素の排出抑制をもたらすエコロジーな移動手段、かつ高齢社会における医療費削減に繋がる効果的な運動手段として、自転車の利用が奨励される傾向にある。この背景もあって、地方政府や国有林・公有林管理主体が、地域振興や森林有効活用も見据えて助成金を投じ、マウンテンバイカーを呼び込むための公共フィールドや野外トレイルを拡張する動きも見られてきた。

写真3:イギリスの野外トレイルの「区分」を示す標識(注:イングランド・ウェールズでは、左の「ブライドルウェイ」〈青色の矢印〉や「制限付バイウェイ」「BOAT」と区分されたトレイルはMTB利用が可能。反対に、右下の「フットパス」〈黄色の矢印〉では不可。右上のようなMTB用トレイルも国有林等に設けられている)。

写真4:ドイツ・バーデン=ヴュルテンベルク州での規定に基づくMTB利用可/不可のトレイル区分。

ニュージーランド

ニュージーランドやオーストラリアを含めたオセアニア各地でも、MTBの普及が進み、多くの魅力的な野外フィールドが生み出されている。これらの各国・地域では、内部のみならず、外部からの旅行者の訪問目的、外貨獲得手段として、MTBをはじめとした野外活動が明確に想定されている。この観点から、ニュージーランドやオーストラリアでは、主に地方政府の仲介、出資、土地提供等によって、トレイルビルダーとしての専門の事業者を通じて、大々的にMTB向けのパークやトレイルが開設されるケースが目立っている(写真5)。すなわち、地域の重要産業として野外でのMTB利用促進が位置づけられているため、野外フィールドの用地確保、資金準備、そして土地所有者や他の利用者との軋轢の調整を、行政が積極的に担う形となっている。

この行政の積極性を背後から支える形となっているのが、ニュージーランドにおける公的な事故補償制度(ACC)である。ニュージーランドでは、この制度を通じて、居住者・旅行者を問わず、国内で生じた野外でのレジャー・スポーツの事故の治療費が補償される。このため、もしMTBの野外フィールドで事故が生じたとしても、被害者からの訴訟等で土地所有者や行政などの管理者が「賠償責任を問われるリスク」が低減する。同時に、関連法規の整備によって、土地所有者、管理者、利用者自身の安全管理責任もかなり明確化されている。こうした制度の存在が、ニュージーランドにおいてMTBの野外フィールド作りを促す要因となってきたと考えられる。

写真5:ニュージーランドにおける地方政府の調整を通じた大規模MTBフィールドの確保。

3. 日本でMTBと地域が共に未来を描くには

冒頭で、現状の日本の山や森は、MTBにとって「使いにくい」野外フィールドであると述べた。しかし、MTBの野外利用が大きく発展してきたアメリカやヨーロッパなどでも、当初は大きな軋轢を抱えて、山や森が「使いにくい」状況にあった。そこから、マウンテンバイカー達によって自らの立場を代表する組織が作られ、それらを通じて既存の制度や地域の課題解決にMTB利用を「かみ合わせる」ことで、「使いやすい」状況が創り出されてきたのである。

日本のマウンテンバイカーをめぐる社会状況と課題

平野悠一郎　森林総合研究所関西支所　主任研究員

こうした海外でのMTBをめぐるプロセスと取り組みを踏まえて、再び日本の状況に目を移してみよう。まず、現状のマウンテンバイカーによる地域連携活動は、日本の山や森をめぐる歴史的な経緯や制度的な特徴を反映したアプローチである。地域貢献を糸口に、地域の人々と共にMTB文化を生み出していくやり方は、まさに日本風の「Responsible Riding」とも言える。今後も、そうした動きが各地に広まっていくことで、野外でのレジャー・スポーツ活動が、森林の有効活用や地方創生を促す新たなモデルケースともなり得よう。

同時に必要と思われるのは、これらの地域連携活動を「やりやすく」「続けやすく」する制度の構築である。まず、地域との信頼関係の構築によるフィールド確保は、とても一筋縄でいくことではない。長い時間をかけて各地を回り、しかるべき場所を見つけ、しかるべき人に出会い、そこから多くの労力と試行錯誤を経て、ようやく第一歩が踏み出せる。そうやって得た協力者と共に、それぞれのマウンテンバイカー達が、文字通りライフワークとして日々取り組んできた。このプロセスは、先行事例と情報の集約・交換の場や、地域側の窓口を作ることで、かなりの短縮が見込めるだろう。

次に、折角、培った地域との信頼関係を、土地所有者の交代、管理担当者の異動、活動リーダーの引退などがあっても維持できるような仕組み作りも必要である。ここでは、MTBの利用が継続できるよう、土地所有者との間に法的効力のある権利・契約関係を設定する他、集落の「規約」や地方自治体の「条例」において、これまでの取り組みとその成果を明文化していく形が考えられる。同時に、ここでも各活動が地域で蓄積したノウハウを集約していく場が重要になってくる。

また、現状の日本におけるマウンテンバイカーの地域連携活動の展開で、大きな課題となっているのは、地域で「どこまでやればよいのか」が明確でないことである。これは繰り返しになるが、日本の多くの森林や山道において、「誰がどのように使ってよいのか」を明確に定めた制度が存在しないからだ。このため、現状では、様々な取り組みを経て地域の人々の信頼を得たとしても、それがMTB利用の権利や、正当なフィールド管理者としての権限に結びつかない場合が多々ある。アメリカやイギリスでは、この権利・権限の保障が、より広範囲の制度的基盤を通じてなされてきた。この制度構築をMTB利用の立場から求め、各地域に適した形で「かみ合わせる」取り組みが必要になってこよう。

そして、MTBに限らず、現状の日本における野外でのレジャー・スポーツ活動のフィールド確保の最大の障害となっているのが、多くの森林や山道を、誰が責任をもって安全に維持管理し、事故やトラブルの解決にあたるべきかが曖昧である点だ。このために、土地所有者や管理者が、賠償責任を問われるリスクを恐れて利用への開放や許可に消極的になっている。ニュージーランドの事故補償制度は、まさにその点を直接解決に導くものだが、その他にも、フィールドの維持管理にあたっての土地所有者、管理者、利用者それぞれの責任の所在を明確化した「法律」や「条例」を制定する方法もある。これらの制度構築にあたっては、マウンテンバイカーとして他の野外活動の団体と連携し、政治的影響力を発揮していくことが不可欠になろう。

一般的に、新しい価値や活動が、既成の価値との軋轢とそれに伴うリスクを克服し、社会に受け入れられていくには、少なくとも4つのレベルに跨る取り組みが必要になる(図2)。アメリカでは、IMBA本部がこのうちの制度保障レベル、全国的な意思決定レベルにて、マウンテンバイカーを代表した働きかけを行い、地域の各支部やマウンテンバイカー団体による地域的な意思決定、合意形成、社会認知レベルの取り組みをサポートしてきた。現状、日本では、地域連携活動を通じて、地域における意思決定、合意形成、社会認知レベルでの取り組みが進んでいる形となる。そこから更に、地域連携活動を「やりやすく」「続けやすく」するためには、地域での事例・情報を集約し、その成果や展開を長期的に保障する制度構築を目指す取り組みが求められていくように思われる。

相互連関

レベル	【軋轢・リスク克服の手段】	【軋轢・リスク】
制度保障レベル	権利・義務・責任の明確化、長期的な利用保障	法令等による禁止措置
意思決定レベル	利害主張、ロビイング、政治交渉、調整策決定	規制のルール策定、短期的転換
合意形成レベル	話し合い、相手への配慮・譲歩、信頼関係構築	反発・妨害・嫌がらせ
社会認知レベル	宣伝・普及・ユーザー増加、マナー・意識向上	無知・誤解・逸脱視

図2:新しい活動における軋轢・リスク克服に向けた各レベルの取り組み

参考文献:

Baumgart, D. (2006) Downieville Classic: Bikes bring gold back to Sierra County (https://www.theunion.com/news/downieville-classic-bikes-bring-gold-back-to-sierra-county/)(取得日:2021年6月21日)

Carothers, P., Vaske, J., Donnelly, M. (2001) Social Values versus Interpersonal Conflict among Hikers and Mountain Bikers, Leisure Sciences 23 (1), pp.47-61

Cordell, H. K. (2012) Outdoor Recreation Trends and Futures, USDA Forest Service General Technical Report, http://www.srs.fs.usda.gov/pubs/gtr/gtr_srs150.pdf (取得日:2017年6月20日)

平野悠一郎(2016)「マウンテンバイカーによる新たな森林利用の試みと可能性」『日本森林学会誌』98(1):1-10

平野悠一郎(2017)「「山や森を走ること」からの地域再生・環境ガバナンス構築の試み:マウンテンバイカー、トレイルランナーによる「ずらし」と「順応」」宮内泰介編『どうすれば環境保全はうまくいくのか:現場から考える「順応的ガバナンス」の進め方』新泉社:136-157

平野悠一郎(2018a)「アメリカの林地利用の調整における利用者組織の役割:IMBAを通じたマウンテンバイカーの取り組み」『林業経済研究』64(2):12-23

平野悠一郎(2018b)「イギリスの野外トレイルにおける多様な利用の調整:湖水地方を事例として」『林業経済』71(9):1-18

平野悠一郎(2018c)「マウンテンバイカーによる自然アクセス担保の方法と課題:世界各地の事例から」(2018年林業経済学会秋季大会報告要旨)

平野悠一郎(2021)「レクリエーション」小賀野晶一・奥田進一編『森林と法』成文堂:111-126

Natural England (2015) Monitor Engagement with the Natural Environment: Annual report from the 2013-2014 survey:20-22 (http://publications.naturalengland.org.uk/publication/6579788732956672?category=47018)(取得日:2017年8月21日)

嶋田大作・室田武(2010)「放型コモンズと閉鎖型コモンズにみる重層的資源管理:ノルウェーの万人権と国有地・集落有地・農家共有地コモンズを事例に」『財政と公共政策』48:77-91

Watson, A. E., Williams, D. R., Daigle, J. J. (1991) Sources of Conflict Between Hikers and Mountain Bike Riders in the Rattlesnake NRA, Journal of Park and Recreation Administration 9 (3), pp.59-71

Weiss, E. (2019) Bentonville, Arkansas Is Disneyland for Mountain Bikers (https://www.outsideonline.com/2405323/bentonville-arkansas-mountain-biking?fbclid=IwAR0QGwJSo6Dht7_-HLp-4R9FfSG9MfsWMwsTal7SWCxazYCcQ2iFAoOPHVQ)(取得日:2021年6月21日)

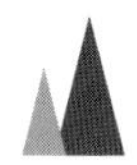

マウンテンバイカーと野外フィールド #01

「友の会」の作り方

～地域に根差したボランティアのフィールド確保～

中沢　清

西多摩マウンテンバイク友の会代表

西多摩マウンテンバイク友の会（以下「友の会」）は、東京都の西多摩地域で、丘陵地や里山の自然再生や公園・遊歩道の維持管理などをボランティアで行っているマウンテンバイカーの団体である。当初、MTBで山道などの未舗装道路を走り、自然を楽しむ「トレイルライド」は、一部で自然環境を壊す走り方や民地への無断侵入などで地権者や管理者とのトラブルがあり、多くの山から締め出されつつあった。私達の「友の会」は、このままではMTBを楽しむ場所が無くなってしまうという危機感から、マウンテンバイカー自身が、他の関係者に配慮したマナーをもち、フィールドの所在する地域に認めてもらうための活動を行っていこうと、2010年に発足した。

地域貢献活動への入り方

私達は「友の会」の発足前から、マウンテンバイカーとして西多摩地域の山でゴミ拾いや道の補修などを率先して行っていたが、個別の地権者の土地でのアンダーグラウンドな活動では、なかなか地域のトレイルライドへの理解に結びつかないと感じた。そこで、自宅近くの自然豊かな狭山丘陵の都立公園である野山北・六道山公園の管理所に行き、「私は瑞穂町でMTBショップを経営している者ですが、なにかMTBに関してお役に立てることはありますか？」と相談したところ、公園利用者からMTBのトレイルライドへのクレームがいくつかあるため、同じマウンテンバイカーの立場から、乱暴な乗り方をしている人達にルールやマナーを普及啓発してほしいという提案を受けた。そこでまず、「友の会」として、管理所と協力して「自転車マナーアップキャンペーン」を行うことにした。MTBに乗って狭山丘陵を走りながら、トレイルライドのマナーアップ小冊子を配布し、自然環境や他の公園利用者に配慮した楽しみ方を普及啓発する取り組みだ。また、パークレンジャーと共にMTBを使用して公園内の動植物を観察するガイドツアーを行い、参加者には乗り方やマナーを伝えながら、自然の中をゆったりと走る楽しみを経験してもらうようにした。こうして、直接、多くのマウンテンバイカーと交流し、また、体験の機会を提供することで、「友の会」のメンバーも次第に増えていった。

同時並行して、野山北・六道山公園でのボランティア活動も開始し、外来植物駆除作業や園路の補修、祭りの手伝い等をするなかで、マウンテンバイカー以外のボランティアの方々とも交流が生まれていった。同じフィールドを愛する者同士がボランティアを通じて連携することで、マウンテンバイカーにとっても居心地のよい空間に変わっていくことを経験した。「友の会」設立の直接の契機は、この活動が公的な記録として残るように、社会福祉協議会を通じて、東京ボランティア市民活動センターに団体として登録し、併せて野外活動ボランティア保険にも加入するためだった。

あきる野市菅生・深沢地区での私達の活動は、よく走らせてもらっていた山道のある菅生地区で、町内一斉清掃のゴミ拾いに参加したことがきっかけだった。そこで強く感じたのは、参加していた方々が、地域に暮らす者として、協力して町内をきれいにしていこうという共通の思いだった。そんな方々に交じってのゴミ拾いを重ねるごとに、少しずつ、私達も色々な話ができるようになっていった。そうすると、町内の方からは「なんでMTBの人たちはここにきてゴミ拾いをしているの？」という質問が出てくる。そこではじめて、私達は「MTBで走ると楽しい道があって、少しでもその地域のお手伝いをしたいという思いからゴミ拾いをしています」と気持ちを伝え、同時に、地域からのMTBへの率直な印象も語ってもらえるようになった。これまで、山の中ですれ違った時に挨拶すれば大丈夫だろうと思っていたが、「挨拶もなく、勝手に人の土地に入ってきた」「山の中で出会った時にはスピードが出ていて怖かった」ということを聞かされ、改めてMTBが地域に受け入れられるには、我々マウンテンバイカー自身の配慮や努力が欠かせないのだと実感した。地域の住民の方々の話を聞けるようになる、というのはとても大事なことで、そこからマウンテンバイカーがどのような事をしていけばいいのかが見えてくる。

このボランティアでの清掃活動を通じて、あきる野市等が中心となった「あきる野菅生の森づくり協議会」に「友の会」として参加することができ、地域の森林を活用する手段としてMTBが位置づけられるようになった。例えば、大部分があきる野市の所有地である菅生地区の活動場所では、地域活性化の観点からの「友の会」による森林整備を行っている。その際、各団体の参加者が活動時にMTBに親しめるコースの設置が認められ、そこで市のMTB体験教室も「友の会」の運営の下で開催されている。

また、2011年4月から、西多摩地域の都立羽村草花丘陵自然公園大澄山でも、毎月、ボランティアによる環境整備活動を行ってきた。これは、菅生地区での清掃活動を通じて知り合った環境教育活動を行っているNPOふるさとの森づくりセンターの代表者の方から、整備の手伝いを依頼されたことがきっかけだった。西多摩地域でも、丘陵地や里山に暮らす人々は少なくなりつつあり、森林整備や環境教育のボランティア団体も高齢化が進んでいる。そんな中、この代表者の方は、菅生地区での私達マウンテンバイカーの活動を見て、「この人達になら任せられる」と感じて下さったそうだ。当時、大澄山の斜面地は、木を伐採したまま放置された状態だったので、何とか綺麗にしていきたいということだった。私達「友の会」メンバーは、以前、幾つかのMTB専用コースでのコース作りや整備活動をした経験はあったが、本来の山に入って本格的な整備活動をするための知識・技術は不足していた。しかし、森林整備のベテランでもある代表者の方の指導を頂けるということだったので、これはかえって自分達の活動の幅を広げるチャンスと捉え、喜んで大澄山の整備活動に定期的に参加させてもらうことにした。

現在でも、大澄山での月一度の活動には、20名ほどのマウンテンバイカーが参加して、本格的な森林整備のスキルを磨きつつ、他の方々との交流や作業自体を楽しんでいる。ここでの活動は、「友の会」の会員が、はじめに山や森でのボランティア活動について、道具の使い方や雰囲気を含めて体験してもらう機会としている。ここで学んだものを他の地域での活動や、より深い山に入っての作業に繋げていくための場と位置づけている。初めての参加者は、なた、のこぎり、剪定ばさみなどの使い方を、ベテランの方々から学びつつ、低木を伐り、そこからなたを使って杭をつくり、枝木を剪定ばさみで処理をして、粗朶柵を作っていく。自分で伐り出して処理した木で粗朶柵が完成した時には、老若男女問わずに喜びが溢れる。そうして、森を整備しながら公園内の散策路も作っており、いつしか従来のハイキングコースから大澄山の斜面地へと、地元の散歩の方やハイカーの方が訪れるようになってきた。そうした歩く方々は、私たちが作業をしているのを見て、「ご苦労様」「ありがとう」「いつからここはこんなに綺麗になったんですか？」などと嬉しそうに言ってくれる。そして、そこ

はじめは狭山丘陵自転車マナー冊子を配るところからはじめた活動だが、今では公園・関係自治体と連携してMTBを使ったガイドツアー、サヤマヒルズライドを開催できるようになった。

トレイルのある地域の方々と一緒になって町内のごみ拾いをすることで、小さな交流が生まれる。大切なことは人と人のコミュニケーションである。

から会話が生まれるたびに、参加してきた「友の会」メンバーは皆、「これまで続けてきてよかった」と実感する。そうしているうちに、はじめは西多摩の山を走ってきたマウンテンバイカーでありながら、いつしかこの公園での整備活動自体が楽しくなり、MTBに乗らずに作業だけを目的に来る人も増えるようになった。

「ワーク&ライド」という新たな活動スタイルの確立

私達「友の会」では、皆が楽しく、継続的な活動をしていくために「ボランティアはやりたい人ができる範囲で」ということをはじめに丁寧に説明している。また、ところどころでそのような話をすることで、ボランティアに対して肩の力を抜いてもらう。そして、実際の作業を通じて、自分自身が整備活動をした場所がどんどんと素敵なものになってくること、自然環境や地域の暮らしについて学べること、森林整備や野外活動における知識・技術を学べること、仲間が増えていくということ。運営側では、これらの魅力を参加者に実感してもらえるよう、配慮しつつ活動スタイルを構築してきた。

その中で、ボランティア活動の前後に、会員が気兼ねなくMTBに乗れるというのはとても大事なポイントになる。「友の会」では、皆がMTBに乗って活動に参加しやすいよう、東京ボランティア市民活動センターの「ゆめ応援ファンド」の助成を受けて作業道具一式を購入した。このため、参加者はMTBと自分の身の回りのものだけをもって、活動に参加することができる。これが、会員数の増加や継続的な活動に繋がることにもなり、多くの人が集まればボランティアの作業時間も短くなる、という好循環を生んだ。

その結果、定期的な「友の会」の活動として、各場所にて月数回、2〜4時間ほどのボランティア作業を行い、その前後はMTBのライドを楽しむという、「ワーク&ライド」というスタイルを確立することができた。これは野山北・六道山公園、あきる野市菅生・深沢地区、羽村草花丘陵自然公園大澄山、瑞穂町の平地林など、現在、展開している全ての地域での「友の会」の活動スタイルとなった。メンバーはMTBを楽しみながら、地域の方と交流しつつ、その地域や自然環境が良い形になっていくことに喜びを感じている。自分達が手をかけることで、愛情が芽生えた土地でMTBに乗るのは、やはり格別なことなのだ。ノルマ的作業ではなく、無理のない内容で楽しみながら作業をおこなう。作業後に、参加者みんなでMTBを楽しめる時間を作ることでバランスの採れた、充実した1日を送ることができる。それが継続性ある活動につながっているポイントだ。

また、この活動のスタイルは他のボランティア団体が設立される際にも受け継がれ、周辺自治体の職員ほか市議会議員、町議会議員も活動を見学〜地元を持ち帰ることで、日本の各地に広がっていった。

大人も子供も一緒に里地里山活動。みんなで行えば作業もはかどる。自分たちが関わった場所を走るときの気持ちよさは格別だ。

意識の変化をもたらした東京都自然公園利用ルール

私達が「友の会」の活動を始めて数年が経った２０１４年11月、東京都環境局から「東京都自然公園利用ルール（案）」（以下「ルール（案）」）へのパブリックコメントが募集された。この「ルール（案）」には、「マウンテンバイクは登山道へ乗り入れないようにしましょう」との項目があった。このシンプルな文言に多くのマウンテンバイカーは驚き、このままでは、ほとんどが自然公園に含まれる東京都西部の山道にMTBが乗り入れ出来なくなると危機感を持った。私自身は、以前からの都立羽村草花丘陵自然公園での活動を、東京都の担当行政への窓口を作るためとも位置づけていた。その中で、自然公園でのトレイルランナーの増加やトレイルランニングの大会開催に対し、東京都へ多数の苦情が寄せられていると聞いていたので、MTBのトレイルライドも同様の取り扱いになる恐れがあると予想していた。そこで、全日本マウンテンバイク選手権クロスカントリー優勝者（当時）の武井亨介氏の声掛けから始まり、この「ルール（案）」に向き合うグループがFacebook上に作られ、１０００人に迫る登録者によって多くの議論が交わされた。その結果、①東京の自然公園でのMTB利用に関する自主ルールの冊子をつくること、②東京都との連絡窓口をつくることが決められた。また、武井氏を含めた有志で東京都環境局の職員と意見交換を行い、マウンテ

「友の会」の作り方 〜地域に根差したボランティアのフィールド確保〜

中沢 清　西多摩マウンテンバイク友の会代表

東京都の自然公園での月例整備活動。ここでの整備活動をしていたことが「東京都自然公園利用ルール」の時に都環境局との話を進めていく上でとても重要な役割を果たした。

ンバイカーが走っている場所や走り方に加えて、「友の会」があきる野市で取り組んできたボランティア活動も実際に見てもらった。その上で、第3回・第4回の東京都自然公園利用ルール検討委員会には、マウンテンバイカーを代表して私も出席することになった。そこで、MTBとはどういう乗り物で、どのような場所を走っているのか、実際に起こっているトラブルと、その解決に向けてマウンテンバイカー達がどのように関わっていけるのかを説明した。「友の会」を含めた各地の活動を事例に、マウンテンバイカーのフィールドでの取り組みと、そこから展開していく可能性についても話をした。

その結果、東京都環境局やルール検討委員会からは、私達マウンテンバイカーが地域貢献活動を行いつつ、自主ルール冊子の「Safe Trails」を広く配布するなど、健全なフィールド環境づくりを自発的に目指していることを評価してもらえた。また、前述のグループ活動などを通じて、421件ものMTB利用に関するパブリックコメントが東京都に寄せられたこともあり、2015年3月の利用ルール策定においては、「ルール(案)」の段階のシンプルな規制文言は撤回され、MTBのトレイルライドへの一定の理解が示された形となった。

この経験は、東京都のみならず、各地のマウンテンバイカーたちの意識を確実に変化させた。「ただ山道を走る」のではなく、様々な利用者と自然環境への配慮を忘れずに、MTBを通じて地域や自然に親しむ楽しみを伝えやすいマウンテンバイカーが増えつつあると感じている。

ボランティア活動が結ぶ マウンテンバイカーと地域

こうして、発足から10年以上の活動を経て、「友の会」の会員は270名を数えるまでになり、ボランティアによる丘陵地や里山の自然再生や公園・遊歩道の維持管理、走行マナー順守の呼びかけなどの活動日数は年間80日を超え、のべ1000人以上が参加している。会員の増加と活動の拡がりを受けて、「友の会」では、各活動場所のリーダーと運営チームを設けて各地区での活動やイベントの運営にあたるようにしている。

私達「友の会」の活動がここまで成長した理由の一つは、首都圏にあってアクセスしやすい自然の豊かな西多摩地域が、多くのマウンテンバイカーを惹きつける場所だったからだろう。それと同時に、多くの地権者や他の利用者、都立公園・自然公園等の敷地を抱える地域への「入り口」として、しっかりとした基盤の上でのボランティア活動を展開してきたことが、大きな理由だと強く感じている。

ボランティア活動は、私達マウンテンバイカーが、地域での暮らしと結びつく入り口である。実のところ、マウンテンバイカーはどこであっても、地域に暮らす人々や、行政や他の団体を含めた公園の管理者からも必要とされる要素や可能性を持っている。そうした人々と一緒になって、地域の暮らしや楽しみを支える活動に参加することで、お互いに心を開いた関係が作られていく。そして、地域の人々の暮らしを知り、地域の側から必要とされることで、私達マウンテンバイカー自身も、「地域の人」となっていくように感じられる。MTBで走る山道だけではなく、その周辺の環境や、それを支えてきた人々に目が向き、ひいては地域への愛着に繋がっていく。そして、将来、その地域を担う子供たちとの関わりをはじめ、人材育成にも関心が及んでいき、自分自身が高齢者になってもずっと関わっていけるような、「地域の人としてのマウンテンバイカー」に変貌を遂げていく。このような人が生まれていくことで、はじめてトレイルやコースを含めたMTBのフィールドも、持続的に守られていくのではないだろうか。

親子で親しめるボランティア活動。日頃の里山の整備だけでなく、子供向けMTB体験イベントの時には彼らが大活躍する。子供ならではの目線で参加者をサポートする姿から、私たち大人が学ぶことは多い。オフタイムでは子供らしい姿を見られるのも親として嬉しい。次の世代に繋ぐことがボランティア活動には重要だ。

マウンテンバイカーと野外フィールド #02

農山村と山道での MTBのフィールド作りで大切なこと

弭間（はずま） 亮

一般社団法人南アルプス山守人 代表理事
南アルプスマウンテンバイク愛好会 代表

ＭＴＢの地域活動においては、ＭＴＢ以外との関わりが重要になる。ＭＴＢは山道を走行することが楽しい遊びだ。しかし、そのフィールドとなる山、もしくは山道というものは、様々な歴史があって現在に至っている。

昔、標高約2000mの峠を越えて早川町の温泉に湯治に通ったという道"湯道"。

日本の多くの山は、化石燃料が普及するまでは、炊事に必要不可欠な薪や農耕の際の堆肥を作るための落ち葉を集める場、山菜やキノコなどを採集する場、木材を作り出す場に使われるなど、人間が生きる上で必要不可欠なものだった。そしてその中に設置されていた山道には、前述した生活の営みに必要なアクセス路だったり、山を挟んだ反対側の集落との交易で使った道、通勤通学路、湯治に行くための湯道、炭焼きや林業でソリを馬でずり引いた道などが含まれる。今の時代からは容易に想像つかないが、山には今以上に頻繁に人や馬が入り、下草から木材までが林産物として全て利用されていた。それだけ多くの方々による利用がなされてきたため、山には様々な複雑な仕組みがある。その中で、日本の法制度においては山道がはっきりと定義づけされていないこともあり、日本の農山村や山道でＭＴＢに関する活動を行うことはとても不安定な状況にある。だからこそ、これまでのその地域の歴史、文化、自然というものを、まずは興味を持って学ぶことが重要だ。それに加えて、直接、地域の方々と触れ合い、ヒアリングをしていくことで、お互いの理解が深まり信頼関係も構築できる。その信頼関係に基づいて、我々マウンテンバイカー側も責任ある行動を取るようになり、安定的かつ持続的なＭＴＢのフィールド作りの活動ができるようになっていく。

日本の山には長い歴史があり、その結果として様々な法令などの制度や仕組みが絡み合っている。その仕組みは複雑怪奇で、そう簡単に理解できるものではない。旧道を再生させたり、新規でトレイルを作るということは、個々の地権者の土地のものを動かしたり、土地を改変する行為になり、様々な法令にふれることになる。例えば、そこが地元の人々や他の地権者にとっても重要な水源や森林である場合などは、自分の土地だとしても簡単に自由にできるものではない。そういった知識が無いままでは、たとえ「地域の役にも立つからいいだろう」との善意で山道を整備したとしても、罰則を科

昔、山や山道は林業をはじめよく利用されたが同時に山は危険な場所でもあったため、その安全祈願のために随所に山の神様が置かれた。

されることすらあり得る。少し遠回りで根気のいることかもしれないが、日本の山や地域にはそれだけ過去から積み上げられてきた歴史がある。皆さんがご先祖様を敬うように、その山や地域の歩みにも敬意を払う必要があり、その結果として、フィールド作りの活動がスムーズに進むことになる。

もう一つ注意したいのは、現代においても、山には様々な利用者がいるということだ。例えば、登山者、トレイルランナー、山菜やきのこの採集者、狩猟従事者、林業従事者、自然保護団体、行政関係者など。それらの中で、マウンテンバイカーは最も新米の部類に入る。さらに、あくまでも「道路交通法」上の区別で全ての山道に適用されるわけではないが、MTBは「軽車両」にあたる。自分の足を使って山道を歩く利用者にとって、どうしてもマウンテンバイカーは目立つ存在になる。海外の写真や動画の影響もあり、激しく危険で自然破壊的なイメージを持たれ、事故等のリスクの高いものとして捉えられる場合が多く、山の中でのMTB利用に関して反対する風潮もある。まずは、先程の地域へのアプローチと同じく、それぞれの利用者について詳しく知っていき、またコミュニケーションを取ることが重要だ。お互いが話し合い、理解し合い、共通の課題を探り、協力・共存することで、山でのフィールド作りの活動がうまく進むようにもなる。

このように、日本の山は様々な要素が複雑に絡み合っていて、さらにマウンテンバイカーのような新興の利用者の権利や義務が、制度面でも確立されておらず、非常に危うい状況が続いているのが現状だ。その状況では、地元の人々、地権者、他の利用者などの様々なステークホルダーと、しっかりとした丁寧なコミュニケーションを重ね、ひとつひとつ確認をしながら活動を進める、という根気強さが必要になってくる。

しかし、そこには大きな魅力もある。コミュニケーションと信頼構築の課程で、ただ消費的に走行を楽しむだけでは絶対に味わえない、地域の歴史が積み重なった「日本の山の奥ゆかしさ」というものを知ることができるのだ。これが、日本での農山村や山道でのMTBのフィールド作りを志す活動家の人生を豊かにしてくれることは間違いない。

地域の清掃活動を毎年お手伝いさせていただいている。それは、「お手伝いをすれば山を走らせてもらえる」という考えではなく、使わせていただいている山や地域、歴史文化伝統への敬意として自主的に行わせていただいているという考え方である。

毎年夜祭りをお手伝いさせていただいている。お祭りはやはり地域や山、神様に感謝する行事であり長年地域の方々が大事にしてこられたもの。そこには人が集まり自然なコミュニケーションが生まれ、つながることで活動は自然と前進することになる。

地域コミュニティの支援も定期的に行う。そこでは世代間を越えた都市農村交流が自然に起き、お互い知らなかったことを知ることができ、そこで化学反応が起き、農山村地域での新たな文化ができつつある。これが日本のMTBの可能性でもあり地方創生における大きな役割のひとつである。

マウンテンバイカーと野外フィールド #03

都市近郊林と里山での MTBのフィールド作りで大切なこと

中川弘佳
箕面マウンテンバイク友の会代表

なんとなく、なんとなく気持ちよく、仲間がいて楽しいと、ただ笑って走っていた。

この山道がなぜあるのか、誰が作ったのか、考える余地もなくただ走っていた。ふと、本当にふと、「今のMTBのグレーゾーンがブラックになるのはたやすい事なんだろうな」と思った。今の自分達マウンテンバイカーは、この山にとって、あってもなくてもいい存在。よくすれ違うハイカーさんからしたら、「いない方がいい」と思われている存在かもしれない。これって?

自分が楽しいと思っているMTBでの山遊びは、そんなに悪いと思われることなのか。そんな不安と危機感を払拭するにはどうしたらいいのかと考えると、答えは簡単だった。フィールドである「山にとって良い存在」になる。そのためには、まず、「山の仲間になろう」と考えた。

大阪の中心部から車でわずか30分。都市近郊にあり、自家用車で訪れやすいドライブウェイが整備されている箕面の山には、それぞれの視点で山を訪れ、山に携わっている方や団体さんがとても多い。また、訪れる人が多い分、皆が関わるベースとなっている貴重な環境を壊してしまう要素も多くなる。例えば、ドライブウェイ沿いには、目を覆うような不法投棄もあった。自分達も、この山の自然や景観があって、MTBを楽しませてもらっている。そのフィールドを守るためにも、ぜひ「山にとって良い存在になろうとしている方々」のお手伝いをしようと思った。毎年、クリーンハイキング(毎月定期コース清掃活動・大掃除大作戦)等で、他の活動団体の皆さんと力を合わせて不法投棄の撤去をしているが、多い時は1日で3トンほどにもなる。これがほとんどの日本の都市近郊林や里山の現状でもあって、それは裏返せば、「山にとって良い存在」になろうと思うなら、自分達マウンテンバイカーにできることはすぐそこにある、ということだ。

里山での環境維持活動は、新しく関わろうとしても敷居がとても高く、「山は自然のままで手

箕面の山パトロール隊が主催の箕面の山の大掃除大作戦。友の会の担当は不法投棄の一番多い場所で、パトロール隊のメンバー、一般参加者、友の会のメンバーにより、この日はこの場所だけで1トンほどゴミを回収した。

山の麓の神社では、地元自治会の皆さんからお声を掛けて頂き、一緒に秋祭りの前の清掃と年末清掃を。いつも飲み物などもご用意頂き、初詣に行くと御神酒を一緒に呑みながら山のお話をすることも。

をつけてはいけない」という方も多い。中には、マウンテンバイカーの存在をネガティブに捉えている方もいる。しかし、色々な考え方があっても、お互いに配慮して協力し合うことで、皆でこの自然を楽しみながら、次世代に繋いでいこうとしている方も必ずいる。飛び込んでいくことで、そういう方は必ず見つかる。

自分達は、最初、「恐る恐る」山の清掃活動をされている団体さんの活動に参加した。MTBに対してネガティブな意見を言われるかもしれない、と覚悟を決めての参加だった。そして案の定、厳しいことを言われた。でも、それは決してマウンテンバイカーを排除しようとする意見ではなく、「走るのであればこうした方がいいよ」という、私にとっては目から鱗で、金言の様なアドバイスだった。MTBに「鈴」をつけていれば、ハイカーもその音で注意できるから良いのでは、という意見もその一つ。今では、自分達の活動を通じて、箕面の山でMTBに乗る際、「鈴」をつけるのが一般的になっている。そんなふうにご一緒させて頂く中で、「恐る恐る」とか、「覚悟を決めて」とか、肩肘張っていたのが、すうっと抜けていくような心地のいい風を感じていった。そこから時間を見つけては、その団体さんの清掃活動に参加して、話をたくさん聞いた。山の木々の話、虫の話、浸食の話、生態系の話、山の昔話など、この団体さんの活動に参加していなければ決して聞けない、面白く貴重な話ばかりだった。これまで遊んでいたフィールドの事、自分達は全く知らなかったなと改めて思った。

それで「山の仲間になる」とは、よく言ったものだ。お話を伺っていて一番印象に残ったのは、「里山の道は人間が手を入れて造った道。だから、最後まで責任持って手を入れ続けないといけない」ということ。里山を守るためには、皆で力を合わせて関わることが必要。もちろん、様々な考えはあるかもしれないが、私にはとても腑に落ちた言葉だった。維持保全、保守。それが受け継がれてきたから、この里山の山道で、自分達はMTBが楽しめていたんだと分かった。もちろん、「MTBに乗るため」にこうした整備がされてきたわけではない。でも、その結果として、自分達マウンテンバイカーは楽しませてもらってきたのが現実だ。そうして守られてきた山道を、もし「ただ走っているだけ」だったら、傍から見たら、そして「守ってきた側」から見たら、どうだろう？……決して、気分が良いものではないはず。グレーゾーンのまま走らせてもらえているだけでも感謝だ。

自分達の目標は、そこから一歩前に進んで、「山の仲間になる」ことだった。積極的に「守ってきた側」の清掃活動に参加して、様々な垣根を取り払うことができていった。そして、1年ほど経った時、向こうから「ご指名」を頂いた。「マウンテンバイクの人と一緒にこの場所の清掃活動をしたい」。…向こうも、もしかしたらマウンテンバイカーに対して、垣根を感じていたのかもしれない。一緒に活動をすることで、それぞれの目線から、未知のものへの不安、ネガティブな先入観が抜けていった。更にその1年後には、現在では、関西一円の多くのマウンテンバイカーに愛される場所になった「新稲の森」を、箕面市からお借りできる事になった。

こうして、自分達、箕面マウンテンバイク友の会は、箕面の山を維持保全し、保守する人達の生態系に入っていけたのかもしれない。これからも、この素晴らしい環境を維持し、すれ違うハイカーさんと挨拶し、様々な立場の方々と他愛も無い話をして、心地良いと感じる、そんな優しい里山を守っていきたい。

山の整備の一幕。大雨などでハイキング道が浸食されていくため、土嚢を積んで補強と安全道の確保する。ハイカーの方にも声を掛けられ「MTBの人がやってるの？」と驚かれる事もしばしば。

地主さんからのご依頼を受けて、公的に山林整備活動を行っている。広大な敷地なのでコツコツと。マウンテンバイカーによる活動として、今後も繋げていきたいと思う。

マウンテンバイカーと野外フィールド #04

MTB文化を涵養（かんよう）する公共フィールドの可能性

丸山八智代
株式会社Evergreen outdoor center
国営アルプスあづみの公園
MTBパーク管理運営担当

2016年6月に開園した国営アルプスあづみの公園MTBパークは、子供から大人まで誰もがMTBを安心して楽しめる場所として、地域のMTB文化を涵養する基地としての役割を果たしている。私の所属している株式会社 Evergreen outdoor center は、公園の指定管理者である一般財団法人公園財団からの業務提携を受け、MTBに関する専門的知識や技術を駆使して、このパークでの利用者の安全や満足度を担保した運営管理の実践にあたっている。

こうした運営管理への道のりは、決して簡単ではなかった。初の国営MTBパークとして、その運営チームが立ち上がった時、公園管理側としては、MTBの取扱い自体がゼロからのスタートであったものの、当時の担当者にMTB経験があったので、その担当者を中心に、実際のパーク運営に従事する私達との情報の擦り合わせ、コミュニケーション、ヒアリングが重ねられた。パーク開園後も、公園管理側と運営側で年度ごとに起きたトラブルを振り返りつつ、適時改善していく事を最重要視している。マニュアル化されていない運営管理形態を、新しく作っていく過程は面白くもあり、難しくもあった。特に、初級・中級・上級のコース設定の際には、有識者を加えての話し合いが持たれた。また、公園内の自然とMTBパークが共存する事の難しさもあった。例えば、雨が森の中を伝い大きな水流となってコースにダメージを与えたり、直接、地面を叩きつける豪雨がコースを浸食したこともあった。地形や天候を読むという想像以上の難しさが、MTBパークの運営管理には付きまとう。その他にも、レンタルバイクの整備、初めてMTBに乗る来訪者へのインストラクション、サイズ選びの基準・方法、安全にコースを利用してもらうにはどうしたら良いかなど、様々な課題を綿密に運営チームで擦り合わせていった。

誰もが安全に利用してもらうには、定期的なコース整備が不可欠になる。MTBパークの開園日は、4月の最終週末から11月の最終週末までの土日祝日、及び毎月の第3水曜日で、GW期間中と7月海の日〜8月末日までは毎日開園している。コース整備は、この間の閉園日や点検作業中に行っている。主な内容としては、土を補修材とした路面の舗装、ショベルや鋤での溝掘りを通じたコース上の水流の回避、落葉や台風後の折枝、倒木の撤去などである。コースが大きなダメージを受けた場合は、担当の運営スタッフから公園管理センターへと報告され、そこから工事業者へと整備が依頼される。冬季の閉園期間は、積雪や凍結により整備作業を行うことが難しいため、シーズンインする前、雪解けを待って約1カ月程度の期間を設け、開園に向けての全面的なチェックと整備を行っている。

来訪者への対応も、様々な工夫を必要とする。初心者でも気軽に楽しめるのがコンセプトであるため、初めてMTBに触るという来訪者も多い。その上、基本のレンタル時間を1時間と設定しているので、その間、怪我なくライドができ、満足して帰ってもらうにはどうしたら良いかを考えねばならない。この観点から、私達運営サイドでは、関連の資格や社内トレーニングを受けたスタッフが、レンタルバイクの貸し出しに際して、初心者の立場に沿ってレクチャーする仕組みを整えた。レクチャーの内容には、乗り方、ブレーキの使い方、ギアの替え方などの基本操作はもちろんのこと、コース内でもし怪我が起きた場合の対応や、お勧めのコース等も含まれる。また、初心者と経験者が同じコースを利用する事もありうるので、それを見越して、スタッフのコース巡回や声掛けを行い、その都度、情報共有するなどの対応を図っている。事前の来訪者対応の主な流れを整理すると、以下のようになる。

1　来訪者にはレンタル受付用紙をまず記入してもらい、身長から算出したサイズ表をレンタルバイク貸与の基本的な目安とする。

2　それを見た貸し出し担当スタッフは、実際の体格やサイズを見比べ、適切なサイズを判断し、それに沿ってお勧めする形で自転車の貸し出しを行う。この時、脚が届かないなど、安全面におけるスタッフの判断で、貸し出しをお断りする場合もある。

3　ヘルメットの常時着用義務を周知する。持ち込みのバイクで入園された方にも同様に着用義務を徹底する。

4　コースの利用方法と現状のコンディションをしっかりとお伝えする。

5　緊急時の連絡方法を周知しておく。

レンタルバイクの点検も欠かせない。私達は、パーク営業終了時に毎回、点検を行い、1台ごとに「カルテ」を用意して状態を把握・管理している。調整が必要なバイクや、交換が必要な部品については、それに基づいて順次対応している。また、現場では対応できない故障に関しては、公園管理センターを通じプロショップに整備依頼している。

公共フィールドとしての安全管理を全うするには、関連保険の整備も重要なポイントだ。国営公園自体で施設賠償保険に加入しているが、その他、保有する個別のレンタルバイクについても、公園管理者として全台、自転車賠償（傷害）保険に加入し、不測の事態に備えている。また、2019年10月1日より「長野県自転車条例」が施行され、施設事業者に対して、持込自転車に対する自転車賠償保険の加入確認、及び加入利用が義務付けられた。これに対応する形で、MTBパークでも、持ち込みバイクの来訪者に対して、未加入の場合は保険加入が選択できるようにしている。

そして、これらの業務を実践できるスタッフの確保が、MTBの公共フィールドの運営管理では何よりも重要となる。ここでの運営スタッフは、私を含めてEvergreen outdoor center社から派遣されている。社内ではスタッフ派遣にあたって、野外・災害救急法（WFA）に基づくファーストエイドの40時間講習による資格取得を必須としており、また、カナダをベースにするMTBインストラクター資格であるPMBIA、もしくはそれと同等のレベルの資格取得、又は社内トレーニングをパスした者のみが対象となる。こうして、MTBの技術や野外での救急救命に習熟したスタッフが常駐していることが、安全なMTBパークの実現を支えている。

私自身は、1990年代後半にレース（大会）参加を目的としたレーサーとしてMTBに関わるようになり、各地の数多くのレースに出場してきた。その後、自らの経験や技術を活かす形で、公共フィールドの運営管理に携わることができている。当時は、競技参加者や興味のある人でないと、なかなかMTBに触れる機会もなく、走る場所も山の中を手探りで楽しむといった感じだった。その20年前とは大きく変わり、国営アルプスあづみの公園のように、お子さん連れの家族でも、皆が一緒に体験できる公共フィールドの出現を見ると、MTBが身近な乗り物、一般的なスポーツとして認知され始めたのだと実感する。このパークでの体験をきっかけにMTBを購入したという方や、付近にコテージを借りて毎週のように訪れる方もいる。また、パーク内では、補助輪サポートから二輪で走る段階で、楽しんでいるお子さんもよく見かける。子供の頃から親しんでいれば、MTBはぐっと身近な存在となり、趣味、競技、生涯スポーツとして将来に繋がっていく。MTBの公共フィールドは、こうした地域でMTBに親しむ子供たちを増やし、その親御さんをサポートできるような環境を提供できる。この動きが徐々に広がれば、やがてサッカーや野球のように、地元に根づくクラブチーム、もしくは社会人チームの下部組織のようなスポーツチームが生まれていくことも考えられる。これらの地域からのMTB文化の涵養と発展の軸となるよう、安全で快適に楽しめる公共フィールド作りを進めているのが、国営アルプスあづみの公園MTBパークだ。

国営アルプスあづみの公園マウンテンバイクパーク

マウンテンバイカーと野外フィールド #05

道が持つ魅力の体験とMTBの地域ビジネスの両立

松本潤一郎
株式会社 BASE TRES
西伊豆古道再生プロジェクト代表

澄み切った薄い空気の中、ひたすら山肌に刻まれたトレイルを歩いていく。聞こえるのは遠く谷の反対側から届くヤクのキャラバンが「がらん、ごろん」と鳴らすカウベルの音と、ヒマラヤの深い渓谷からチベット高原へ吹き抜ける乾いた風の音だけだった。

17歳の時に、単身ヒマラヤ・アンナプルナのトレイルを歩くトレッキング旅へ出掛けて行った。車が通れる道などは無く、山の奥の村までは歩いて行くか馬に乗っていくしかない。生活に必要な物資は人が担ぐか、ヤクやロバなどの家畜に運ばせていた。ヒマラヤのトレイルは生活のためのライフラインでもあり、それは毛細血管のように山々に張り巡らされていた。この旅が、自分の「道のはじまり」となる。

その後、ヒマラヤへは何度も通い、パキスタンのカラコラムや南米のアンデスなど、世界の広大な山脈へ魅かれて20代半ばまで海外をまわる旅を続けた。帰国後、日本のどこか自然環境が豊かに残っている土地で生活をしてみたいと思い、伊豆半島の西部へ移住して来たのが2007年。海と山とが至近に交わり、まるで海から山が生えているかのようなこの土地で暮らし始めたが、まだ旅のひとつの通過点だとこの時は考えていた。

せっかく日本に戻って来たのだから技術が身に付く仕事をしてみたいと考え、住み込みで旅館の調理場で働きはじめることにした。日本食のシェフの技術があればヨーロッパや北米でも就労ビザや永住権も取りやすくなることを知っていたからだ。働いていた旅館の洗い場には地元のお年寄りたちがアルバイトに来ていた。若いころは遠洋漁業の船で海外へ行っていた元船乗りのおじいさんたちと意気投合し、マグロを追いかけに出掛けていた南米コロンビアでの武勇伝や、伊豆の昔ばなしなどを聞かされ、国内にいながらも伊豆という小さい国に滞在しているような感覚を得た。そして、そんな会話を続けているなかで彼らに聞いたのが「古道」の存在である。

「昔は親の手伝いに、山に入って炭を下すのを手伝ったもんさ」

海が荒れる冬の時期は、漁師たちも山に入り炭焼きをしていたらしい。なんだ、面白そうだなと詳しく話を聞いてみると、車が通る道が出来る前は村や集落を結ぶ山道があり、山に入れば尾根伝いにどこへでも移動できたと教えてくれたのだった。

たしかに、車で移動できるようになったのはたった「100年」かそこらでしかなく、割と「最近」になってからの話だ。日本でもほんの少し前はネパールの山奥と変らず、人や馬などで移動するほかに手段はなかったはずなのだ。

トレイル、土の道を歩く旅が好きだったのでその古道を見てみたくなり、老人たちに入り口を教えてもらうと休みの日に古道を探しに出掛けてみた。集落を抜けて山の麓から登り始めるとハーフパイプ状になった道が現れた。倒木や枯れ枝が堆積していて、まともに歩くこともままならない程に荒れ果てていたが、道は山の中を巡りながらどこまでも続いているようで、大きな尾根まで出ると無数の支線の道が交錯していた。伊豆に住みはじめて数年が経った頃だったが、目の前に広がる海で釣りをしたり、カヤックに乗ったりすることばかりしていたので、こんな自分のすぐ近くの山にたくさんの道が眠っていたとはそれまで全く気が付かなかった。しかも、海外では見たことの無いハーフパイプの形状になった区間も多くあり、なぜこんな形の道になったのかが不思議に思えたが、それは山で焼いた炭をそりに積み、ひいて降ろしていたのを何百年と繰り返していたためだとお年寄りから教えてもらった。この荒れた古道を見つけた時に考えた。これを直してMTBで走れるようにすれば、伊豆に山の観光やアクティビティツアーを造れるかもしれないと。

ヒマラヤやアンデスのインカトレイルなど、海外を旅して周っていた時にトレイルが観光になっているのを見てきた。この伊豆の土地でもトレイルを観光利用するという可能性はある。一度使われなくなった古道を再生して、新たなトレイルとして蘇らせるというストーリー立てもできるだろう。伊豆は夏を中心とした海の観光がメインだが、これほど海と山が近いのに山のアクティビティは皆無であった。自分が住んでいた集落の裏手に、急に手つかずの埋蔵された資源を見つけたような興奮を覚えたのをはっきりと記憶している。

それからは明治時代の古地図や町の歴史書などを読み、古道や伊豆の山の歴史などを調べながら、仕事が休みの度に古道を探す日々がはじまった。教育委員会が発行する町の文献を読むと、この古道が1200年前から存在することがわかった。そして、その山の中に眠っている古道の距離は膨大で、ひとつの町だけでも総延長100㎞近くになり、広域に西伊豆エリアで見ると数百㎞の古道が存在することを知った。

ただ、ここで疑問が生まれた。MTBで山道を走行することは道路交通法などでの違法性は無いのかと。いろいろな地域でMTBが登山道や遊歩道を走行し、ハイカーや他の利用者からのクレームから「MTB禁止」となっている場所があることを聞くことがあった。さらに伊豆は国立公園に指定されているところも多く、伊豆半島の深部にある天城山系は特別保護区とされている場所も存在する。観光事業として成り立たせるにはこの問題をすべてクリーンで明白な状態にしていなければならない。

まずは、道路交通法などを調べてみた。伊豆の古道は赤道や里道と呼ばれる最小の道のカテゴリーに入ることがわかった。本来の古道の使われ方として人が歩くことはもちろんのこと、荷物や炭を運ぶためにそりや馬が通っていた。そりと馬の定義を探すと軽車両の中にそれがあり「自転車、荷車その他人若しくは動物の力により、又は他の車両に牽引され、かつ、レールによらないで運転する車(そり及び牛馬を含む)であって、身体障害者用の車いす、歩行補助車等及び小児用の車以外のもの」と記述があった。つまり、もともとこの古道はそりや馬が通るために使われていた事実があり、同じ軽車両に分類される自転車が走行することに法的な問題は無いことが判明した。国立公園に関しても、海岸線と標高の高い場所にある国有林以外は国立公園の範囲外となっていたので規制はかからないことが解り、すべての問題はクリアになった。ここで古道を再生し、西伊豆エリアの山の観光アクテビティをつくる目的のために活動する「西伊豆古道再生プロジェクト」という任意団体を立ち上げた。メンバーは地元に住むマウンテンバイカーや賛同してくれる伊豆の自然で遊ぶのが好きな仲間たち。定款や活動計画も作り、MTBによる新しい山の観光をつくる企画書を持って地元行政の松崎町企画観光課へ提出した。団体の名前を「○○トレイルプロジェクト」などとしなかったのは、80歳のお年寄りでも自分たちが何をやろうとしているかを理解してもらえる名前の方が良いと考えたためだ。

いくら法的にこの古道をMTBで走ることの問題が無くても、地域住民の理解が無ければ「観光」のレベルまでは到達できない。実質的に古道を管理し続けていたのは麓にある集落であった。以前は村、現在は区の単位での管理となっていて、集落によっては「山の神の日」などに道普請を続けている地区もあり、一部には区の財産となっている森林(財産区有林)の中にあるルートも存在している。そこで行政と同じように企画書を持って区の役員会などへ出席させてもらい、丁寧に説明を続けて集落をまわっていった。ここでMTBが古道を走ることへの反対意見などが出て拒否されることも想定していたが、意外なことにも賛同してくれる人たちばかりで正直驚いた。これは伊豆という場所が林業や漁業以外に、観光産業でも経済がまわっていたのと、海に面した土地柄、移住者や流れ着く他所の土地の文化を受け入れてきた気風があったからかもしれない。

古道をツアー利用するコンセ

伊豆に拠を構えてからも、度々海外のトレイルを巡る旅に出かける。写真は2016年、インドの境、ラダック地方へ向かったときのもの。

道が持つ魅力の体験とMTBの地域ビジネスの両立

松本潤一郎 株式会社 BASE TRES・西伊豆古道再生プロジェクト代表

ンサスは得た。本格的なツアー開始を目指すためにいままで勤めていた旅館の仕事を退職して森林整備の事業体へ入り、山を手入れするために必要な仕組みを学びながら働きつつ古道の整備を続けた。約1年かけて3本のトレイルコースを開通させ、2013年にMTBのツアー事業「ヤマブシトレイルツアー」を開始。西伊豆古道再生プロジェクトを森林整備の団体へ登録し、林野庁の交付金を利用しつつ古道と山を整備しながらフィールドを広げていき、2021年現在、総延長約40㎞のトレイルをツアーで使用している。

ツアーの名前を「山伏」にした理由は、歴史がある古道を走るツアーだからだ。日本はなぜか、海外で生まれた遊びを美味しいところだけ持ってきて、そのままコピーペーストしようとする事が多い。咀嚼して自分たちに合わせたものに落とし込むことをあまりしていないし、足りていない。国内でトレイルの問題が多く起きてしまう一因にもなっているように思えた。この土地のアイデンティティを表現し修験道や山に暮らす人という意味がある山伏という言葉を使ったのは、将来インバウンドの顧客を取り込むことを目標にしていたからでもあった。MTBが生まれたアメリカという国ができて、まだ300年も経っていないが、伊豆の古道には300年前の石仏や馬頭観音があり、昔の人たちが岩を砕いて造った切通しの峠などもツアーコースの見どころの一つだ。古道"Ancient Trail"と"YAMABUSHI"のブランディングは功を奏し、ツアーをはじめてからすぐに国内外のメディアから取り上げられて認知を増やすことに成功した。また、地域に眠っていた未活用の資源を活かした新しい観光事業の取り組みとして、地元地銀のビジネスコンテストで最優秀を受賞してからは行政機関からの評価も上がり、松崎町ふるさと納税の返礼品としてのツアー提供や、静岡県サイクルツーリズムの聖地創造会議の委員に任命されたりと、行政と連携した横展開も可能となったのは大きな成果となった。

ツアー事業を軌道に乗せ、次に取り組んだのはホスピタリティの充実である。観光地として確立していた伊豆は、温泉や海の幸が食べられる飲食店などが充実しているが、高齢化や後継者不足が原因で宿泊施設がこの10年間で半分まで減少していた。アクティビティサービスがあっても滞在する機会を提供できなくなっていくことは地域力の低下であり、将来のツアー集客への影響も懸念される。そこで拠点となる西伊豆エリアで、自分たちが古道の周りから伐り出した木材を使いリノベーションをした宿泊施設LODGE MONDO - 聞土 - を立ち上げた。7部屋ある客室は地元の山に多い広葉樹を使いすべて違ったデザインの内装を施し、宿に滞在することでも伊豆の森を感じられる宿泊体験ができるようなコンセプトにした。宿という地域の中の拠点を造ると、MTB以外の旅行者へと顧客の間口が広がりをみせた。そこでカヤックフィッシングツアーや古道を歩いて焚き火をする「森の焚き火とハイクツアー」、E-BIKEのアクティビティも充実させ、山と海とがそろう伊豆の自然環境を体験するサービスを拡大。カヤックフィッシングのアクティビティに関しては、自社で森林整備をも実施しながら動力の無いカヤックで海の魚を釣るという、伊豆の山と海とを繋ぐ持続可能なサービスと評価され、環境省の国立公園誘客事業としても採択された。

MTBだけではなく、地域ビジネスとして必要になってくるのは、その土地のアイデンティティや文化、自然環境などを変換し、魅力的なサービスとして売っていくことが重要な部分を占めると考える。そのためには一歩、距離を置いて他者からの視点を持ち続けることも必要なのである。

古道の周りから伐り出した木材を使ってリノベーションされた宿泊施設LODGE MONDO -聞土-。広葉樹を使ったデザインの内装が特徴となる。

マウンテンバイカーと野外フィールド #06

規制やコンフリクトを超えて MTBでビジネスを営むには

山口　謙
のりくら観光協会企画宣伝部長
ノーススター代表

ノーススターは長野県松本市の乗鞍高原にて、２００１年に青少年育成のためのサマーキャンプとしてスタートし、私が加入した２００６年頃から徐々に現在のロッジとアウトドアスクールといった形となった。そのアウトドアアクティビティの一つとして、ＭＴＢのガイドツアーを行ってきた。当時はシンプルに既存の山道（ハイキング道等を含む）を走っていた状況で、地権者や地域との合意形成がなされていた訳ではなかった。２００５年には、イギリス・ウェールズのＭＴＢトレイル建設を行い、地域振興をしたことで英国女王から勲章を授与されたダフィッド・デイビス氏を乗鞍高原に招き、トレイルビルディングに関する様々な調査を行い、併せて地元組織、住民との意見交換会も行われた。しかし、そこでの進展もあまり無かったようだ。また、同時期からカナダ人のスタッフが、ＣＭＩＣと呼ばれるカナダのＭＴＢ指導及びガイド法を導入し、より安全なツアー運営に取り組み始めた。２００８年頃になると、徐々に個人やショップ向けのガイドツアーの利用者が増え、東京のショップ・トレイルストアの和田氏の声掛けもあり、日本で初めて「マウンテンバイクガイドミーティング」が乗鞍で開催された。各メディアでも、ここでのガイドツアーが取り上げられ、利用者が増えてくると、改めて曖昧であった地権者の了解や地域との合意形成が問題となってきた。

当時のノーススターは、地域との繋がりも現在に比べると希薄だった。このため私は、のりくら観光協会の青年部に相談して、ＭＴＢの体験会を開催し、まずはＭＴＢを地元の人々に知ってもらうこと、また乗鞍高原がＭＴＢに向いた地形であることなどを説明し、話し合う機会を設けた。その流れから、私自身も青年部に加わり、徐々に観光協会のイベントや地域活動に関わるようになっていった。青年部でも、県の補助金を活用してＭＴＢを購入し、さらなる体験会も行われ、実際にどのようにして乗鞍高原でＭＴＢを利用していけるかの議論が進んでいった。当時、のりくら観光協会の会長は、地元の地縁団体である大野川区の区長も兼任している状況で、土地利用に関しても、何度となく、相談に乗ってもらった。

そんな中、２０１２年に松本市が所有する地元の旧イガヤスキー場が、スキー場としての営業を停止することに。その後の土地利用のために予算がつき、以前から青年部で話していたＭＴＢのためのコースを造成することになった。イガヤスキー場は国立公園外にあり、土を動かしての造成が比較的容易だったため、青年部を中心に企画を練って、友人であるTrail Cutter の名取将氏に全体的なコースの監修を依頼した。実際の造成は、名取氏と地元の土建業者が請け負う形になり、２本のコースが完成した。２０１４年からは、国内初となるＭＴＢのエンデューロレース（現ＥＮＳ）がそのコースを利用して開催され話題となった。その頃から、青年部を中心とした「トレイル研究会」が観光協会内に組織され、ＭＴＢに限らず、トレイルランニング等の他の利用や、それらの多様な利用を踏まえた高原内のハイキング道の整備、各種表示看板のあり方などが議論されていった。同時に、環境省、松本市、土地所有者の財産区、観光協会のトレイル研究会でのミーティングが松本市役所安曇支所で行われ、ＭＴＢ等の国立公園内での利用に関しての話し合いと

トレイル開放イベントの様子。ノーススターのガイドツアー参加経験者を中心にトレイル開放のイベントを開催。延べ30名ほどが参加し、様々なフィードバックを得ることができた。

トレイル整備の様子。この日は地域のフィールド整備イベントとして外来植物除去、雑木除去の作業も合わせて行われた。

調整が進められた。その結論としては、公園計画に基づく「登山道」として指定されていない山道を、MTBで利用していく可能性を研究することが確認された。そして翌年から、旧森林鉄道（林業が盛んだった時期昭和30年代に利用された伐採木を搬出するためのトロッコ鉄道路線）の軌道跡を、MTBで利用する計画が進んでいくことになった。

　2017年になると、国立公園を管轄する環境省が「国立公園満喫プロジェクト」を開始し、中部山岳国立公園南部地区内のアクティビティの一つとしてMTBが紹介され、乗鞍高原内でのMTB利用に関しての研究と調整がさらに進められた。土地利用に関しては、2018年にトレイルの地権者である財産区の大野川区から、のりくら観光協会が区有地内の12.7㎞のトレイルをMTB利用目的に借り上げることが合意され、観光協会（トレイル研究会）のプロジェクトとして、利用ルール策定等の計画が具体化していった。

　2019年には、環境省の中部山岳国立公園管理事務所の担当者が、高原内のMTBトレイルを試乗し、各種調査を行いつつ、今後の利用推進に向けた方向性を確認した。

　このように、国立公園、地域行政、地元集落をはじめ、多くの関係者や規制に直面する中で、実際にMTB利用の合意を得るまでに、足掛け15年をかけての話し合い、研究、調整となった。その中での一番の要点は、地域の理解を得ることだった。どの農山村もそうであるように、乗鞍高原には固有の歴史があり、集落が所在する「沢」ごとに文化があると言われるほどだ。乗鞍は観光地なので、最初に私は「MTBは楽しいし、地域の観光振興のためになる」という思いを一生懸命伝えようとしていたと思う。もちろん、それは今も変わらないが、今振り返ると、地域を理解しようとすることが足らなかったように思う。乗鞍には、何世代もこの土地に住んできた方もいれば、移住してきた方もいる。それぞれ立場も違うし、思いも異なる。共通しているのは「乗鞍を愛している」ということで、その愛し方が人それぞれ違い、表現も違うということを、理解していくのに時間がかかった。現在の乗鞍は、1年を通して人が訪れる素晴らしい観光地だが、それが築き上げられて来た理由は、これまでの歴史の中で、その時代時代にこの土地を守ってきた人々がいたからだ。そういった歴史は、郷土史等にまとめられている部分もあるが、実際には地域に暮らしてきた人々に会って話しを聞かなければ、その思いを受け取ることはできない。私の場合は、幸いにもそういった地域の方々に恵まれ、色々なことを教えてもらった。もちろん、色々と怒られもしたし、話しを聞きに行くのに緊張したこともある。それでも、地域の責任ある立場の方々と何度となく話し、相談させてもらう機会を作っていった。そうして、地域の歴史や文化、人々の生きた証を聞いていくと、徐々に乗鞍に「住んでいる」という意識から、「住まわせてもらっている」という意識に変わってきた。

　MTBはマウンテンバイカーにとって楽しいものだが、多くの方にとっては未だに異質なものでもある。山道でライディング中に出会う人には、好意的な方も、そうでない方もいる。乗鞍は非常に小さな地域なので、そうやって住み続け、繋がりを得ていったおかげで、今ではほとんどの方の顔が分かる。車ですれ違えば、手を上げて挨拶し合うような温かい地域でもある。このため、次第に「MTBをやっているのはヤマケン」ということを、地域の方々に知ってもらえ、何か問題があるときには直接教えてもらえるようにもなった。「MTBは楽しいし、地域の観光振興のためになる」という思いは、もちろん今も変わらない。だがMTBを楽しめる場所や道は、その土地の先人たちの歴史、文化、思いなどの積み重ねの上に成り立っている。こう考えれば、まずは地域の方々と話し、思いを聞き、理解することが先かも知れない。その上で、自分達の思いや事業計画を、初めて伝えることができると思う。自分自身の土地でもない限り、単純に道があるから、土地の形状や土質が良いから、トレイルを作ろう、そこをMTBで走ろうと、簡単にいくものではないのだろう。

　行政からの許認可については、それぞれの地域で、体制や情勢によって事情が変わってくる。ただ、基本的には、地域からの了解を得ることと同様、「誠実に対応する」ことかと思う。イガヤスキー場でのMTBコース造成のプロジェクトが進んできた段階で、ある行政の方から、その時に私達が使っていたあるトレイルを使わないで欲しいということを言われた。同時に、地域の方からも同様のことを言われた。法律的に

規制やコンフリクトを超えてマウンテンバイクでビジネスを営むには

山口　謙　のりくら観光協会企画宣伝部長・ノーススター代表

は、そのトレイルでMTBの走行を禁ずるものはない。しかし逆に、法律的に許可されているわけでもなかった。そして、そのトレイルは、ガイドツアー的に非常に人気のあるメインの部分にあたり、そこを使えないのはビジネス的に死活問題でもあった。当時は、MTBコース造成の許認可や了承を得るプロセスの最中で、その後プロジェクトがどこまで進むか思いもつかなかったが、先々のことを考えた上で、そのトレイルの走行は断念した。その結果、コアなライダー達に人気のトレイルが走れなくなったため、その後のガイドツアー・ビジネスとしてはかなり厳しい状況が続いた。しかし、その決断があったために、現在のようなプロジェクトの拡がりに繋がっていると思う。やはり地域や行政に対して（というよりも全ての人に対して）、誠実に向き合い、その立場や主張に耳を傾けることが大切だ。個人的には、MTBのフリーライドなイメージは大好きだが、誰かの土地を走る以上、「自分達が良ければそれで良い」という考え方ではなかなか先へは進めないと思う。もちろん、国や地域が変われば事情も変わってくるが、国立公園にも重なり、様々な立場の人が暮らしてきた乗鞍にて、規制やコンフリクトを超えてMTBのフィールドを作っていくには、こうした姿勢・考えが必要不可欠だった。

色々なプロセスを経た今は、こんな素晴らしい土地に住まわせてもらっていることにとても感謝している。他の観光地に比べれば乗鞍は不便で、規模も小さい。トレイルも流行りのフロートレイルではなく、ナチュラルな岩と根っこのトレイルだ。しかし、何度MTBで走っても飽きない「味」がある。

2020年からは、これまでガイドツアーで使っていた多くのトレイルを、新たに公共の有料トレイルとして、看板などを設置してオープンする予定だったが、おりからの新型コロナ禍の影響で全ての動きがストップしている。しかし、観光協会の事業として進めてきたプロジェクトであったため、新型コロナ対策の環境省の補助金に地域団体として応募することができ、見事採択された。実際に整備等の事業がスタートしたのは秋となり、2021年にも引き続き事業が継続されている。現在、この事業は環境省がコーディネーターとなり、のりくら観光協会、大野川区、松本市等が協議会を立ち上げ、「のりくらミライズ」という地域ビジョンの分科会の一つである「フィールド整備分科会」の事業として進められており、山口はその分科会のまとめ役として活動している。「なぜ、これまでガイドツアーとして利用していたトレイルを、一般向けにオープンするのか？」という疑問を持つ方もいるかも知れない。きっかけはあるマウンテンバイカーの集まりで、「オープンで誰にでも紹介できるトレイルがないとMTBは広がらないよね」という発言があったことだ。当時、自分はガイドツアーがMTBを広げるための答えだと思っていたが、それを考え直すきっかけになった。今思えば傲慢な話しだが、ガイドツアーはMTBを始めたり、楽しんだりするための一つのツールに過ぎないと考えるようになった。ノーススターでは、冬はバックカントリーのガイドやスノーボードのインストラクターをしているが、これらのスポーツを必ずガイドツアーやスクールで始めなければならない、という決まりはもちろん無い。友達に誘われたり、教えてもらったりするのもアリだし、色々なはじめ方があるかと思う。ただ、ガイドツアーやレッスンは、有償で、安全で、上達や楽しみに最速で到達できるためのサービスだということだ。だから、MTBも同様に、自分で始めてもいいし、自走で楽しんでもいい。もちろん、ガイドツアーにご参加頂いてもいい。そういうオープンな場を設けることで、より多くの方にMTBを楽しんでもらえるのではないかと思ったのがきっかけだ。もちろん、中には安全や他の利用者との問題で、ガイドツアー限定となっているトレイルがある。加えて、基本的に有償無償を問わず、他のスクール及びガイドツアー行為は、利用ルールで禁止している。これはシンプルに、ここまで地域にて色々と頑張ってきたので、ガイドツアーやスクールはノーススターを使ってください、というルールなので、〝どうぞご了承頂きたい。また、ここで利用するトレイルの土地は、前述したように、地域の方々から成る財産区の土地であり、プロジェクトの中心はそれを借り受けている観光協会だ。このトレイルを一企業であるノーススターだけのために使用するということはできない。これも、トレイルを公共にオープンしようという理由の一つである。

乗鞍岳から乗鞍高原にかけて。標高2000mのスキー場トップから標高1100mまでの高原地帯に様々なトレイル広がる。

マウンテンバイカーと野外フィールド #07

地域一体となった MTB競技と文化

堀 勇
株式会社SPICY

長野県白馬村はスキーの村だ。村内から多くの冬季五輪選手を輩出するほど、村全体でスキー競技に親しんできた。小学校でもスキー実習が行なわれるため、白馬村出身の子供達は全員がスキーを経験している。そんな背景を持つ白馬村に、ダウンヒルやクロスカントリー等、スキーと内容の似た競技種目や楽しみ方を持つMTBが親しむのに時間はかからなかった。

1980年代、MTBの黎明期には海外でも常設のフィールドはまだ少なく、日本でMTB専用常設コースとして設計、造成されたコースはほぼ無かった。山の林道やスキー場ゲレンデをそのまま利用したコースレイアウトで、イベントや大会時のみに開放されるフィールドがほとんどだった。ただ、3000m級の北アルプスの山岳を背中に抱える白馬村は、その昔、内陸へと塩を運んだ塩の道街道や、きこりの道等、沢山の古道に恵まれており、傾斜のある道を自転車で通学・通勤をする人達も多く、それらの道を自在に走れるMTBは、より生活に近い存在として日常へと溶け込んでいった。

そして、1990年代に入ると国内でも全日本マウンテンバイク選手権大会が各地で盛り上がり、白馬村では、白馬岩岳を中心にMTBのレース（大会）・競技イベントも盛んになった。当時の白馬岩岳は、世界的にも数少ない常設フィールドの一つで、現在、世界的なMTBの聖地とされるカナダ・ウィスラーのバイクパークとほぼ同時期にスタートした。多くのMTBイベントなどを行ない、沢山のライダーが楽しんでいた。白馬岩岳、白馬さのさかスキー場にて、全日本レベルの大会を行ったのを皮切りに、年を追うごとに参加者は増え、レース・イベントを通じて楽しむMTB文化が浸透していった。当時、白馬岩岳では1000人を超すレース参加者が集まり、白馬47スキー場、村内スキー場で全日本レベルの大会が毎年開催されるようにもなった。海外プロライダーも参加するようなグローバルな大会も開催され、村内からMTBのイベント運営会社も生まれた。また、村内のスキー競技者は、夏のオフトレーニングとしてMTBに親しむようにもなった。

1998年の長野五輪後は、元来、様々なスキー競技大会の運営経験のある地域柄でもあったため、長野五輪スキークロスカントリー競技場（スノーハープ）を利用する形で、現在まで続く「全日

1990年代に入ると数多くのMTBイベントが開催され、白馬岩岳、白馬さのさかスキー場では、全日本レベルの競技大会も盛んにおこなわれた。

本MTBクロスカントリーシリーズ戦」や「全国小中学生MTB大会」を前身とする「JOCジュニアオリンピックカップ全国ユース選抜MTB大会」等が開催されるようになった。

当時の若い競技者達は、MTBに没頭するために白馬に移住し、バブル経済、スキーブーム、MTBブームを追い風に、白馬村は多大な経済効果の恩恵を受けた。そんな中で、カナダやオーストラリアなどからの移住者達を通じた海外MTBシーンの影響も受け、白馬村では、競技以外のフリーライドという概念を持つマウンテンバイカーも増えていった。

しかし、バブル経済の崩壊に伴い、白馬村にも不況の波が訪れた。2002年に白馬岩岳が夏営業を終了してしまい、レース・競技イベントで盛り上がった白馬村のMTBブームに終わりが訪れた。だが、村内には沢山のMTBの痕跡が残り、それを利活用する形でMTB文化は脈々と受け継がれていた。例えば、「白馬小径」等のMTBでも楽しめる散策ルートが多く残っており、そうした場所でのフリーライドを楽しむローカルライダー達を通じて、村内では新規のマウンテンバイカーが継続的に生み出されていった。先輩達とフィールドが存在したため、MTBの購入という最初の投資さえすれば、誰もが自由に楽しめるレクリエーションスポーツとして、地域への拡がりを見せていった。スノーハープでのMTB大会も引き続き開催されていたので、競技とレクリエーション、両方を兼ね備えた文化を育むことになったのである。地域総合型スポーツクラブのMTB教室を前身とした白馬MTBクラブも立ち上がり、今では小中学生を中心に大人も含め、80名程のメンバーが所属してMTBの競技・レクリエーションを楽しんでいる。そんな中で、2015年から白馬岩岳MTBパークが新しい形で営業を再開し、白馬村のMTB文化は、新たな時代・ステージに入り始めている。

地域一体となった競技から始まった白馬村の新たなMTB文化は、「地域連携の多様化」という方向性を持っている。

白馬村周辺には数多くの山道が存在し、そのほとんどは、かつて地域住民が生活の必要性から山につけてきた道だ。それらは村内の各区（集落）や地権者個人によって管理されており、地域で行っている道普請（整備作業）によって保たれている。しかし、現在では地域住民の入山機会も減り、高齢化によって管理の作業負担がとても重くなっている。反面、マウンテンバイカーやトレイルランナーによる利用頻度は高まっている。インバウンド観光の誘致成果もあり、国内外からスキーやスノーボードなどの愛好者の移住・来訪が増え、それらを吸収しつつ村内のマウンテンバイカーの数も増えた。その一方、そうした山道の由来や事情を知らない新規の移住者マウンテンバイカーが、それらの山道や林地を他に利用する人のいない場所と認識し、MTBで楽しく走るために、許可なくコース造成や私有地への拡張を行ってしまい、地域住民から苦情が寄せられる事例も出てきた。

そうした問題を解決するべく、村内のマウンテンバイカー有志が、地域住民、行政、ユーザー間の窓口となり、より良いMTB環

小学生から参加できる地域総合型スポーツクラブ「白馬MTBクラブ」も活性化。
家族で楽しめるMTBのイベントや競技大会にニーズが高まっている。

地域一体となったマウンテンバイク（MTB）競技と文化

堀 勇　株式会社SPICY

境を整え、観光、体育教育、健康増進、雇用創出などを促しつつ地域に根ざした自転車文化を推進する事を目的に、「白馬森輪組合」や「北アルプス自転車協議会」といった団体・コミュニティを、白馬村観光局、観光業者、周辺住民の力添えのもとに立ち上げた。また、前述した小学生から参加できる「白馬MTBクラブ」も活性化し、子供達の増加、競技大会への出場、家族参加で楽しむクラブイベントも目立ってきた。その結果、MTBを乗り回す顔見知りの子供や大人が増えたことで、村民の体育教育・健康を促進するのみならず、山道の周辺住民のMTBへの理解も深まっていった。こうしたMTBの地域コミュニティを通じて、増加したマウンテンバイカーが、これまでの地域の道普請等に参加し、山道の維持整備を肩代わりする動きが見られている。これを通じて、白馬村のMTB文化は、より地域に密着した確固たるものになりつつある。

海外リゾートで主流になっている「フロートレイル」の人気向上に伴い、白馬岩岳MTBパークではいち早くフロートレイルを体感できるコースを常設コースとして提供した。

一方、村外からの訪問者を対象とした観光事業では、1990年代のMTBブームが去った後、村内での観光利用を目的としたMTBフィールドが「白馬47スキー場」と「白馬小径」に限られ、イベントも激減して下火となった。また、競技をベースとしたMTBには、体力や熟練の技術が必要とのイメージも大きく、比較的それに当てはまらないダウンヒルでも訪問者の怪我のリスクが懸念され、これらも新たな観光事業に結びつかない理由となっていた。ところが、2010年前後から白馬村に冬の海外インバウンド観光事業が定着し、村内の観光業者が好景気を迎え、海外からの移住者・事業者も増加したことから、海外リゾートでは大きな観光コンテンツとなっている夏の観光事業にも注目が集まるようになった。そこで、地元のマウンテンバイカーや海外投資家を含めた様々な人々から、海外リゾートで人気の高いMTBを目玉に、夏季インバウンド観光事業を促進しようとの声が挙がった。そこでは、MTBのトレイルそのものが、重要な観光資源となるという考えの下、コースレイアウトもダウンヒル（DH）ではなく、海外リゾートで主流になっている「フロートレイル」というコース概念のインプットが求められた。この動きを反映する形で、2015年に先に述べた白馬岩岳MTBパークが新たに始動するに至ったのである。新しいMTBパークでは、フロートレイルの概念を基に、MTB未経験者でも楽しめるコースを造成し、多くの人々が楽しく体験出来る常設コースとしての地位確立を目指している。

また、近年では、サイクルツーリズムや自転車活用の流れが、白馬村を含めて各地で広まりつつある。この流れを受けて、各パーク等や移動用のMTBのレンタル、スポーツバイク専門店でのMTB購入、あるいは、MTBスクールの需要も高まっている。週末には、村内で多くのMTB積載車を目にするようになり、村内の観光コンテンツとしてもMTBが定着してきている。

このように、2015年以降の白馬村では、様々な観点からのMTBをめぐる地域連携の多様化が見られており、その結果として、MTBのコースやトレイル、スポーツバイク専門店やレンタル店での設置台数や売り上げ、MTBのガイドツアー事業等が増加しており、それらが一定の雇用と経済効果を生み出すことになっている。

マウンテンバイカーと野外フィールド #08

地域とつながるレースの魅力「ちやのきエンデューロ」

増永英一
福岡マウンテンバイク友の会代表

今、世界で盛り上がるエンデューロレース

マウンテンバイク（以下MTB）のエンデューロレース（大会）とは、山の高い場所から低い場所に向かって設定されたコースを単独で走行しタイムを計測するいわゆるダウンヒル競技の一種。通常のダウンヒル競技では一つしかないタイム計測をする区間（ステージ）が複数あり、さらに各スタート地点までは一切の搬送設備を使用せず自走で決められた時間にスタート台に立たないといけない。

一つのステージで計測が終了したら、休む間もなく次のステージのスタートへと登頂を開始するという、下りのスキルと登りのフィジカルの両方が必要な競技である。当然、使用するバイクも下りに特化したような重量級では無理なので、スピードを出して下れる性能に加えて楽に登れる機能がある「エンデューロバイク」を使用するライダーがほとんどである。

一般的に、自然の山でMTBの下り走行を趣味で楽しんでいる方々の多くは、リフトやゴンドラなどの搬送設備がなく基本的には自走で登っているため、使用しているバイクはやはり「エンデューロバイク」や、もう少し軽量で登りに強い「トレイルバイク」である。エンデューロレースは、そんな趣味で山を下って遊んでいる方々が、普段通りの装備を使用し、普段やっているような遊びの延長として気軽に楽しめる競技であることから、現在、世界中でブームとなっている。

EWS（Enduro World Series）というUCI（国際自転車競技連合）公式のエンデューロレースが、世界を股にかけてのシリーズ戦として開催され盛り上がっているし、日本でもENS（Enduro National Series）というシリーズ戦がある。他にも色々な団体が全国各地で様々な形でエンデューロレースを開催するなど、今ではエンデューロレースがダウンヒルレースを上回る盛り上がりを見せている。

コース脇でレース観戦をする親子。国内のトップライダーによる緊迫したハイスピードレースと山の中でリラックスする観客が1本のコーステープでしか隔てられていない光景は不思議議な感じすらある。

ちやのきエンデューロに至るまで

十数年前、九州北部は危機的なMTBフィールド冬の時代に突入した。これまで気軽にMTBを楽しんでいた山に、登山ブームに伴う山ガールをはじめ、たくさんのハイカーが溢れた。さらにG oProをはじめとしたウェアラブルカメラデバイスや、それを使って撮影した動画を位置情報付きで投稿して世界にシェアするSNSの登場で、これまでひっそりと楽しんでいた場所はもはや公開されたフィールドとなり、マウンテンバイカーのみではなく、エンジン付きのオフロードバイクまでも入ってきて路面の荒廃が進んだ。急には止まれないMTBとハイカーが出会い頭にぶつかる事故も起き、あちこちに「車両進入禁止」や「MTB禁止」の看板が立つようになった。追い討ちをかけるように、数カ所あったMTB専用フィールドも様々な理由で相次いで閉鎖。行き場がなくなったマウンテンバイカーが、残された数少ないフィールドに集中してそこが過密になり、また次のトラブルを生み出す要因になる悪循環が続いていた。

乗る場所がなくなってしまったことに、爆発的なロードバイクブームが重なり、マウンテンバイカーはどんどん少なくなった。残ったマウンテンバイカーは、大事なフィールドでのトラブルを避け、今後も遊ぶ環境を守るために閉鎖的となり、インターネット上でフィールドに関する情報が更新されなくなった。その結果、「MTBを買って楽しみたいけど、どこに行けばいいのか？」「折角、買ったのに乗る場所がない」……そんなコメントがインターネット上に溢れていった。

〈このままではMTBは絶滅してしまう〉

そう危惧した私と仲間たちは、地図に×マークばかりを入れてきたこれまでの歴史とは逆に、◯マークを入れようと、野外フィールドを作る活動をはじめた。体力もあるし人数もいるが遊べる山がないマウンテンバイカー、山はあるけど何をするにも人手がない山間部の集落。この2つのパズルの凹凸はよく似ていた。お年寄りが大半である限界集落の萓木(ちやのき)において、重労働で困りごとだった清掃活動やお祭りのお手伝いを、毎年何度か続けているうちに、徐々に参加するマウンテンバイカーも増え、いつしか地域との関係も築けてきた。

活動をはじめて3年目に、集落の山にあった緩斜面を使用してMTB専用コースを作る許可を住民全員の賛成で頂き、作成を開始した。ほとんどが手作業なため、マウンテンバイカーだけでなく、地域の方やボランティアの方など、たくさんの方々の協力で3年の歳月をかけ、MTBスラロームコースが完成した。

そこで、MTB専用コースが完成したことと、これまでこの地域でマウンテンバイカーと住民の方々が築き上げてきた絆を広く知ってもらうために、MTBのレースをしてみては？　との提案が地域の方からあった。どうせやるならたくさんのマウンテンバイカーに集まってもらいたいという思いから、単純に完成したコースのみを使用したイベントではなく、自治会に特別に許可をいただき、この地域で普段私達が楽しんでいるトレイル環境をフルに使用したエンデューロレース形式にしたところ、全国からの参加申込であっという間に定員に達した。

ちやのきエンデューロの最終ステージは毎回チアーズトレイルという3年をかけて作ったMTB専用スラロームコースを使用。ナチュラルトレイルを使用する他のステージと違いコースの前にたくさんの観客を入れられるため、地元の方もハイレベルなMTBレースを間近で見ることができる。

毎回新規のルートを開拓しステージにするために道具を背負って山に入っていくローカルライダーたち。毎回変わるコース設定も参加者の楽しみの一つ。

ちやのきエンデューロの強み

ちやのきエンデューロでは、ローカルライダーがコース作りや会場設備などの主にレースそのものに関することを、ちやのき地区の住民の方々が交通整理や観客の搬送、食事などのおもてなしに関することを、選手が宿泊する付近の温泉地の方々と行政の方々が地元の料理やお酒を用意した前夜祭をそれぞれ担当。全国から集まった参加者にレースそのものだけでなく、農山村の温かさ、佐賀の温泉、料理、お酒など、「旅」としても楽しんでもらえ

地域とつながるレースの魅力「ちやのきエンデューロ」

増永英一　福岡マウンテンバイク友の会代表

るようにしている。

レースで使用するコース設定は、決して簡単ではなくとにかくハード。初年度からそこにはこだわっていたので、マウンテンバイカーの間で噂となり、全国より猛者が集まることになった。またローカルレースではよくあるストップウォッチを使用する手計測をせず、コストはかかるが計測専門の業者を使い、1000分の1秒まで正確に計測したことも、本格的なレース志向のライダーを集める要因になった。のどかな里山の風景と地元の方の声援や温かいおもてなし、それに対してハードなコース設定とシビアな計測のギャップが、ちやのきエンデューロが支持されている要因であると思う。

また、レース参加費、温泉旅館への宿泊費、前夜祭の参加費、レース当日の昼食費までが、全てパッケージングされた参加費なので(個別選択も可)、宿を手配したり見知らぬ土地で食堂を探し回ったりしなくて良い。加えて、飛行機などの公共の交通機関で参加される人用に、事前にバイクや装備を送っておけば当日会場までそれを運搬し、終了後はまた梱包して送状を書けば配送業者まで手配するサービスもあり、毎年何名も利用されている。こういったレースそのもの以外のサービスも、マウンテンバイカーと地元の方々が協力しあうことにより実現できている。

最終ステージの会場内で参加選手や一般来場者の昼食を準備する萓木の方々。手作りの田舎の味を楽しみに毎回参加する選手も多い。

大会本部のある萓木公民館から私道で最終ステージに観客を搬送するのも地元の方の担当。移動しながら地元の方といろんなお話ができるのもゲストとホストの心の距離が近いちやのきエンデューロならではの光景。

これからのちやのきエンデューロ

昨年、これまでマウンテンバイカーと萓木の方々が協力してやってきたことが評価され、「令和2年度過疎地域自立活性化優良事例表彰」において総務大臣賞を受賞した。MTBで遊ぶことが好きで、地域に役立つことの実践を通じて、そのフィールド作りをしてきただけのことが、まさかこんな賞になるとは、マウンテンバイカー側も、それを受け入れてきていただいた萓木の方々も思ってもいなかった。驚きと動揺があったものの、正直、とても嬉しかった。特に萓木の方々にとっては、「おらが町」への自信に少しはなったのではないかと思う。

マウンテンバイカーが手付かずの山を宝の山と思っている反面、そこに住んでいる方々は無価値なお荷物と思っていることは少なからずあると思う。ましてや限界集落に暮らす方々は、便利で暮らしやすい場所に出ていく人が多くいた中で、何らかの理由で「残らないといけなかった」「戻らなくてはいけなかった」ため、止むを得ずこの地域にとどまってきたケースも多い。受賞したことや、それをきっかけに色々な人に自分達が暮らしてきた場所を知って貰うこと、また、昔と違ってたくさんの人が集うようになったことを、出ていった方から「羨ましい」と言われるたびに、そういったネガティブな感情が少しでも減っていき、「ここにいて良かった」と思って頂けるようになれば、それがMTBのフィールド作りから波及した地域活性化であると思う。

これからも、エンデューロや日々の活動に参加するマウンテンバイカー、萓木の住民と地域の方々、観客の方々など、MTBに乗る方も乗らない方も、家族みんなで楽しめるイベントを目指していきたい。

第3回大会後の集合写真。関東関西はもちろん北海道からの参加もあり日本中から愛好家が集まった。

第4章

MTBの野外フィールド創りの技術とノウハウ

(1)日本の山岳・農山村地域での持続的なフィールドの作り方(名取　将)

(2)トレイルビルダーの世界とその技術(浦島悠太)

(3)MTBはこんなにも山や地域の役に立つ(弭間　亮)

(4)マウンテンバイカーによるフィールド整備について~山での作業の安全管理の観点から~(岡部正史)

(5)Soil Searchingと1% For Trails:スペシャライズド社の取り組み

(6)BELL BUILT JAPAN:MTBに関わる企業の役割

MTBの野外フィールド創りの技術とノウハウ #01

日本の山岳・農山村地域での持続的なフィールドの作り方

名取　将
株式会社TRAIL CUTTER代表

MTBには、様々な遊び方があり、それに応じた多様なフィールドが存在する。ここでは、山の中を走って楽しむトレイルライド向け、かつ、ユーザーが個人的に楽しむのではなく不特定多数の人が訪れるようなMTBフィールドを、日本の山岳・農山村地域で持続的に作っていくにはどうすればよいか、という視点から書いていきたい。

こうしたMTBのフィールドを作ろうとした場合、既存の「山道」を使うという方法にまず目がいくだろう。既にそこに道筋がある分、容易な方法だが、これらの山道はMTB用に作られていないため、轍やブレーキ跡などからの浸食に弱く、安全性にも難がある。また、ハイカーや地元の人々など、既存の利用者との軋轢も生じやすい。したがって、既存の山道を利用するなら、MTBでの走り方や利用方法に制限を設けるなどの工夫をしないと、持続的なフィールドの運営管理は困難となる。

私達が運営するTRAIL CUTTERのガイドツアーは、まさにこのような既存の山道を利用する形態となっている。このため、持続的な管理運営の観点から、MTB利用はガイドツアー限定とした上で、タイヤロックをはじめ路面へのダメージの大きい走行や、無秩序な入山を招きやすいトレイル位置情報の公開などを避け、地元や他の利用者に配慮した形でのルール設定を行っている。

一方、より多くの人に持続的に楽しんでもらうフィールドを増やしていくには、森林内に新規のトレイルを作る事が必要だとも考えている。そのためには、きちんとした知識と技術をもって作る事が大前提だ。

トレイルの開設とは、そもそも植生をはぎ取り、表層の腐葉土層を壊し、土を露出させるものである。これは、控えめに言っても森林土壌・植生を含めた山地の保全機能の破壊であり、特に日本のような急峻かつ降水量の多い山においては「崩れてください」というようなものでもある。ゆえに、山を通る一般道路や林道は、多くの場合、周囲の斜面なども含めて、アスファルトやコンクリートなどで舗装されている。でも、MTBのトレイルライドは、不規則な路面の変化を楽しむ遊びであり、舗装は楽しさを放棄することにもつながってしまうという、大きな矛盾を抱えている。だからこそ、その矛盾を乗り越え、MTBの楽しさを維持しつつ浸食を抑えて持続的に利用していくためには、広範囲にわたる知識・技術に基づき、工夫しながらトレイルを開設することが不可欠になる。それらの内容は限られたスペースではとても書ききれないものになってしまうので、ここでは以下に、主要なポイントだけを列挙してみようと思う。持続的なMTBトレイルを作る上での留意点となるが、順番は状況によって前後するのでこの限りではない。

1　関係者から事前に了解を得ること

土地所有者、管理者、行政、地域自治組織、山林管理団体、観光利用者・事業者など、トレイルを作る場所に関わる人々に、可能な限り事前に了解を得る。ここがもっとも重要であり、これをクリアしないうちは他の事項を進めてはならない。また、土地以外にも、水や樹木などに別個の権利が設定されている場合があるので、関係者の割り出しにあたって注意が必要である。これらの関係者の了解を得ないでトレイル作りを進めると、必ず後々、問題が生じる。

関係者や地域のみなさんにきちんとしたルートで話を通し、了解を得ること（写真はTRAIL CUTTERマウンテンバイクツアーの山道利用について地域の皆さんに集まっていただき行った説明会）。

地域の皆さんにご協力いただくことで境界を明確にし、これを基に各種許認可や更なる関係者を明確にしていく。

2　様々な決まり事や法的問題に対応しておくこと

森林、農地、河川、自然公園などには、関連の法令を通じて利用の制約が課せられていることがしばしばある。国レベルの法律のみならず、地方でも自然や景観の保護に関する条例やゾーニングが存在する場合があるので、事前に地域の行政（自治体）の担当者を訪ねて、フィールド作りの計画を説明し、関連する制約の存在などをしっかりと確認しておくことが重要だ。また、こうした制約は、直接的な法令の規制に基づいている訳ではない場合も往々にしてあり、都道府県や市町村の担当者の判断や、地域の慣習などに応じて、対応が変わってくることもある。

3　責任の所在を明確化しておくこと

フィールド作りを通じて、例えば事故、クレーム、災害などの問題が起きた時、誰が責任を取って問題解決にあたるのか明確にしておくことが重要である。これが明確であると、地域の関係者は安心するので、許可や了解を得やすくなる。できれば個人ではなく、窓口となる組織があることが望ましい。この観点から、場合によっては、地域・行政に法人格の取得を求められる場合もある。また、地域の関係者と顔が見える関係を作り、信頼を得ることも重要な要素となる。

既存の山道でMTBの集客を行うことは持続的利用という面では極めて困難。TRAIL CUTTERではガイドツアーという形を採り、利用者数を管理できる形にするとともに、お客様にも協力をいただく事で持続可能な利用形態を作っている。

4　自然に関する幅広い知識を身につけること

トレイル作りに直接的に影響するものから、間接的に影響するものまで、さまざまな面から自然の知識を得ておくことが必要である。先行する人々や、関連の専門家・研究者にコンタクトを取って教えを乞うのも良い。

地形…山の傾斜角、谷の形状、過去の土砂の動き

水の流れ…表面の水はもちろん地下にある水の流れの予測

地質…雨水に対しての耐久性の判断。どのくらい粘るか？粒度は？　吸水性は？　岩盤は？　火山性の山か地殻変動でできた山か？

植生…主要な木の特性は？　どんな草が生えているか？　根の張り方による土を抑える力はどのぐらいか？

総じて、どれだけ対象の山を歩いて、細かい部分まで把握できるかが大切になる。知識を身に着けていくと、例えば、そこに生育している樹種や木の特徴によって、その場所の地下水の状況、岩盤の有無なども分かるようになる。こうした知識と観察力をもって、山の自然の状態をどれだけ読み取れるかが、持続的なトレイルを作るうえで重要になる。

気候変動で雨の降り方が極端になってきている。過去の災害の状況や普段から水の流れを注意しておかないとMTBトレイルが土砂災害の引き金になってしまうことがある。MTB優先ではなく、その山に寄り添った作り方が必要になる。

5　対象地を取り巻く地域の様々なデータを得ること

その地域・土地に関わる様々なデータを得ておかないと、各種の問題を回避できるトレイル作りや利用方法の決定は難しくなる。

降水量…季節ごとにどのくらいの雨が降るのか？

気候…乾燥具合や冬季の凍結

歴史…地域の人々の山や川とのかかわり、過去の災害の歴史

これらの要素を踏まえて、年間のMTBの利用サイクルを予想しつつ、現在の地域における林産物の生産・採取や狩猟など、山林の利用状況を把握しておくことが必要だ。林業による木材生産が頻繁でなくなっても、キノコや山菜を採りに地元の人が山に入る場合もある。

6　トレイル開設の技術を身につけること

土を掘り、木を切って作っていくのがトレイル。土木や建築、治山や林業などの専門的な技術が無いとトレイルは作れない。崩れない斜面の作り方はもちろん、作

主幹木をいっさい伐採せず開設したTRAIL CUTTERマウンテンバイクツアーで使用しているトレイル。地域に配慮した、木材生産の場である森の環境を壊さない、木を傷めず開設する技術はもちろん、木を切らずともMTBが気持ちよく走れるルート設定力が問われる。

日本の山岳・農山村地域での持続的なフィールドの作り方

名取　将　株式会社TRAIL CUTTER代表

業にあたっての機械・工具の選択も重要になる。大きく土を動かせば、それだけダイナミックなトレイルを作る事が可能になるが、その分、山への負荷は大きく、崩れた時の復旧も困難になる。できるだけ小さな機械、最小限の土の移動量で、トレイルを作っていくことが望ましい。周囲の自然環境への配慮が、日本の山岳・農山村地域でのトレイル作りでは殊更に重要になる。

7　ルート設定の目を養うこと

トレイルのルート設定は、MTBで走って楽しいかどうかも左右するが、同時に、トレイルを持続的に利用できるかどうかにも大きくかかわる要素だ。この目利きの良し悪しが、そのトレイルの運命を決めると言ってもよい。この目利きにあたっては、自然・地域に関する知識や開設技術に加えて、トレイルビルダーとしての経験とセンスが問われる。これらを総動員して、各種の問題の発生を徹底的に抑えたルートを見出していく。例えば、路面の浸食や崩壊は、水、マウンテンバイカーの走行、路面傾斜角が主な要因で発生する。これらの発生は、ルートの設定・デザインを通じて軽減することができる。他にも、路面の過度の乾燥や、冬季の凍結なども考慮しておく必要がある。また、コーナーを作れる地形は限られるため、「ここで曲げる」というイメージを組み込みつつ、ルートを設定していくことになる。総じて、MTBで走る魅力と持続的な利用の両方を担保したルート設定は、様々な点に注意を向けなければならない。これが、海外でトレイルビルダーが必要とされ、尊敬を集めている大きな理由でもある。

ルートの設定一つでトレイルが持続できるかどうかが大きく左右される。特にコーナーの開設には大きな場所が必要であり、また掘削量も多くなる。山の傾斜、そこに繋がる流れ、生えている木の状況など、考えることはものすごく多い。持続性とMTBの面白さを両立するためには相応の知識が必要であり、経験者でないと適切な場所を見極めるのは難しい。

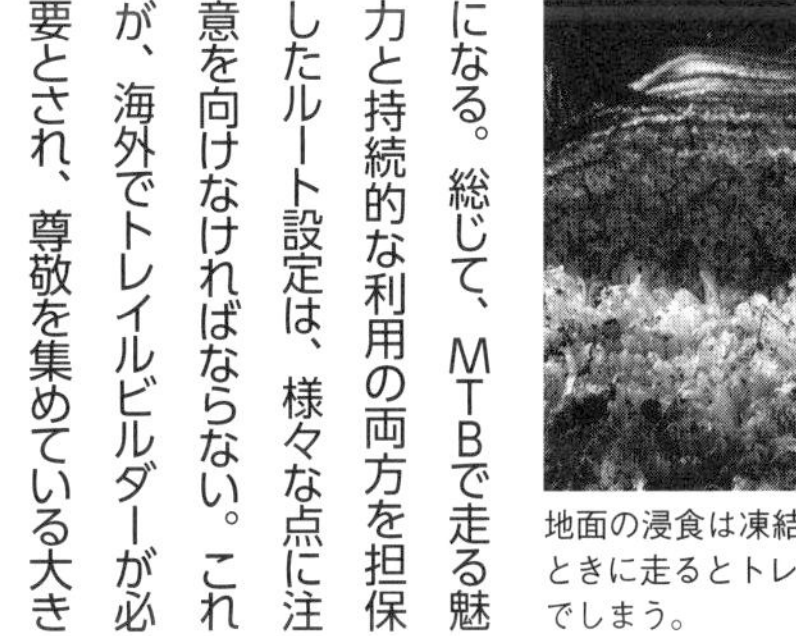

MTBが走ればどんどん路面の浸食が進む。特に既存の山道はMTB用に作られていないことから、ブレーキングなどにより土が流出しやすい。一度流れた土は二度と戻らない、という事を認識するべき。浸食が進むと高性能なバイクを持ち込む人、上級者にしか楽しめないトレイルになっていってしまう。

8　トレイル開設後の維持管理体制を想定しておくこと

前述の諸点に留意して作っても、その後の維持管理を綿密に行っていく体制ができなければ、折角のトレイルも非持続的なものとなる。実は、一番見落とされがちな重要なポイントは、「誰がどのように、作ったトレイルを継続管理していけるか」だ。事後の維持管理には、「人員」はもちろんのこと、継続的な整備の「費用」（コスト）という面がクローズアップされる。トレイルを作るにも、維持していくにもお金が必要だが、それを誰がどのように負担していくのか。「お金の切れ目がトレイルの切れ目」と言っても過言ではない。

個人的には、この維持管理の部分は、やはり何らかの形で資金と人員を確保した「仕事」としていかないと難しいのではないかと考えている。

アメリカでは、2000年代にIMBAがTrail Solutions（IMBA 2004）という本を出版し、野外でのMTBトレイルの開設や維持管理にあたって、必要となる知識・技術を体系的に整理している。これは、MTBのトレイル作りの基本として、自分を含めて多くの人間が参考としてきた画期的なものだった。しかし、それから十数年が経ち、トレイル作りの技術も大きく進歩した。それだけでなく、日本の山岳・農山村地域では、自然・社会条件も複雑である。このため、前述の主要ポイントを掘り下げる形での知識・技術の絶え間ない蓄積が、持続的なトレイルライドのフィールド作りには不可欠になってくる。

トレイルは、労力と時間をかけて土を掘れば、誰でもそれなりには作れる。しかし、マウンテンバイカーとしての知識と経験だけでは、決して持続可能なトレイルは作れない。地域の事情や社会制度に基づき、自然や土を大切に扱うという、多方面の知識・技術を得たうえで、取り組むことがとても重要である。

地面の浸食は凍結でも起こる。このようなときに走るとトレイルは一気に荒廃が進んでしまう。

トレイルは作った後の維持管理こそが重要。どれほど優れたトレイルビルダーが作ったとしても、その後の維持管理体制が確立されていなければ、数年でその良さは失われてしまう。土という不安定な物で作る以上、常に手を入れ、問題個所を改善していくことが持続させる上では重要だ。

参考文献：
International Mountain Bicycling Association (IMBA) (2004) Trail Solutions: IMBA's Guide to Building Sweet Singletrack, IMBA

MTBの野外フィールド創りの技術とノウハウ #02

トレイルビルダーの世界とその技術

浦島悠太
TRAIL LAB・トレイルビルダー

昨今、日本でもアウトドアブームの中、「トレイル」という言葉を多く耳にし、看板や本でもこの表現が使われているのを目にする。

今まで、人が利用する山道としては、「登山道」等という表現が一般的だったが、少しずつ時代の流れが反映され、特に、MTBを含むアウトドア・レクリエーションを通じた海外との文化交流を経て、日本でもトレイルという表現が定着しつつあるのかと感じる。その背景には、かつて山でのレクリエーションといえば登山であったのが、MTBやトレイルランニングなど、山道の利用方法が多様になってきたこともあるだろう。

実は海外では、そういった様々な用途のトレイルを、専門的に作る人がいて、それらの人々は、「トレイルビルダー」と呼ばれている。彼らが手掛けるトレイルには、ハイキング向けトレイル、MTB向けトレイル、双方が共用するシェアトレイルなど、様々な種類が存在し、種類に応じてトレイルの設計はもちろん、使用される機材、資材等も変わってくる。また、その土地の地質、地形、気候、各種の規制といった、様々な要因によってもトレイルの作り方は変化する。

これらの多様な要素を踏まえ、トレイルビルドの技術は、国・地域によって独自の進化を遂げている。重機を例にとってみると、アメリカでは、トレイルビルド専用の重機が開発され、製品化されている。それだけではなく、重機のバケットだけとっても単純な仕様以外に、左右にチルトできるバケット、バケットを旋回できる仕様のものなど多様な形態がある。これらは高機能な分、作業効率が良くなる利点もある一方で、稼働部品が増えるため、故障のリスクも上がることになる。そこで、様々なリスクマネージメントを考慮して、機材を選定・使用するノウハウも、トレイルビルダーには必要とされる。

ニュージーランドでは、森の中で土・石・機材等を運搬するのに人力で押す運搬一輪車(Wheel Barrow)の他に、電動式の運搬一輪車も使用されている。重量があるものには、小型運搬機(クローラー)や不整地運搬車を使用することもある。

ハンドツールも、今まで農工具や林業向けの機材など、他用途向けの道具を流用していたものが、近年、トレイルビルド専門の会社や自転車メーカーが、独自の専用道具を開発・製品化するケースが目立っている。トレイルビルドの需要が増え、様々な作業・技術が必要となるのに応じて、トレイルビルドのツール市場も少しずつ進化している。

道具以外では、トレイルに設置する資材にも様々な工夫が凝らされている。アメリカでは、維持整備が大変なバームなどにコンクリート製のブロックを敷き詰めたりする。私が勤めていたオーストラリアのトレイル会社World Trailでは、ぬかるんだエリアに敷く石畳を、自然の石の形をしたモルタル製の人工石で代用し、施工やその後の維持整備を効率化するケースもあった。また、トレイルを繋ぐ橋の材として、腐りやすい木製ではなくFRP(繊維強化プラスチック)を使用する会社もオーストラリアでは多く見られる。人工石やFRPなどの人工物を、施工や維持整備の効率化のために使用す

タスマニア州 Blue DerbyのAxeheadトレイル。石組みで作り上げた象徴的な登りトレイルだ。

タスマニア州 Blue Tierのトレイルへの作業道。小型運搬機で原生林の中、資材を運び入れている。

ることもある反面、クライアントの要望や地勢等に応じて、原始的な時間のかかる石垣による土留施工の作業やドライスタック（モルタルなど人工の固定材を使用しない方法）による石の階段を作ったり、MTBでいえばロックガーデンのセクションを作ったりもする。中には、日本の城を作る際に使用された野面積みと同じ方法で石垣を作ったり、タガネを使用して石の階段を組み上げる際の細部の加工を施したりと、技術的に共通する部分もある。

　私が携わったオーストラリア・タスマニア州にあるタスマン国立公園のロングトレイルプロジェクトでは、現場までヘリコプターで出勤し、森の奥深くで8泊9日のキャンプ生活をしながら、重労働である石の階段のトレイルをひたすらに作るなど、トレイルビルダーの仕事は、プロジェクトによってはとても過酷なものともなる。このようなトレイルビルダーの様々な技法や技術の進歩は、トレイルというものに対しての多様な需要があって成り立っている。海外では、日本における土建業者と同じように、トレイルビルダー達が集まった専門のトレイル建設会社が多数存在している。こうしたトレイル建設会社は、主に行政からの公共事業としての大口の公的なトレイル造成や、スキー場などの民間企業のMTBパークのトレイル造成を、仕事として請け負うパターンもある。

　また、ヨーロッパなどウインタースポーツが盛んなエリアでは、地球温暖化によるスキー場経営の先行きの懸念から、夏季ビジネスとしてスキー場を利用したMTBパークビジネスが、昨今、多く見られている。さらに、降雪のないアメリカのテキサス州や、私が携わったニュージーランドのクライストチャーチでは、通年利用のリフト搬送型のMTBパークも建設・開園されている。こうした動きは、トレイルビルダー、そしてトレイルビルド業界にとっての追い風となっている。

　このように、トレイルビルド業界が世界的に発展しつつある中で、教育やアカデミックの分野にもその影響が及んでいる。例えば、ここ最近のカナダやアメリカでは、大学や短期大学で、トレイルビルディングに関するノウハウ全般を学ぶことができるようにもなっている。トレイルビルダーが職業として、行政・民間それぞれから求められるようになった結果が、こうした養成のシステム整備や、技術の進化、そしてトレイルビルド業界の発展へと結びついている。

　こうした動きは、今後、日本でも広がっていく可能性は高い。豊富な森林とそこに続く山道が、人々の健康促進やレクリエーションの場として認知されていけば、日本でもトレイルビルダーが職業として発展していくことになる。そのためには、まず、国、都道府県、市町村それぞれのレベルの行政機関が、山や森におけるトレイル整備が、人々の生活向上や長期的な森林整備における重要な資源・インフラとなることに、意識を向けることが鍵となるだろう。

2015年2月、タスマニア州Blue Derbyのオープニング初日セレモニー。タスマニア中に、オーストラリア本土からのマウンテンバイカーが集まった。

2014年2月、タスマン国立公園のロングトレイルプロジェクト「Three Caps Track」での石の階段の建設。モルタルなどを一切使用せず、石垣で組み上げる原始的な作業。

タスマニア州Blue DerbyのAtlasトレイルにある倒木を利用したログライドセクションの造成風景。

ニュージーランド、クライストチャーチ市バイクパーク造成風景。雲海の上での作業、Duncan's Donutsトレイル。

MTBはこんなにも山や地域の役に立つ

弭間（はずま） 亮
一般社団法人南アルプス山守人 代表理事
南アルプスマウンテンバイク愛好会 代表

マウンテンバイカーは、ただコソコソと走るのではなく、実は、大手を振って山や地域に入れるだけの力と技術を持っている。ここでは、私が主宰させていただいている南アルプスマウンテンバイク愛好会・一般社団法人南アルプス山守人の農山村地域での活動から、具体的な事例を紹介したい。

ＭＴＢで、世界的に最も普及しているカテゴリはトレイルライドだ。レース目的ではない、ただハイキングのように自転車で山道を走行することを楽しむ最も原始的なＭＴＢの遊び方である。

ＭＴＢのフィールド作りを進める上では、世の中の時事に明るくなければならない。なぜなら、山や山道の関係者とのコミュニケーションが活動の核になるため、その関係者（政府、自治体、地権者、管理者、地域住民、登山者、トレイルランナー、林業従事者、狩猟従事者など）を取り巻く状況を常に把握している必要があるからだ。

昨今の日本の大きな課題が人口減少（少子高齢化）、地球温暖化や格差社会などであり、政府以下も地方創生、ＳＤＧｓ（国連の定めた「持続可能な開発目標」）を目指し、過疎の進む農山村地域での移住定住促進、関係人口増加、地域活性化、森林空間を活用した新たな産業創出などに取り組んでいる。それ以外にも野生動物による農業被害、気候変動による台風の巨大化やゲリラ豪雨の増加による地盤の崩壊や山道の荒廃、様々な事件の増加がある。そういった社会課題に対し、「我々としては何ができるか」という視点で、ＭＴＢの普及やフィールド作りを進めることが重要になってくる。そうすることで、多様な関係者との信頼関係が生み出され、持続的かつ魅力的なフィールド作りが可能になる。当会では、そういった諸問題に対応する形で、以下のような様々な取り組みを行っている。

マウンテンバイカーが巡視をし、整備しなければ通行できなくなるようなトレイルが増加している。警察から委嘱を受け、森林防犯協議会へ所属し、山林管理者との協定も締結した上で、当会の規則を遵守し、巡視と整備を行うスキームができあがっている。

1 山道の整備と山林防犯パトロール

森林の荒廃が進む日本の山においては、山道を適切に整備しＭＴＢ走行による山林防犯パトロールを行うことが、地域貢献に結びつく。多くの農山村地域では、居住者の方々も高齢化し、昔のように山道や森林の管理がままならず、その荒廃に頭を悩ませている。そこで、当会では、これらの管理のために、地域や行政と協定を締結して山林の巡視にあたっている。マウンテンバイカーとして山道を再整備し、そこをMTBで走行することで、山火事、不法投棄、不審者、盗伐、山道や林道の状態の確認などを行っている。そして、当会では走行後に下山届の提出を義務付けているため、何か異常を発見した場合は、その下山届に入力して報告するようなシステムになっている。

こうして、日頃から山に頻繁に入っていることから、遭難などの事件があった場合の捜索活動もお手伝いさせて頂いている。普段、人が出入りしない山でも、当会メンバーはよく山の中に入っているため地理にも明るく、いざという時のお手伝いも可能だ。山梨県警からは防犯パトロール団体として委嘱を受けて青色防犯パトロールも実施し、山林だけでなく地域の防犯活動もさせて頂いている。

チェーンソー講習を受講し、野外・災害救急法を学び、登山の知識やノウハウもある当会では、日頃から山道のメンテナンスを行っているため、それらを登山道等の整備にも生かすことができる。

2　登山道整備への協力

近年、気候変動による台風の巨大化、ゲリラ豪雨の増加、梅雨の長期化に加え、登山団体の高齢化、個人登山の増加による登山団体所属者の減少などが相まって、登山道の維持管理が年々厳しさを増してきている。今後、百名山なども含む全ての登山道の維持管理が難しくなることが考えられる中、当会のマウンテンバイカーは、日頃から管理下のトレイル網の倒木撤去作業や再生・補修整備の経験がある。そこで、それらの経験を活かし、登山道の管理者である行政と連携して、積極的に登山道の点検や倒木撤去作業を行っている。

3　獣害対策

MTBで山を走行することが、獣害対策になる可能性もある。山も農地も、人が入らず荒れていくと、野生動物の棲み家になり、近場の農作物を荒らしてしまう。当会では、山道の整備とパトロール走行、耕作放棄地の再利用などを通じて、少しでも獣害を減らせるよう活動している。また、メンバーの何人かは狩猟免許を取得しており、直接的な獣害対策にも従事している。

山間部では獣害が深刻。マウンテンバイカーが猟友会や狩猟仲間に加わることでアウトドアアクティビティ以外の側面から山を知ることができることも大きい。

4　関係人口増加
移住定住促進

当会では月に数回の会員活動やイベント等を開催し、地域への愛着を持った関係人口を創出しており、さらにその中から農山村への移住者も生まれている。当会が地域行政や移住希望者の仲介役を担うことにより、希望者が安心して移住でき、受け入れ側の地域にも喜んでいただいている。また、行政の移住定住促進事業にも協力している。

メンバーが安心して地域と関わることができる枠組みにより楽しく都市農村交流や世代間交流ができ、結果として移住希望者が増加している。また地域の子どもたちの地元愛も高まる。

5　SDGs、ユネスコエコパークの具現化

当会の活動エリアは、南アルプスユネスコエコパークであり、適切で持続可能な山の利活用により、エコパークの理念を具現化している団体にもなっている。また、林野庁や国土緑化推進機構より、SDGsの先行事例として全国へ紹介いただいている。

自分たちで遊ぶ場所は、自分たちで責任を持って少しずつ関わる。持続可能な山道環境の利活用により、結果としてSDGsやユネスコエコパークの理念に沿った活動となっている。

このように、山で走ることを楽しむマウンテンバイカーは、発想の転換や工夫により、今の日本が抱える社会課題への大きな貢献ができる可能性を秘めている。

MTBの野外フィールド創りの技術とノウハウ #04

マウンテンバイカーによるフィールド整備について
～山での作業の安全管理の観点から～

岡部正史
房総森輪会代表

マウンテンバイカーのフィールド作りは、多くの場合、林業や災害復旧などと同じ「山での作業」になる。また、農山村での地域連携活動では、チェーンソーや刈り払い機のみならず、様々な重機を使っての森林整備や土木工事が含まれることもある。一方、地域や林業の側からすると、近年、人口減少や安価な輸入材の導入による国産材価格低迷が相まって、林業目的の森林整備を満足に行えないまま、現在に至っている。そこで、放置された森林や山道を、MTBやトレイルランニングでの活用を目的に整備し、新たな価値を見出そうという動きが見られている。どちらの方向からの動きも、今後、マウンテンバイカーのフィールド整備が、「山での作業」に益々近づいていくことを示している。

ここで注意しなければならないのは、「山での作業」はそもそも多くの危険・リスクを伴うということだ。毎年、林業の現場では多くの方が作業中の事故で亡くなられている。これを避けるためには、私達マウンテンバイカーとしても、林業や災害復旧などの現場で積み上げられてきた事例やノウハウに目を向け、リスクマネジメントを徹底することで、作業者の安全を確保しなくてはならない。

実際、私達マウンテンバイカーの中には、道づくりや森林整備に関して、豊富な知識と技術を持ち合わせている人間もいる。しかし、一緒に作業を行う仲間達が、全て同じレベルにある訳ではなく、実際の活動現場では、全体を見渡せないこともままある。自分自身の経験への過信もあり、つい軽い気持ちや装備で山に入ってしまうこともあるだろう。

万が一、フィールド整備中に重大事故を起こしてしまったら？……折角、地域で積み重ねてきたMTBの新しい森林利用への道が、いとも簡単に閉ざされてしまうだろう。そうならないために、ライディング中はもちろんのこと、整備作業中でも事故は極力避けなくてはならない。特に、これから野外でのフィールド作りを目指そうというマウンテンバイカーの皆さんは、以下の点に注意してほしい。あくまでも基本的なリスクマネジメントだが、頻繁に山での作業を行う活動をリードしてきた方々にも、改めて各項目をチェックして頂きたい。

マウンテンバイカーの野外でのフィールド作りでは、林業や災害復旧などと同じ技術や注意力が求められる場合もある。

1 パトロールに基づく適切な対処・判断

まず、トレイル等の利用に関しては、日常のパトロールが必要不可欠だ。トレイル使用前は当然のこと、できれば使用後も見回ることで、倒木、流水、地盤の緩みなど、危険となり得る要素を発見し、早期に対処してほしい。特に、台風・大雨などの荒天後は、注意深くパトロールを実施して、リスクが高ければライドやイベントを中止することが大切だ。

2 作業の安全性を担保できる規格に沿った器具の使用

次に、多くの活動では、ライドと組み合わせた整備を行っているが、長く林内に滞在して機材などを使う整備をしている時は、安全装具など山仕事の規格に適合した装備を使っていただきたいと思う。例えば、MTB乗車用のヘルメットをそのまま整備時にも使っているケースが見られるが、これでは落枝などにほとんど対応できない。ヘルメットに限らず自転車用の装備は、本来、山での作業用に作られていないため、面倒であっても整備時にはそれに即した装備を用いるべきだ。チェーンソーや刈り払い機などを使うことも多々あるが、その際も安全装具の着用は必須になる。

3 関連の講習などを通じた安全管理ノウハウの獲得

また、それ以前のリスクマネジメントとして、「労働安全衛生法」等に基づく特別教育を受講することが重要だ。

千変万化の自然に関わる活動をする以上、事故というリスクは常に想定し、先んじて安全管理を行っていく姿勢が求められる。その結果として、たとえ不測の事態に直面したとしても、適切な準備と対処で克服し、極上のMTBフィールドを未来に繋げて欲しい。

森林内での整備作業では、規格に沿った器具を使用して安全の担保を。

Soil Searchingと1% For Trails スペシャライズド社の取り組み

スペシャライズド（木村亮介）

Soil Searching

今までにMTBで走った、どんなトレイルにもビルダーがいる。彼らは、クリエーターであり、そしてアーティスト。彼らは、数週間、数ヶ月、時には数年を掛けて、普通の人には想像することすらもできなかった最高のトレイルを作り上げる。トレイルビルダー、それはマウンテンバイカーのヒーローとも言うべき存在。だけど、私達ライダーが楽しみ、愛して止まない最高のトレイルを作るために働き続ける彼らは、いつも隠れた存在だ。

Soil Searchingとは、そんな彼らMTBの縁の下の力持ちに、スポットライトを当てようじゃないかと、スペシャライズドで取り組んでいる新しい試みだ。トレイルビルダーにスポットライトを当てて、サポートするSoil Searchingのムーブメントは、南アフリカのファニー・コックから始まった。スペシャライズドの本社があるアメリカのモーガンヒルで、マーケティングチームが頭をひねって作り出したわけじゃない。MTBの乗りすぎで、少し頭のネジが飛んでいて、ローカルのトレイルビルダーに混じって、アメリカンブルースを大音量で聴きながら、新しいジャンプのリップをスコップで叩いているファニーの頭の中から産まれた。ファニーによると、こういうことだ。

「みんなやらなきゃって、わかってるんだけど、トレイルビルドやフィールドを作るための活動にスポットライトを当てるのは難しい。スペシャライズドとしてなにができるだろう」

Soil Searchingのムーブメントはリオデジャネイロ（ブラジル）、タスマニア（オーストラリア）、ウィスラー（カナダ）と来て、日本にやってきた。なんで、ウィスラーの後に日本の南アルプスなのか。スペシャライズドの本社でも、大いに盛り上がったそうだ。ファニーですら、自分達と本社の食堂で南アルプスの話をした時には半信半疑で、その後、トレイルハンターとして南アルプスを訪れたことがあるマット・ハンターに、南アルプスのことを聞くまでは本気で信じていなかった。日本にも素晴らしいトレイルがあって、面白いマウンテンバイカーやビルダー達がいるということを。そうして、2019年11月に、第一回目のトレイルビルダーズサミットが行われた。

Dig Dayの参加者と一緒にDigをするファニー。

そのサミットのディスカッションでも、地域で活動しているマウンテンバイカーの団体が、MTBのことを地域や行政の方々に説明しやすくするために、「MTBの全国組織を」「マウンテンバイカーの白書を」という大きな声が挙がっていた。それから少し時間が経ってしまったけど、なんでも初めての物事をすすめるのには時間がかかる時もある。でも、トレイルビルディングのように、あきらめないことが肝心。

1% For Trailsはみんなで楽しくMTBを楽しめる社会を作ることを応援する。

〈1% For Trails〉

スペシャライズドでは、MTB関連商品の売上の1%を、トレイルビルディングやフィールドの維持管理、MTB関連の地域コミュニティーの醸成とサポートに寄付していきます。一緒に、MTBを楽しく乗れるフィールドを作り、守っていきましょう！

スポーツ関連企業による地域貢献の一例
BELL BUILT JAPAN

MTBに関わる企業の役割

「MTBがトレイルを走る権利」が、広く認められているアメリカでは、トレイルの造成や維持活動に対し、企業が積極的に支援を行なうケースが数多く見られる。支援方法も人材派遣から資金提供と、それぞれの身の丈に合った方法で行われていて、トレイルの入り口には、ローカルの金融機関やスーパー、ホームセンターなど、サポート企業のプレートが掲示されている。

例えばカリフォルニアの〈シエラバッツ・トレイルスチュワードシップ〉は、連邦森林局との提携・ボランティア契約に基づき、プラマスおよびタホ国有林におけるトレイルシステムの維持管理を行なっているが、これらの活動に関する企業の援助が生み出すメリットを次のように挙げている。

MTB関連企業がトレイルの維持や造成に参加することで、社員や家族、ユーザーとの関係向上につながること。多くの人がトレイルを永続的に楽しむための足がかりとなり、ビジネスの長期的な成長につながること。活動にかかった費用は100%税控除の対象になること。そして何よりも「誰もが楽しくなれること」。

また、実際に社員を送りこむ余裕のない企業は、自社製品を懸賞の景品に提供。提供された団体は、抽選チケットを販売して活動費用を捻出する。という遊び心のある手法も見られる。

こうした〈Adopt-A-Trail（トレイルの里親）プログラム〉活動によって、MTB産業は、ユーザーと深く結びつくことが出来ている。

IMBAとBELLが打ち出した広告。WEBだけでなく印刷メディアにも掲載して幅広くアピール。

インターテックの取り組み

アメリカを代表するヘルメットブランドのベルは、MTBレースでの実績だけでなくMIPSをはじめ高い安全性を備えた商品が支持されている。そのベルスポーツが、2013年から3年間、IMBAに協力して実施したのがBELL BUILT GRANTS。

アメリカを3ブロックに分け、パンプトラック、トレイル、DHトレイルを手がける団体から３組を選んで総額10万ドルの助成金を提供するというダイナミックな企画には、毎年100以上の団体が参加。

現在は、2017年からスタートしたIMBAの助成金審査プログラム〈トレイルスチュワードシップ・パートナー・ファンディング〉に引き継がれている。

一方、社員研修の一環として、西多摩マウンテンバイク友の会の活動に人員を派遣していたベル・サイクリングヘルメットの日本代理店(株)インターテック（本社・東京、代表・石谷昇太）は、2015年に日本のマウンテンバイカーをサポートするためのプログラム〈BELL BUILT JAPAN〉を企画。

国内3つのエリア・団体にスポットを当て、それぞれのローカルが抱える問題と、それを克服するための活動に、実際に社員が出向き、ライド風景とあわせて紹介。日本におけるMTB関連企業のトレイル保全活動の先駆けとなった。

S-Trailは、静岡のダウンヒルライダー有志が山の所有者の協力を得て、仕事の合間を縫って作り上げたMTB専用コース。

「子供達の遊べる場所、走れる場所を残す」ことも、西多摩マウンテンバイク友の会活動の１つ。キッズも笑顔で活動に参加。

高齢化が進む地域の清掃活動などを行なうことで、MTBが走れる場所を確保するとともに、支援も受けられた福岡マウンテンバイク友の会。

フィールドに優しいマウンテンバイカーって、野外フィールド創りって何だろう？

**MTBに興味のある人、マウンテンバイカーとして野外フィールド創りをはじめたい人、MTBによる地域活性化を考えている人……
それぞれの問題関心に沿って、この『マウンテンバイカーズ白書』の内容を分かり易くたどりながら、振り返ってみる。
もちろん、ここから読み始めて、自分にとって必要な項目・ページを開いてみてもOK！**

PART.1 フィールドに優しいマウンテンバイカー

親父　息子

夕食を終えた家族団欒のひととき。長年、MTBを趣味としてきた父が『マウンテンバイカーズ白書』を読んでいると……。

息子：親父、なに読んでんの？

父：発行されたばかりの本を読んで、MTBについて勉強しているところだ。

息子：へぇ、いまどき本って珍しいね。MTBの動きとかなら動画の方がわかりやすいし、MTBのことを勉強するなら海外ライダーの映像を観た方がよくない？

父：たしかに海外で撮影された動画はカッコいいよな。でも、お前くらい若いやつには目標になっても、おれぐらいの歳になるとそういう動画は眺めているくらいが丁度いいんだよ。それよりもお前たち世代が楽しく乗り続けていくための活動の方が気になってくるのさ。

息子：大人は大変だね。そう考えてくれるのはありがたいけど。

父：ネットが普及して状況も変わってきたし、大人こそ勉強しないとダメだからな。MTBの買い方にしたってそうだろ？　いまはオークションで程度のいい中古車を探したり、海外通販で買うことだってできるんだから。

息子：それってそんなに特別なこと？　普通のことじゃないの？

父：昔は専門ショップでしかMTBもパーツも買えなかったんだよ。いまは自転車もパーツも情報も、なんでもネットで簡単にそろうけど、やっぱりショップに足を運ぶ意味はあると思うんだ。

息子：店で買うと高くない？　いまはなんだってネットで買った方が安いし、品ぞろえも違うし。

父：最近はMTBで気軽に走れるコースが増えてきたけど、そういうコース維持・管理するために活動してくれている団体がいるんだ。そして、その団体や活動自体をサポートしてくれているショップもある。もちろん、里山周辺の地域活動には地元のショップの協力が重要だし。おれたちがいま気持ちよくMTBに乗れているのもそんな人たちのおかげ。この本の第1章で紹介されている活動団体やフィールド、そのサポートショップは、おれたちにとって恩人みたいな存在さ。

息子：コースはわかるけど、普通の山なんて関係なくない？　だれのものでもないんだから。

父：そうなんだよな、わかりにくいんだよ。お前が普段歩いたり、走ってたりしているうちの前の公道と違って、ほとんどの山道はだれかのものとも考えられるんだ。それが個人の持ち物であれ、国や行政や地元の人々が管理しているものであれ。

息子：じゃあ、親父は不法侵入とかしてるんだ、MTBに乗って。

父：そこはちょっと違うかな。この本を読めばわかると思うけど、とにかく山道の常識ってやつは複雑なんだ。だからもし、おまえがMTBに乗り始めるんだったら、まずは第1章の(3)で紹介している公共フィールド、つまり専用のコースがいい。理想的なのは第1章の(2)のガイドツアーで初心者向けのツアーに参加してみたり、スクールもやっているコースで基礎を習ってみたりするところからかな。

息子：ということは、トレイルっていうの？　普通の山道は上級者向けってことだね。

父：スキーだってスキー場から始めたろ？　いきなりバックカントリーからってやつはいない。

息子：おれだったら、やっぱり自然の山の方が興味あるな。

父：ならこの本を隅々まで読んで勉強してみたらどうかな？　MTBのことだけじゃなく、山のことをいろいろと知ることができるぞ。第2章で鈴木さん(P87〜91)は、そのあたりを含めてMTBの日本での歩みを詳しく書いているし、第3章の平野さん(P102〜105)や第4章の名取さん(P129〜131)も触れているけど、日本の山や森に続く道に「ここはMTBで走っていいです」と法令でハッキリ決められた場所がある訳じゃない。

息子：すごくわかりにくいね。

父：仮に「走っていいです」と言われている場所だったとしても、山道はMTB専用のコースじゃないから。大勢で好き勝手に乗り

回す人がいると道は痛むし、歩いているハイカーさんたちが抱く印象もよくない。万が一、事故を起こしたりすると、その場所からMTBが締め出されてしまうことにもなりかねない。そもそも、その山道が地元の人たちの林業などの仕事のために作られたものだったら、優先すべきはそっちじゃないか。

息子：それはなんとなくわかる。知らないやつらがうちの庭で勝手に騒いでたら通報もんだよ。

父：実際に第1章で紹介されているさまざまなマウンテンバイカーの地域連携活動に携わってきた人たちは、多かれ少なかれ、そんな締め出しの過去を経験してきたんだ。第3章の中沢さん（P106〜109）は、実際にそうしたマウンテンバイカーへの本格的な規制と直接向き合った経験を書いている。第3章の中川さん（P112〜113）や増永さん（P125〜127）も、そんな経験から、気兼ねなく楽しめる野外フィールドが欲しいと、地域に目を向けていった素直な気持ちを表しているしな。

息子：だったら、そのうち「MTBはコースしか走っちゃいけない」となるんじゃないの？

父：だからこそ、将来にわたってそうならないように、第1章で紹介した地域連携活動に多くのマウンテンバイカーが携わっているんだよ。今は、注意しなければならない部分が多いけど、活動を通じて地域や社会にMTBが受け入れられていけば、いずれは多くの場所でトレイルライドが楽しめるようになるかもしれない。第1章の（2）のガイドツアー事業、第1章の（3）の公共フィールドのような、気兼ねなく走れる場所だってそうさ。地域の人々の了解を得て、マウンテンバイカーが仲間を誘って遊びにきてもいいように、日々、コースやトレイルの維持・管理をしっかりと行っている第3章の（2）の丸山さん（P114〜115）や第4章の名取さん（P129〜131）のような人たちがいるから成り立っているんだ。だから、そこを走らせてもらう以上、彼らが定めたルールを守ること、それが最低限のマナーだよな。

息子：「締め出されないためにルールを守る」のもわかるけど、地元の人やハイカーさんとか、そこにいる人たちと仲良くできたらいいだけでしょ？　お互いがお互いを思いやればいいだけなのに。不思議だね。

父：お前の言う通り。そう思っている人たちがいるからこそ、第1章の（1）のマウンテンバイカーの活動団体や、第1章の（2）や（3）にも跨った活動が数多く生まれてきたんだ。誰もが通る既存の里道や山道を、皆で協力して整備して、お互いに挨拶しながら気持ちよくトレイルとして楽しみたい。そんな思いから始まった活動だから、そこに参加すれば、彼らが地域貢献を通じてMTBで走ることの了解を得てきた山道・トレイルを紹介してもらえるし。そこを走るのに必要な技術やマナーを教えてくれる詳しいベテランもたくさんいるぞ。

息子：それって、活動しないと山道を走れないっていうこと？

父：必ずしも参加する必要はないさ。おれみたいに休みが不定期だったりすると、なかなかタイミングも合わないから。でもそういう人たちがいて、多くのマウンテンバイカーのために活動してくれていることは知っておく必要があると思うんだ。

PART.2 マウンテンバイカーの野外フィールド創り

長年に渡り、MTBでトレイルライドやダウンヒルを満喫してきたAさん。最近は競技的な走りへの熱も落ち着いて……。

Aさん：おれたちも長らくMTBに乗っているけど、第3章の中沢さん（P106〜109）や弭間さん（P110〜111）が言ってる「地域と関わりながらフィールド創りをすることで、マウンテンバイカーとしてただ野外を走るだけでは分からなかった発見があり、新しい生き方の地平が拓ける」。そんな境地には、なかなか辿りつかないね。でもさ、最近は地域に融け込んでの野外フィールド創りっていうものに興味がでてきたかな。

Bさん：へぇ、随分と考え方が変わってきたね。ちなみにだけど、地域での野外フィールド創りには注意点がたくさんあるよ。第4章の名取さん（P129〜131）や岡部さん（P136）、第3章の弭間さん（P110〜111）が整理しているように、地域の暮らしや歴史はもちろん、その土地の所有者・管理者、関連の法令や規制、山や自然の仕組み、生態系や気象、コース・トレイル開設やルート設定の知識・技術、作業中の安全管理、開設後の維持管理の方法まで、ノウハウを踏まえなければならない。要は、地域で野外フィールドを創ろうと思ったら、MTBに限らず何にでも興味をもっていく姿勢が大事ってことさ。

Aさん：なるほどねぇ。でも、かえって好奇心が湧いてきた！

Bさん：いいね。こっちのやる気があれば、第3章の中沢さん（P106〜109）や中川さん（P112〜113）、第4章の弭間さん（P134〜135）が書いているように、地域の役に立てることは小さなことから大きなことまでたくさんあるよね。それを見つけて実践することで、人とのコミュニケーションも円滑になって、野外フィールド創りもぐっと前に進む。まずは、ライドしながらでも、自分が大切に思っているフィールドをゆっくりと見渡してみることかな。

Aさん：第4章のスペシャライズドさん（P137）のように、関係する企業や団体の皆さんからも、MTBの野外フィールド創りに対する支援の動きが目立ってきているみたいだね。

Bさん：そう。過去には、第4章のBELL BUILT（P138）のような取り組みもあったし。第2章の「MTBのフィールド確保に利用できる助成制度」（P92）で、関連の助成制度を整理してあるのも参考になるね。結局、気兼ねなく走れる野外フィールドがあれば、MTBはもっと普及していくから。誰だって、自分の大切な人や子供たちには、のびのびと走らせてあげたいだろ？

Aさん：確かに。でも、そのためにはやっぱり法律とか権利とか、制度でハッキリ「この場所はMTBで走ってもいい」とするべきなんじゃない？

Bさん：そのためには、「協会」などの形でマウンテンバイカーが皆で一緒になって良い方法を考え、周囲にお願いしていかなきゃ。ただ、「仏造って魂入れず」と言うけど、仮に「自由に山を走っていい」と制度で認められても、適切な維持管理をしないまま、地域の人たちや他の利用者のことを考えずにフィールドを大切にしない走り方をしていたら、結局その制度自体もひっくり返る。地元や関係者の了解を得たガイドツアーとかならともかく、「あそこにいい道があった、みんなで走りに行こう！」的な発想はどうかと思うよ。だからこそ、第3章の平野さん（P102～105）は、マウンテンバイカーの意識向上と制度改変の両方に取り組んできたアメリカのIMBAを引き合いに出しながら、日本では「地域連携」と「制度構築」の両方を求めているわけさ。

Aさん：わかりにくいからこそ、想像力が必要ってことね。

Bさん：実際、おれも驚いたんだけど、第2章のアンケート結果（P95～98）によると、なんとマウンテンバイカーの75％以上が、「訪れるフィールドの保全とそれを担う地域社会の維持に貢献していくべき」だと明確に思っているみたい。各地で既に進んでいる地域連携活動とこの『白書』が、そんなマウンテンバイカーの野外フィールド創りへの入り口となってくれればいいね。

ある日、Cくんは『マウンテンバイカーズ白書』を手に、自然豊かなD町の町役場を訪れた……。

Cくん：あのう、こちら地域振興課でよろしいでしょうか？ 私、この地域の山道をよく走らせてもらっているマウンテンバイカーのCと申します。

D係長（行政担当者）：ハイ！ 事前にご連絡を頂いた方ですね。

Cくん：今日は、お時間を頂きありがとうございます。最近、こんな本が出まして、マウンテンバイカーの先輩たちが、地域活性化を目指して、各地の地域の皆さんのお役に立つことで、MTBの利用が認められるよう、色々な活動をしていることを知りました。そこで、自分も、そんなお手伝いができればと思いまして。

D係長：なるほど、お話は分かりました。確かに、当町の山々には里道、林道、それにハイキング用の登山道といった、特に立ち入りの制限を設けていない多くの山道がありますし、私共としても、それらの山道や森林を活用した地域活性化の可能性を検討したいと思っていたところです。しかし、正直に申し上げますと、マウンテンバイカーの方々の利用に関しては、色々と厳しいイメージもあります。大勢で身勝手に走っていて危ない、という声も、地元の方々から聞かれます。

Cくん：うっ、やっぱりそうですか。実は、この本でも、第3章の中沢さん（P106～109）や中川さん（P112～113）も「MTBをめぐる周囲の声は、自分たちが思っている以上に厳しい」と書かれていたので、覚悟はしてました。自分としては、地元や他の利用者の方々にそんなイメージを持たれないよう、マウンテンバイカーの仲間たちと、地域に目を向けていくような活動ができればと思っています。

D係長：そうですか。ただ、私共としては、皆さんのことをよく存じ上げないので、どんな形でご活動を地域活性化へと結びつけて頂けるのか、イメージが湧きませんので、いくつかお伺いします。まず、お仲間を含めて、多くのマウンテンバイカーの皆さんは都市部にお住まいなのでしょうか？

Cくん：はい。第2章のアンケート結果（P95～98）でも、多くのマウンテンバイカーは都市部在住になっています。

D係長：そんな皆さんから見て、当町にある山道や森林は魅力的なフィールドなのですか？

Cくん：それはもう。第3章の松本さん（P116～118）の書かれるように、地域の方々からすると何の変哲もない山道、森林や道跡かもしれませんが、他の目線からは、楽しいフィールドや地域に人を呼び込める貴重な資源に

映っていると思います。

D係長：とても新鮮ですね。ですが、多くが都市部にお住いのマウンテンバイカーの皆さんが、わざわざこちらまで来られて、地域に入ってご活動をされるのですか？　他の地域でもそうかと思いますが、私共の地域には、昔からお住まいの方々も多いですし、山や森の利用では、色々と複雑な仕組みもありますよ。

Cくん：第2章のアンケート結果（P95～98）では、マウンテンバイカーの大半が、地域の役に立つ多くの活動に「関心がある」そうです。私の近しい仲間にも、ここの山や森が好きでやってくる人間も多いですし、MTBでの活用を呼びかけて頂いたら、多くのマウンテンバイカーが集まってくると思います。例えば、第3章の山口さん（P119～121）の取り組みのように、粘り強く地域の方々に融け込んで事業を展開されたケースもあります。自然と関わる人々が多く軋轢の生じやすい都市近郊では第3章の中沢さん（P106～109）や中川さん（P112～113）、外部に開かれた観光地では第3章の堀さん（P122～124）、限界集落も含む過疎の農山村では第3章の弭間さん（P110～111）や増永さん（P125～127）というように、様々な特徴を持つ地域で活動を展開している先例もありますので、参考にしつつ、こちらの地域のご期待に沿った形で進めて行きたいと思っています。

D係長：ところで、地域活性化といっても、私共は色々な目線で捉えています。例えば、地域に経済効果をもたらすということはもちろん、過疎・高齢化が進んでいる集落の維持・再生の方法を模索したり、地元の方々に楽しみや活力をもたらすということも重要です。マウンテンバイカーの皆さんのご活動は、どういった形でそれに結びつくのでしょうか？

Cくん：お考えの目線に応じて、ぜひ第1章の地域連携活動と第2章の活動一覧表（P92）をご覧になって頂ければと思います。例えば、事業収益、雇用、波及を含めた経済効果をお考えなら、第1章の(2)のガイドツアー事業、或いは第1章の(3)の有料の公共フィールドの維持・管理といった面でお役に立てるかと思います。マウンテンバイカーたちによる地域の維持や再生に向けての貢献活動の例としては、第1章の(1)の活動団体の取り組みを中心に見て頂けばと思います。また、第3章の増永さん（P125～127）や第4章の弭間さん（P134～135）の活動からは、MTB利用に伴うマウンテンバイカーの移住や交流・関係人口の増加が、地域にどのような効果をもたらしてきたかをご参考頂けるかと思います。

D係長：様々なご活動があるのですね。しかし、私共としては、MTBでの山道や森林の活用に対して、いくつかの懸念もあります。まず、MTBは路面や自然を荒らすというイメージを持っている方も多いと聞きますが、活用を通じた自然環境への悪影響を避けることができるでしょうか？

Cくん：確かに、ただMTBを乗り回すだけでは荒れていってしまいますので、集まって来たマウンテンバイカーの仲間たちと、自然を壊さないようなフィールドの維持管理の仕組みを作っていきたいと思います。第4章の名取さん（P129～131）や、第1章の活動の整備メンバー・スタッフ等、真摯に持続性を考えて維持管理に取り組んでいるマウンテンバイカーや専門の事業者は生まれていますし、また、第4章の浦島さん（P132～133）のように、持続的な利用に配慮したフィールドをデザインする、トレイルビルダーと呼ばれる人もいます。彼らによるフィールド開設と、私たちの維持管理の仕組みが、噛み合っていくような形を考えていければと。

D係長：もう一つ、私共からすると、安全管理面の問題が心配です。どこまで危険なのか、どうやって安全をケアすればいいのか。もし、マウンテンバイカーの方々にフィールドを開放して、事故や遭難などが起きてしまったら、誰が責任を取るのか。町として取り組む以上は、そういった安全管理面のリスクをなるべく低くすることが求められてきます。

Cくん：そうですね。その点は、第3章の平野さん（P102～105）が海外の動向や対策を整理しています。また、日本のマウンテンバイカーの側でも、例えば、第3章の丸山さん（P114～115）のように、フィールド状況や事故対応なども含めた総合的な安全管理の技術を備えて運営管理に携わっている個人や事業者も増えていますし、第4章の岡部さん（P136）のように、しっかりとした山仕事の安全規格に則って活動を進める動きも見られています。第1章の活動で、万一の事故に備えて、野外ボランティア保険や施設賠償責任保険に加入しているところもあります。私たちとしては、これらを踏まえながら、どのような仕組みで安全管理をしていくのが良いか、ご一緒に考えていくことができればと思っています。

D係長：よく分かりました。まだまだ、色々な検討が必要にはなりますが、マウンテンバイカーの皆さんの熱意が、地域の方々の暮らしやメリットへと結びついていけるよう、私共も考えてみたいと思います。引き続き、お話を伺ってもよろしいですか？

Cくん：もちろんです、ぜひよろしくお願いします！

日本におけるMTBシーン予想図

～認めてもらうための“力”を手に入れることで文化へと生まれ変わる～

鈴木英之（edgefotos）

「お先は真っ暗だよ」

10数年前に自転車専門誌で「Share The Trail」という企画を受け持ち、取材を重ねていく中で言われた痛烈なひと言だ。

2000年ごろまでダウンヒル（DH）を中心に盛り上がっていた日本のMTBシーンは、その後急速に冷え込んで、自転車専門誌でも取り上げられることが減り、国内におけるスポーツバイク内での市場占有率は10％以下という不遇の時代を迎えることになるのだが、海外ではフリーライドムーブメントによってトレイル志向が高まり、レースもエンデューロがシーンを牽引して今日に至っている。

日本でもマニアックな位置づけになりながら、MTBを愛する人々が走り続けてきたが、ブームの爪痕は大きく、ルールやマナーなど伝承されるべき情報が断片化。かくしてそれぞれローカルな野山で自由を謳歌するスタイルができあがり、山で仕事をする人々やハイカーらとの軋轢が生じてしまった。

こうした問題を解決するために必要なのは、行政や地域社会に対して真摯に対応できる団体、リーダーの存在なのだが、個が強調される状況ではそれを望むべくもなく、2015年の東京都環境局が掲げた「東京都自然公園利用ルール」案のように、MTBが「締め出し」されかねない状況が顕在化。これについてアクションを起こした有志によって、MTBに関する案件は見直されるが、事態が沈静化しただけで長期的な解決策は見いだせないまま、私の取材に対する冒頭の発言へとつながっていく。

山の新参者で目立ちやすいマウンテンバイカーにとって必要なのは、社会にMTBという存在が認知されること。そして、それを理解してもらうためのこちら側からの発信。意思が統一された声は力となり、相互理解につながる。

東京都マウンテンバイク利用推進連絡協議会が、2015年3月に発行した『東京都自然公園MTB利用自主ルール』冊子。

「ここが走れなくなったら違うところへ行けば良い。オレ達、MTBニンジャだぜ」では、いつまでたっても理解を得ることは不可能。社会に溶け込みつつ、MTBについて正しく理解してもらうための情報を発信する。これこそ忍びのワザではないだろうか？

ともあれ、この数年で日本各地にローカルトレイルの保全活動を行なう団体も増え、さまざまな形で「MTBが持続的に走れる環境づくり」に取り組んでいるが、より社会への融和を図るために、もっと具体的な“力”が必要になってくる。

海外のトレイルを走った方は、口々に「日本がいかに遅れているか？」を主張するが、海外ではMTBが公的に認められるよう、法整備も含めた働きかけを行なうために、マウンテンバイカーもしくはサイクリストによるロビー活動が盛んに行なわれている。トレイルに近い町では、バイカーを議会に送り込むために、選挙への参加を呼びかけたりもしている。

「MTBはサイレントマイノリティなのがクール」というスタンスでは、永遠にトレイルシェアの仲間になることはできない。

新型コロナ禍が去った後は、トレイルで声を掛け合ってみてはどうだろう？

今、自分達が走れている環境がどういう状況なのか？　を理解するために、スペシャライズドはSBCU MTB Fieldを開催。

カナダ人教師のミドルブルックさん（写真左）は、自治体の協力を得てMTBが走れるトレイルづくりと保全活動を精力的に行なっている。

マウンテンバイカーズ白書

Powered by

SPECIALIZED®
スペシャライズド・ジャパン合同会社

SHIMANO
株式会社シマノ

株式会社エムシー・インターナショナル（取扱ブランド：MAGURA・Reverse Components・Reset Racingほか）
キャニオンバイシクルズ（取扱ブランド：CANYON）
ダイアテック株式会社（取扱ブランド：GIRO・ÖHLINS・UnAuthorizedほか）
株式会社マルイ（取扱ブランド：DT SWISS・MAXXIS・TOPEAKほか）

日本マウンテンバイカーズ協会編集委員会

Supervisor
平野悠一郎
（国立研究開発法人 森林研究・整備機構
森林総合研究所 関西支所 主任研究員）

Editor
村瀬達矢（TRIJET）

Contributor
鈴木英之（edgefotos）

Designer
ddm design studio

Illustrator
田中　斉

マウンテンバイカーズ白書

2021年 8月 5日　初版第1刷発行
2021年10月15日　初版第2刷発行

監修　平野悠一郎（森林総合研究所）
発行人　廣瀬和二
発行所　辰巳出版株式会社
〒113-0033　東京都文京区本郷1-33-13　春日町ビル5F
TEL　03-5931-5920（代表）
FAX　03-6386-3087（販売部）
URL　http://www.TG-NET.co.jp
印刷・製本　図書印刷株式会社

ISBN 978-4-7778-2744-2 C0075

本書の内容に関するお問い合わせは、お手紙、FAX（03-5360-8047）、メール（info@TG-NET.co.jp）にて承ります。

恐れ入りますが、お電話でのお問い合わせはご遠慮ください。